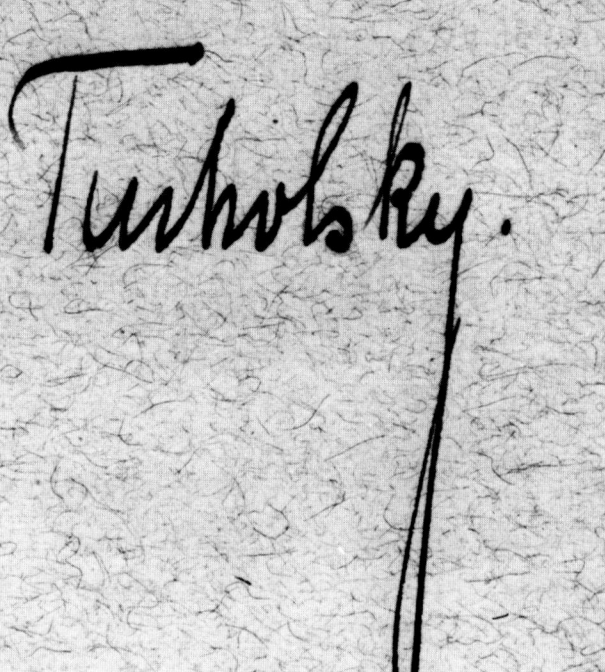

Kurt Tucholsky

1890–1935 Ein Lebensbild

»Erlebnis und Schreiben waren ja
– wie immer– zweierlei«

Herausgegeben von Richard von Soldenhoff

Quadriga

CIP-Kurztitelaufnahme der Deutschen Bibliothek

Tucholsky, Kurt:
Kurt Tucholsky 1890–1935: e. Lebensbild/hrsg.
von Richard von Soldenhoff. – Berlin:
Quadriga-Verlag Severin, 1985.
ISBN 3-88679-138-6

NE: Soldenhoff, Richard von [Hrsg.]; HST

© 1985 by Quadriga Verlag J. Severin
Verlagsbuchhandlung KG
Sämtliche Texte von Kurt Tucholsky mit
freundlicher Genehmigung von Mary Gerold-Tucholsky
und der Rowohlt Verlag GmbH, Reinbek bei Hamburg
Alle Rechte, auch das der fotomechanischen
Wiedergabe, vorbehalten
Redaktion: Harro Schweizer
Gestaltung: Günther Stiller, Taunusstein
Satz: Nagel Fototype, Berlin
Lithographie: Schwitter AG, Basel
Gesamtherstellung: Süddeutsche Verlagsanstalt und Druckerei GmbH, Ludwigsburg
ISBN 3-88679-138-6
Printed in Germany

Inhaltsverzeichnis

Hej–!

Auf einem leeren Marktplatz stehst
du –
ganz allein:
die Häuser haben geflaggt, jedes trägt eine andre Fahne,
die Dächer sind schwarz vor Menschen;
eine wimmelnde Schlange ist rings um den Platz gepreßt.
Aus jedem Haus dringt Getöse, Blechmusik, Orgeln, wirres
Und plötzlich   Rufen –
heben sich alle Arme, auf dich,
zehntausend ausgestreckte Zeigefinger, auf dich,
und ein Schrei steigt auf:
– »Hej!«

Was wollen sie von dir?
Was hast du getan?
Was sollst du tun?
So groß bist du doch gar nicht,
so bedeutend bist du doch gar nicht,
so wichtig bist du doch gar nicht…

Eintreten sollst du – in eines dieser Häuser,
in welches, ist ihnen gleich –
aber in eines,
und darum rufen sie:
– »Hej!«

Da ist das katholische Haus:
Würdige Junggesellen halten, verkleidet, ein Buch in der
manche sind weise,   Hand;
viele klug,
alle schlau.
Sie wollen dich,
sie wollen sich
und vergessen IHN.
Sie teilen eine Art Wahrheit aus;
sie kennen die Herzen aller,
sie ordnen Regeln an, für alle:
ein Warenhaus der Metaphysik.
Aber etwas Starres ist da,
ein Trübes,
und drohend steht das Kreuz gegen den Phallus –:
geh nicht hinein.

– »Hej!«

Da ist das Haus der Nationen.
Sture Gewaltmenschen
halten, kostümiert, einen Damaszenerdegen in der Hand,
aber sie schießen mit Gas.
An ihren Wänden hängen Bilder mittelalterlicher Kämpfe,
Fahnen über den Kaminen –
aber sie schießen mit Gas.
Sie wissen nicht, warum sie das tun,
sie müssen es tun;
ihr Wesen schreit nach Menschenfleisch,
nach der herrlichen, den Mann aufwühlenden Gewalt,
so liebt ihn die Frau,
so liebt er die Frau.
In ihnen ist nichts,
daher wollen sie außer sich sein –
und wann wäre man wohl so außer sich
wie bei der Zeugung und beim Mord!
Verwaltungsbeamte des Todes –:
geh nicht hinein.

– »Hej!«

Da ist das Haus der feinen Leute.
Die spielen, ab sechs Uhr abends:
mit der Polaritätsphilosophie,
mit Theaterpremieren,
mit den Symphonien,
mit der Malerei,
mit dem Charme,
mit dem Stil,
mit den Versen Verstorbener,
mit den Witzen Lebendiger –
und alles darfst du bei ihnen tun,
(solange es zu nichts verpflichtet),
alles, nur eines nicht:
Nicht die Geschäfte stören,
den Ernst des Lebens,
der da ist:
Geld verdienen mit dem Schweiß der andern;
regieren auf dem geduldigen Rücken der andern;
leben vom Mark der andern…
Für die Sättigungspausen
haben sie einen Pojaz bestellt:
den Künstler.
Geh nicht hinein.

- »Hej!«

Da ist das russische Haus.
Du kennst es nicht genau.
Aber bist du reif für dieses Haus?
Ist dein Tadel:
ihre starre Dogmatik,
ihr Zeloteneifer, eine neue Kirche zu gründen,
ihr scharfer Haß gegen den Einzelnen
– aber Lenin war ein Einzelner –
ihre Affenliebe für alle, die alles heilen soll–:
ist dieser Tadel nicht deine verkappte Schwäche?
Auch sie: dieser Welt hingegeben
– erwarte nicht den Himmel von ihnen –
auch sie: Nationalisten,
freilich mit einer Idee;
auch sie: für den Krieg,
auch sie: erdgebunden;
das, was sie an die Amerikaner verhökern,
heißt nicht umsonst: Konzessionen…
Bist du stark genug,
mitzuarbeiten am Werk?
Noch nicht–
geh noch nicht hinein.

- »Hej!«

Tausend Gruppen umbrüllen dich,
rufen nach dir,
preisen an die warme Heimat: Herde.
Sag: Hast du nicht Sehnsucht gehabt nach dem Stall,
nach dem warmen Stall, wo nicht nur die Krippe lockt,
– die Wiesen genügen –
nein: wo die tierische Wärme der Leiber ist,
das vertraute Muh und das Gemeinschaftsgefühl
Sie schrein: der Menschen?
In die Reihn!
In den Verein!
Sie schrein:
Die Zeit des einzelnen ist vorbei,
das trägt niemand mehr!
Freiwillige Bindung!
Schwächling! schrein sie; Einzelgänger! Unentschiedener!
Her zu uns!
Zur Ordnung! Zur Ordnung!

Über den Häusern
ragen die Wipfel
geduldiger Bäume.
Rauschend bewegen sie schäumende Kronen.
Zurück zur Natur?
Hingegeben an dämmernde Herbstabende,
wo die göttliche Klarheit
des bunten Tags
sich auflöst in weich-graue Nebel?
Vergessen das Leid
der Millionen?
Und die Wirkung roten Weines
und eine Frau am Kamin
für die letzte Sprosse der göttlichen Weltordnung nehmen?
Frauen geben. Nimm. Aber erhoffe nichts.
Zurück zur Natur?
Bleib verwurzelt – aber geh nicht
mit der Laute zu ihr–:
Du gehst zurück…

- »Hej!«

Da stehst du
und siehst um dich:
Die Rufer verschwimmen,
treten zurück…
Du bist nicht allein!
Um dich
stehen Hunderttausende:
frierend wie du,
suchend wie du,
jeder allein, wie du,
Trost? Nein: Schicksal.

Bleib tapfer.
Bleib aufrecht.
Bleib du.
Hör immer den Schrei:
- »Hej!«
Laß dich nicht verlocken.
Geh deinen Weg. Es gibt so viele Wege.

Es gibt nur ein Ziel.

1890–1915 Berlin. Stettin. Berlin

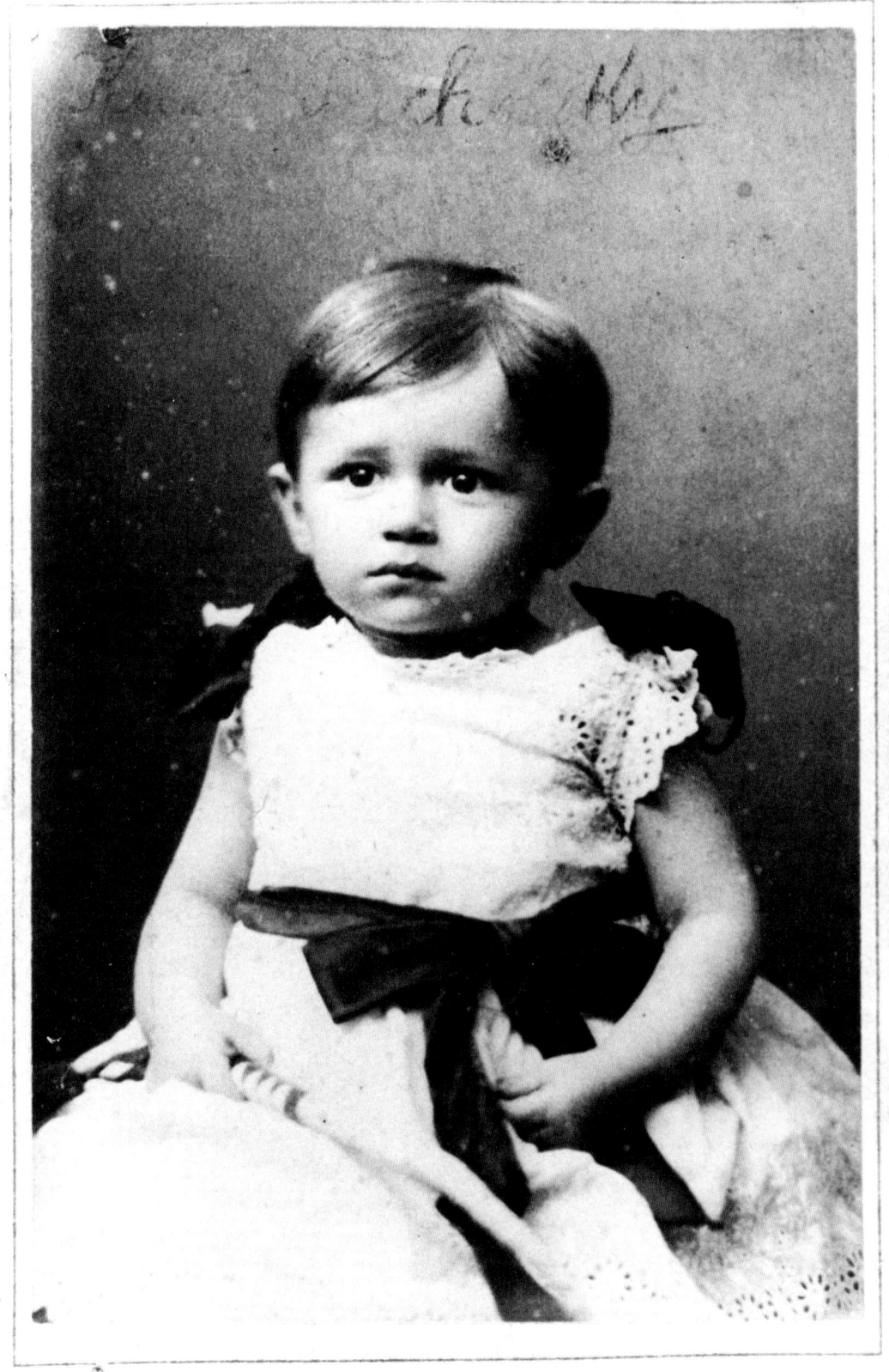

H. Zeidler   Jerusalemer-Str. 6

Kurt Tucholsky, 1890

Vater Alex Tucholsky

Geburtsurkunde, 13. Januar 1890

Mein Vater starb, als ich fünfzehn Jahre alt war.

Ich kann mich nicht besinnen, daß er mit mir viel über Politik, über Krieg und Frieden gesprochen hat; sicherlich haben solche Unterhaltungen stattgefunden, aber eine starke Einwirkung ist mir nicht im Gedächtnis geblieben. Mein Vater stammte aus kleinen Verhältnissen. Politisch ist er niemals tätig gewesen. »Brief meines Vaters«, 1932

Alex Tucholsky wurde 1855 in Greifswald geboren. Er heiratete die vierzehn Jahre jüngere Doris Tucholski, eine in Posen geborene Cousine zweiten Grades. Alex und Doris stammten aus zwei Zweigen derselben jüdischen Familie. Wann sie geheiratet haben und in welchem Jahr sie nach Berlin gezogen sind, weiß man nicht. Ab 1888 ist Alex Tucholsky als Buchhalter in der Lübecker Straße Nr. 12 gemeldet, ab 1889 als Beamter und ab 1891 als Kaufmann im zweiten Stock des Hauses Nr. 13.

Berlin-Moabit,
Lübecker Straße 13

Geboren am 9. Januar 1890 zu Berlin mit ungeheuern
Nasenlöchern. Seine Tante Berta umsteht seine Wiege und
hat es gleich gesagt. Gerät nach kurzen Versuchen, ein anständiger Mensch zu werden, in die Schlingen des Heraus-
gebers S. J., der ihn zu mannigfaltigen Arbeiten verwendet:
er darf zu Beginn der Bekanntschaft Artikel und Gedichte
schreiben, bringt es aber schon nach fünfzehn Jahren zum
selbständigen Briefefrankieren und andern wichtigen Büro-
arbeiten.   »Drei Biographien«, 1926

Kurt Tucholsky wurde am 9. Januar 1890 als erstes Kind in Berlin-
Moabit, Lübecker Straße Nr. 13, geboren. Zwei Jahre nach seiner
Geburt zog Familie Tucholsky ans Holsteiner Ufer Nr. 46 um. Etwa zur
gleichen Zeit trat Alex Tucholsky als Bankkaufmann in die Bank Berliner Handelsgesellschaft ein.

Tucholsky, 1891

Ende des Jahres 1893 zog Familie Tucholsky nach Stettin, wo 1895 der Bruder Fritz und 1897 die Schwester Ellen geboren wurden. In Stettin wurde Kurt Tucholsky 1896 eingeschult.

Tucholsky, etwa 1894

Schulbeginn, Mai 1896

Familie Tucholsky in Misdroy, Juli 1898. Im Boot: Kurt mit Mutter und Geschwistern, davor: Alex Tucholsky mit seiner Mutter.

Mit meinem Namen habe ich nur gezeichnet, was mir
damals wichtig erschien. Heute würde ich nur noch eine einzige Arbeit namentlich zeichnen: die über Rosa Bertens.
Denn das ist nicht allein die Figur von Strindberg, auch
nicht die Bertens, sondern meine Mutter.

Brief an Mary Gerold vom 4. September 1918

Und es war nicht das Mogeln, die Nachlässigkeit in der
Erziehung und der Geiz – es war nicht das. Es war die un-
bändige Herrschsucht der Familienglucke, die auf Küken
und Hahn gleichmäßig hackte. Früher hatte die Geliebte
dem Mann die Augen zugeküßt, sodaß er nichts mehr zu
sehen vermochte – nun errichtete sie die heiligen Schranken
der heimatlichen Hütte, worin sie regierte. Hier war ihr
Reich; und der weite Horizont war verbaut. Hier herrschte
sie, herrschte mit allen Mitteln. Mit Gewalt, mit Schlägen,
mit der Lüge, »wenn man das Wort Lügen von jemand
benutzen kann, der nicht weiß, was Wahrheit ist«. Der
Familienvater war da – Rechte hatte er nicht. (Weil er nicht
die Kraft hatte, sie sich zu nehmen.) »Rosa Bertens«, 1914

Mit seinem Bruder Fritz, etwa 1898

Postkarte vom Vater aus Baden-Baden, 25. Mai 1900

25/5.1900
Lieber Kurt! Noch einen Gruß von mir! Ob wir schon Donnerstag kommen, wie Mama schreibt, weiß ich noch nicht; Lina, Du kannst Euch so einrichten, daß Ihr Eure Sommerwohnung vielleicht für nächste Woche aufgebt! Genaue Angabe folgt. Viele Grüße + Küsse Dir Kurtchen und Euch!!! Euer Alex

1899 kehrte Familie Tucholsky nach Berlin zurück und bezog in der Dorotheenstraße Nr. 11 eine Wohnung. Vater Alex wurde 1902 zusammen mit Walther Rathenau Direktor der Berliner Handelsgesellschaft. Die Berliner Handelsgesellschaft hatte sich zu einer einflußreichen Bank entwickelt, die besonders im Ostgeschäft zu den führenden wurde und als »Bank der Russischen Regierung« einen Teil der russischen Staatsgelder verwaltete. Alex Tucholsky war außerdem Direktor des Eisenbahnkonzerns Lenz & Co.

Nein, gehauen hat man uns nicht. Es war auch nicht romantisch gewesen, niemand schoß sich tot, wenn er sitzen blieb, und von Frühlings Erwachen war gar keine Rede. (…) Unsre Lehrer waren nicht unintelligenter, fauler, fleißiger, klüger als andre Lehrer auch. Es war eine Schule, die etwas unter dem Durchschnitt lag, aber doch nahe am Durchschnitt. Und was lernten wir?

»Ein Kind aus meiner Klasse«, 1925

Französisches Gymnasium in Berlin

1899 wurde Kurt als Sextaner in das Königliche Französische Gymnasium am Reichstagsufer aufgenommen. Die nahe der Wohnung gelegene und als renommiert geltende Schule, in der Französisch Unterrichtssprache war, verließ er im September 1903 und wechselte als Obertertianer zum Königlichen Wilhelms-Gymnasium in der Bellevuestraße.

Postkarte von Onkel Sigmund an den elfjährigen Kurt, 1901

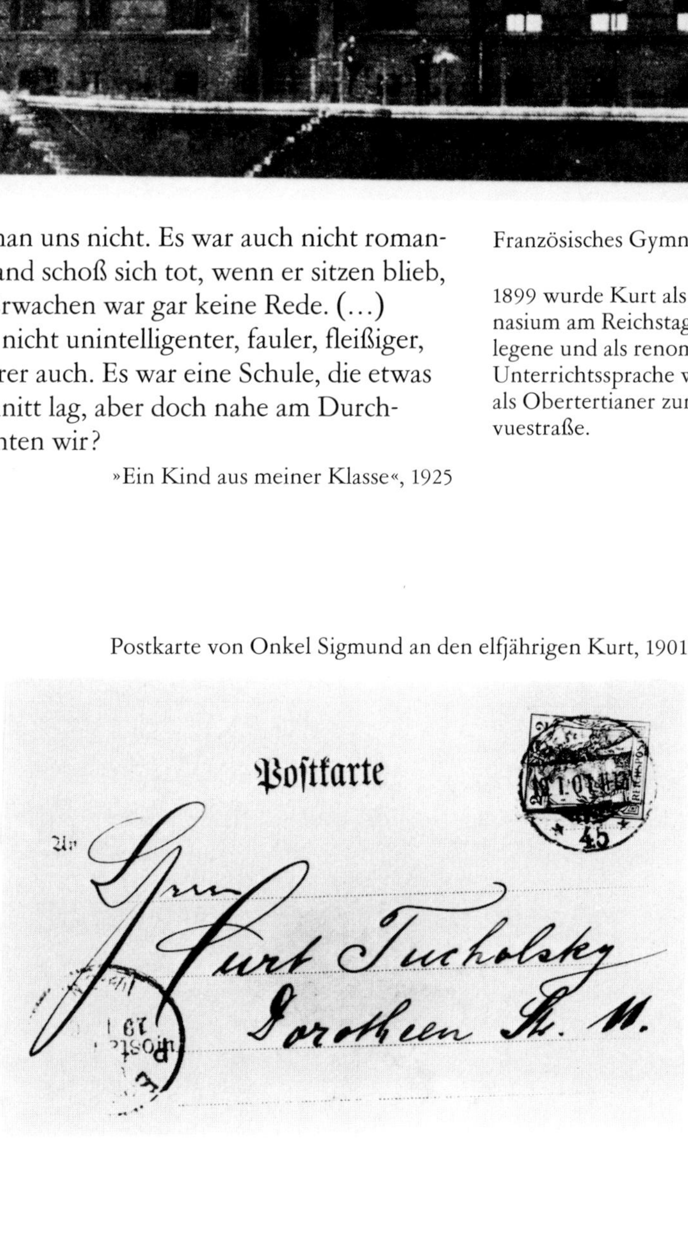

Aber ich denke ein bißchen traurig an die Schule zurück, heute, da ich den Wert der Zeit schätzen gelernt habe. Sie haben uns um die Zeit betrogen, um unsre Zeit und um unsre Jugend. Wir hatten keine Lehrer, wir hatten keine Führer, wir hatten Lehrbeamte, und nicht einmal gute.

»Ein Kind aus meiner Klasse«, 1925

A. JANDORF & CO.

Belleailliancestr. 1.2.　　Spittelmarkt 16.17.

Tucholsky, etwa 1899

Tucholsky in Warnemünde

Mit seinen Geschwistern Ellen und Fritz, 1904

Die Kinder? Wir lieben unsre Kinder. Wie wir sie lieben! Die Bertens hatte diesen empfindlichsten Punkt ihrer Rolle begriffen. Sie haßte ihre Kinder nicht. Sie würde sie wahrscheinlich gegen Fremde verteidigt haben. Das Muttertier liebt seine Jungen; und wenns ein Wechselbalg wird, auch den. Doch Liebe, steht geschrieben, ist nur möglich von Individualität zu Individualität. Dies aber ist eine reflexartige Verbindung, ein geistiges Verhältnis, das auf dem körperlichen basiert – alles, alles, nur keine Liebe.

»Rosa Bertens«, 1914

Familienausflug, etwa 1904
Neben Kurt rechts: die Mutter mit Ellen und Fritz, links Tante Flora, eine Schwester des Vaters, und Elli Tucholski (geborene Fechner).

Alex Tucholsky, Zeichnung von Hans Richter, 27. Juli 1905

Hans Richter, der nur wenig älter war als Kurt und dessen Familie eng
mit der Familie Tucholsky befreundet war, zeichnete Alex Tucholsky
kurz vor dessen Tod. Der Vater starb am 1. November 1905 in Berlin.
Die Mutter zog mit den drei Kindern nach Wilmersdorf in die Motz-
straße Nr. 42. Kurt wurde bald darauf in ein Pensionat zu dem Privat-
lehrer Dr. Willi Kraßmöller geschickt.

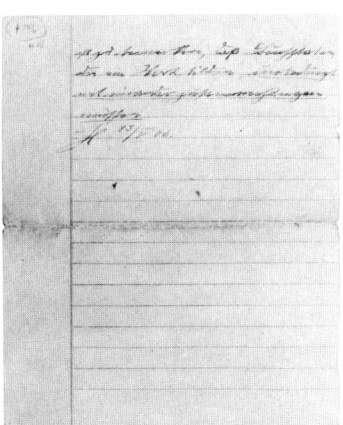

Schulaufsatz, 16. Mai 1906

16. V. 06
Nr. I. Hausaufsatz
Der Frühling in Berlin
I. Es war vor 100 Jahren, da hallte durch Frankreich, durch ganz Europa der Kampfesruf eines französischen Gelehrten, der Sehnsuchtsschrei eines verlorenen Kindes nach der Mutter, das Wort Jean Jaques Rousseaus: »retournons à la nature«.

Lange schon ruht der große Dichter und Kämpfer; und seine Lehre, das Wort, das einst den in jeder Menschenbrust schlummernden Funken, das Sehnen nach einer besseren Welt, zur hellen Flamme emporlodern ließ, es ist mit ihm gestorben und, was schlimmer, verdorben.

II. Die letzten Konsequenzen einer auf schwindelnder Höhe stehenden Kultur, eines auf die denkbar höchste Spitze getriebenen Raffinements und Luxus, und der Schweiß jahrhundertelanger, kraftvoller Mannesarbeit vereinigen und verkörpern sich in dem endlosen Häusermeer, dem brandenden, tosenden Leben der deutschen Reichshauptstadt.

Der Mensch, das Geschöpf der Natur, das Ebenbild Gottes, dessen Aufgabe es ist, in heiterem, im »leben und leben lassen« ausklingenden Lebensgenuß wunschlos glücklich zu sein und ein freier Herr des um ihn grünenden und treibenden Lebens »in der Natur getreuen Armen zu frischem Leben zu umarmen«, er baut sich selbst ein steinernes Grab, sitzt wachend hinter dem Schreibtisch oder treibt rußgeschwärzten Antlitzes Maschinen.

Und doch singt's und klingt's allenthalben: »Winterstürme weichen dem Wonnemond«, und unter dem Kuß der Sonnenstrahlen erwacht die Erde aus tiefem Winterschlaf. Und ein Sonnenstrahl, ein Hauch sonnigen, goldigsten Frühlings, dringt auch zu ihr, der Stadt im schmutzigen, grauen Kleide des Werktages, ihrem Hasten und Treiben, ihrer Arbeit und ihrem Fleiß, ihrer Not und ihrer Sünde.

Doch er, den er mit seiner keimenden, sprießenden Liebkosung umschmeichelt, dem seine lichte Schönheit in Millionen blühender, duftender Pflanzenleben das Evangelium des Werdens verkündet, der trunkenen Auges zum leuchtenden Himmel emporblicken sollte, er ist viel zu vernünftig, um solchen abgeschmackten Sentimentalitäten Raum zu geben, diesen unpraktischen Träumereien, die man im besten Falle in den rührseligen Ergüssen überspannter Frühjahrspoeten lächelnd duldet. Wo ein heißes, dankbares Flehen der zum Gott gewordenen Kreatur zum Schöpfer emporsteigen sollte, beobachtet der aufgeklärte Großstädter vornehme Zurückhaltung. Sich über Dinge, die sich in jedem Jahre mit derselben mathematischen Genauigkeit wiederholen, über blauen Himmel, sonnigen Frühling usw. zu exaltieren, shockink! wie unmodern!

Die Arbeit enthält Ideen, die offenbar nicht Eigentum des Verfassers sind; sie kann im besten Falle als Einleitung zu dem Thema betrachtet werden. Für die Beurteilung der Leistungen des Verfassers scheidet sie einstweilen aus. Für die Schrift ist zu bemerken, daß Buchstaben, die ein Wort bilden, unbedingt miteinander zusammenhängen müssen.
H. 23/V. 06

Deutsch: Lächerliches Zerpflücken der Klassiker; törichte Aufsätze, schludrig und unverständig korrigiert; mittelhochdeutsche Gedichte wurden auswendig gelernt, niemand hatte einen Schimmer von ihrer Schönheit.

»Ein Kind aus meiner Klasse«, 1925

1. Vierteljahreszeugnis der Obersekunda,
Dezember 1906

Königliches Wilhelms-Gymnasium zu Berlin. Klasse Obersekunda M.

1. Vierteljahr des Schuljahrs Michaelis 1906/1907

Zeugnis für *Kurt Tucholsky*

Platz in der Rangordnung: *7 unter 20*

Betragen: *im ganzen befriedigend, bis auf die Neigung zum Schwatzen*

Aufmerksamkeit: *genügend*

Fleiß: *genügend*

Handschrift: *nachlässig*

Hefte und Bücher: *in Ordnung*

Leistungen:

Religion —

Deutsch mündlich: } *genügend*
schriftlich:

Lateinisch mündlich: *genügend*
schriftlich: *genügend, zum Teil mangelhaft* } *genügend*

Griechisch mündlich: } *genügend*
schriftlich:

Hebräisch —

Französisch mündlich: } *sehr gut*
schriftlich:

Englisch

Geschichte } *bei einigen guten Leistungen, genügend*
Erdkunde

Mathematik mündlich: } *genügend*
schriftlich:

Physik *genügend*

Zeichnen

Gesang

Turnen —

Er hat *2* St. versäumt, ist *3* mal zu spät gekommen, im Klassenbuche — mal getadelt, mit — St. Arrest bestraft.

Besondere Bemerkungen:

Direktor *Laubstenberger*   Ordinarius *Heydemann*

Kenntnisnahme bescheinigt *Dr. Tucholsky*

Dieses Zeugnis ist, von dem Vater des Schülers unterschrieben, am *1. Januar 1907* dem Ordinarius vorzuzeigen.
(Zeugnisprädikate: sehr gut, gut, genügend, mangelhaft, ungenügend.)

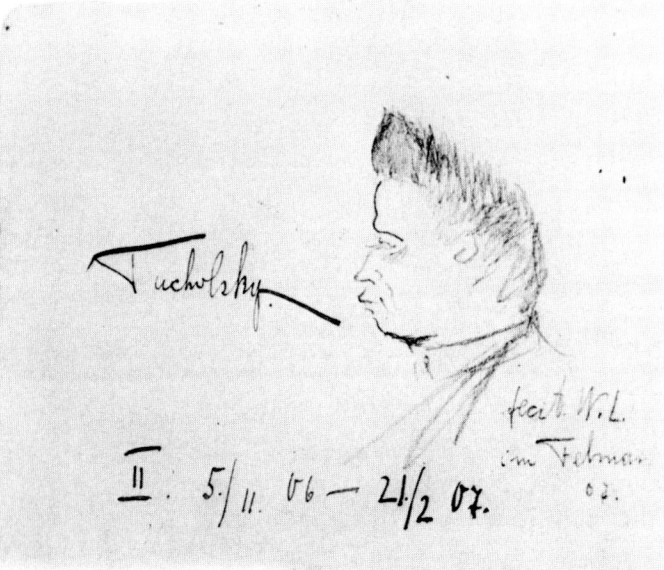

Tucholsky-Zeichnung von W. L., Februar 1907

Zu Beginn des Jahres 1907 verließ Tucholsky das Königliche Wilhelms-Gymnasium, von den Berlinern »Lackstiefel-Gymnasium« genannt, und bereitete sich privat auf das Abitur vor. Auf Anraten Dr. Kraßmöllers holte er zunächst das »Einjährige« vor einer Militärkommission am Lehrter Bahnhof nach. 1907 erschien seine erste Arbeit.

Kaiser Wilhelm II.

„Ulk." 1907. 22. November

Märchen.

Es war einmal ein Kaiser, der über ein unermeßlich großes, reiches und schönes Land herrschte. Und er besaß wie jeder andere Kaiser auch eine Schatzkammer, in der inmitten all der glänzenden und glitzernden Juwelen auch eine Flöte lag. Das war aber ein ganz merkwürdiges Instrument. Wenn man nämlich durch eins der vier Löcher in die Flöte hinein sah — o! was gab es da alles zu sehen! Da war eine Landschaft darin, klein, aber voll Leben: eine Thomasche Landschaft mit Böcklinschen Wolken und Leistikowschen Seen. Rezniceksche Dämchen rümpften die Nasen über Zillesche Gestalten, und eine Bauerndirne Meuniers trug einen Armvoll Blumen Orliks — kurz, die ganze moderne Richtung war in der Flöte. Und was machte der Kaiser damit? Er pfiff drauf.

»Märchen«,
Tucholskys erste Veröffentlichung,
»Ulk«, 22. November 1907

Tucholsky, etwa 1908

Tucholsky, 1908

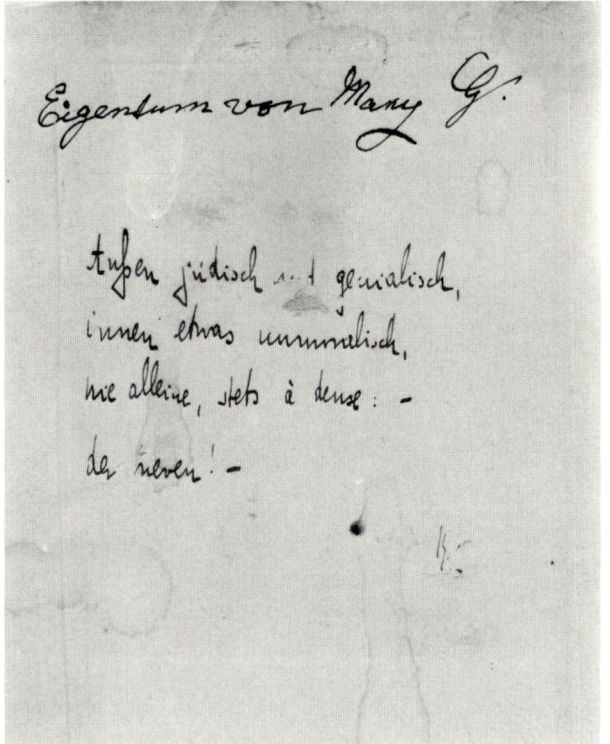

Widmung für Tante Berta Tucholsky

Außen jüdisch und genialisch,
innen etwas unmoralisch,
nie alleine, stets à deux:–
der neveu!–
K.–

Tucholsky 1908

Am 21. September 1909 bestand Kurt Tucholsky als Externer am Königlichen Luisen-Gymnasium das Abitur und begann am 7. Oktober 1909 an der Friedrich-Wilhelm-Universität in Berlin mit dem Studium der Rechtswissenschaft.

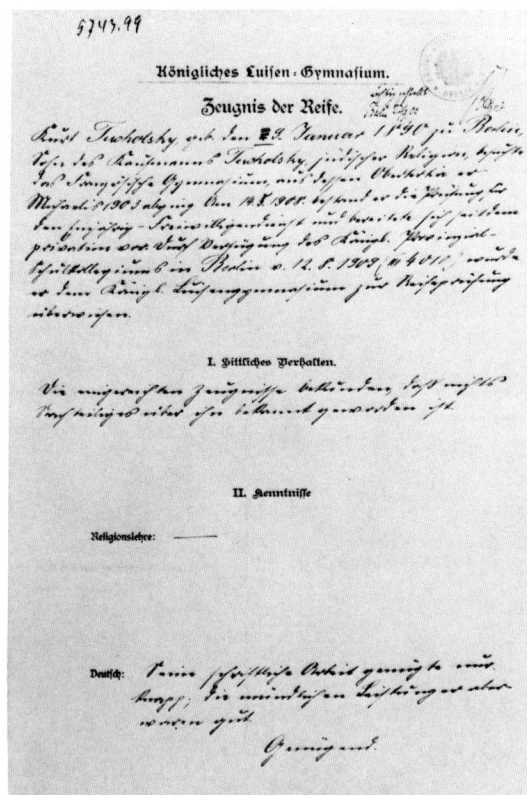

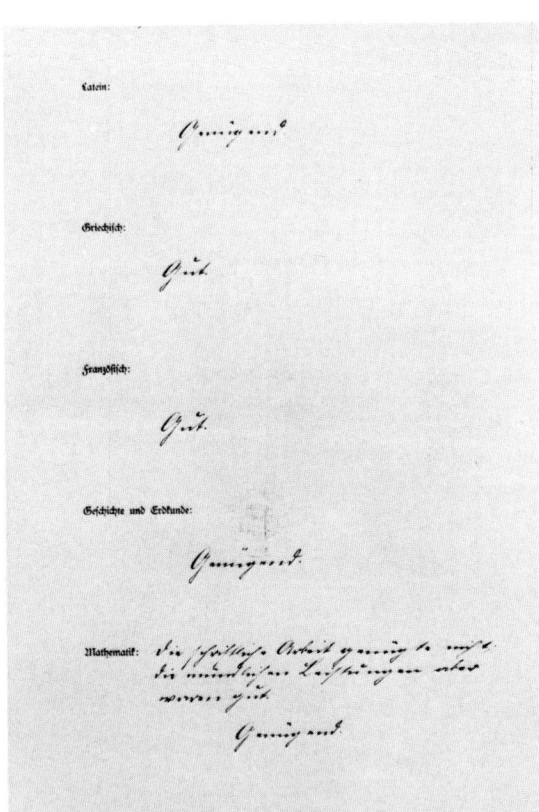

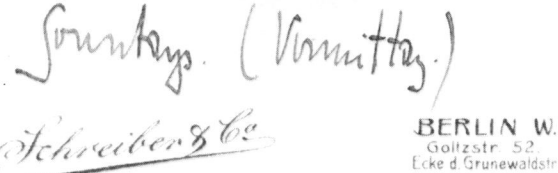

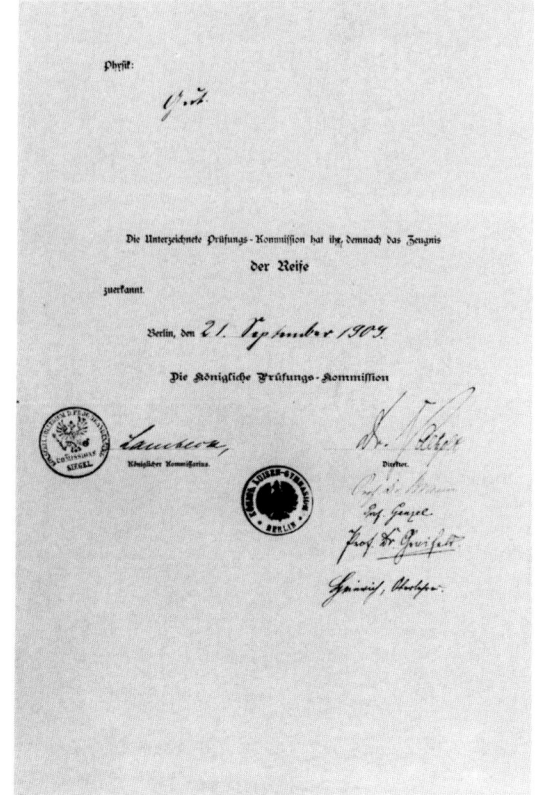

Abiturzeugnis, 1909
Deutsch: Seine schriftliche Arbeit genügte nur knapp; die mündlichen Leistungen aber waren gut. Genügend.

Aber damals wurde derjenige, der ein Abitur als Externer bauen wollte, wie ein Verbrecher behandelt; man kam sich vor, als stehe man als Entlastungszeuge vor einem Staatsanwalt ... so etwa war die Atmosphäre. Ich arbeitete wie ein Neger.

»Der Mann mit den zwei Einjährigen«, 1929

Flora und Agnes Tucholsky. Dazu Tucholsky auf der Rückseite: »x Der bekannte Jurist und Chronologe K. T.«

Mit seinen Tanten Flora und
Agnes
Tucholsky vermerkte auf der
Rückseite des Fotos: »Dau-
mier!! Wo ist Daumier!?«

Die Familienzugehörigkeit befördert einen Krankheitskeim,
der weit verbreitet ist: alle Mitglieder der Innung nehmen
dauernd übel. Jene Tante, die auf dem berühmten Sofa saß,
ist eine Geschichtsfälschung: denn erstens sitzt eine Tante
niemals allein, und zweitens nimmt sie immer übel – nicht
nur auf dem Sofa (…) Es gibt kein Familienmitglied, das ein
anderes Familienmitglied jemals ernst nimmt. Hätte Goethe
eine alte Tante gehabt, sie wäre sicherlich nach Weimar gekommen, um zu sehen, was der Junge macht, hätte ihrem
Pompadour etwas Cachou entnommen und wäre schließlich
durch und durch beleidigt wieder abgefahren. Goethe hat
aber solche Tanten nicht gehabt, sondern seine Ruhe – und
auf diese Weise ist der »Faust« entstanden. Die Tante hätte
ihn übertrieben gefunden.   »Die Familie«, 1923

Nach dem Sommersemester 1910, das Tucholsky in Genf studierte,
setzte er sein Studium an der juristischen Fakultät in Berlin fort. Mit
Erreichen der Volljährigkeit 1911 trat er aus der jüdischen Religionsgemeinschaft aus. In diesem Jahr begann er zu publizieren. Seine ersten
Arbeiten, vor allem kulturkritische Beiträge, erschienen im sozialdemokratischen »Vorwärts«.

Berlin, 1908

Mit seinem Freund, dem Zeichner Kurt Szafranski, besuchte Tucholsky im September 1911 Franz Kafka und Max Brod in Prag. Mit Szafranski reiste er im Januar 1913 auch nach Bruck bei München zu dem Schriftsteller und Arzt Dr. Hans Erich Blaich, der unter den Pseudonymen Dr. Owlglass und Ratatöskr ein bekannter Mitarbeiter des »Simplicissimus« war. Für Tucholsky wurde Hans Erich Blaich in den ersten Kriegsjahren ein wichtiger Gesprächspartner.

Und nichts hat mich mehr gefreut, als daß Sie über das Radauzentrum etwas gesagt haben; ich habe das aber erst in Bruck so scharf empfunden, woher Sie *das* haben, worum ich Sie immer beneidete: *die Distanz.* Ich sagte zum Scherz: wenn man hier keine guten Gedichte machen soll–! Aber ich verstand jetzt, warum bei Ihnen ein Baum wirklich ein Baum ist, und bei uns ein ziemlich abstrakter Begriff, dessen reales Abbild vielleicht existiert. Wir sind herausgefahren, weil ich Sie gern über Busch und Raabe sprechen hören wollte (…)   Brief an Hans Erich Blaich vom 23. Februar 1913

Franz Kafka, etwa 1905

Ich habe einmal eine Seite Aphorismen Kafkas gelesen, von denen mir ganz angst geworden ist. Man fragt sich immerzu: »Wer war das? Was ist das?« Es gibt, wie mir scheint, überhaupt ein »Kafka-Gefühl«, ein Gefühl, das man *nur* beim Lesen seiner Werke hat. Über »Amerika« schreibe ich bestimmt noch – das Buch hat eine ganz große Wirkung bei mir hinterlassen, größer noch als das »Schloß« – es sind einige ganz vollendete Seiten darin. Ihr Nachwort herrlich – sehr gut der Vergleich mit Chaplin; Kafka hat es fertig bekommen, noch zarter zu sein, ohne den Amerikaner wahrscheinlich jemals gesehen zu haben. Aber es ist genau das (…)   Brief an Max Brod vom 26. Juli 1928

Schloß Rheinsberg

Im Sommer 1912 unternahm Tucholsky mit der Medizinstudentin Else Weil, von ihm Claire Pimbusch genannt, einen Ausflug nach Rheinsberg, einen Ort nördlich von Berlin. Die Erzählung verlegte Axel Juncker in Berlin mit Illustrationen von Kurt Szafranski. »Rheinsberg. Ein Bilderbuch für Verliebte« wurde ein Bucherfolg. Nach dem Sommersemester 1912 meldete sich Tucholsky an der Universität ab.

Fürchten Sie nun nicht, daß Ihnen eines Tages ein dickes Manuskript mit der Bitte um Prüfung ins Haus kommt. Man schreibt wohl so etwas mal, wenn man verliebt ist; im übrigen bin ich ein Student mit einiger stilistischer Begabung, der vorläufig noch nicht weiß, was er werden soll.

Brief an Hans Erich Blaich vom 23. Februar 1913

Erlebnis und Schreiben waren ja – wie immer – zweierlei, und was in den drei Tagen leicht und grün vorübergeglitten war, wurde an der See in ebensoviel Wochen würgend langsam in kleine Notizbücher geschrieben. Es wollte gar nicht vom Fleck – es wäre viel lustiger gewesen, zur Claire ins Nebenzimmer zu gehen, ihr ein paar alte Socken um den Hals zu binden und ein bißchen »Arzt und krankes Kind« zu spielen, anstatt an dem Salat da herumzuschreiben... Aber es wurde doch durchgebissen, und in einem September kam ich mit den Büchelchen müde zu Hause an. Ich weiß noch, wie ich den Kram zuerst dem Szafranski vorlas –

er sprang alle Nase lang auf, feixte fürchterlich und erklärte schließlich, das Ganze sei ja ganz nett, aber er müsse es leider völlig umarbeiten...

»Rheinsberg. Vorrede zum fünfzigsten Tausend«, 1920

»Rheinsberg«, 1912

Duo / Eine Selbstanzeige

Ich habe da ein Buch geschrieben, das heißt „Rheinsberg“, und ist soeben erschienen. „Rheinsberg. Ein Bilderbuch für Verliebte.“ Geschmackvoll, begabt, wie man das von meinen Sachen gewöhnt ist, voll des Liebreizes, den Herr Professor Magendantz als das erste Postulat der Kunst aufgestellt zu haben durchaus im Recht ist. Wie ist doch die Sprache flüssig! — Wie ist alles erfaßt, hingelegt, angepackt! — Wie ist diese blühende Mädchenknospe, in der warmes Blut pulsiert, fein empfunden! Wie nach dem Leben! — Und so würde ein ungestörter Erfolg werden, wenn nicht die Zeichnungen wären. Die Zeichnungen ruinieren alles. Zu diesem feinen, gleichsam gleitenden Text hat der Kunstmaler Szafranski

Bilder angefertigt, deren Dekadenz aufs neue beweist, wohin wir steuern. Wie denn? — Ist nicht Meister Thumann leuchtendes Vorbild genug? — Gibt es in der Natur Unebenheiten? Nein: alles ist gleichmäßig, glatt, glibberig, glänzend, die Blümchen blühen an des Baches Rand, muh — muh sagt die gute Kuh, bäh — bäh das Schäfchen, und diese modernen Zeichnungen (ich habe keinen andern Ausdruck) werden mir noch mein entzückendes Büchelchen verderben. Der Kunstmaler Szafranski — pereat! . . . . Darf ich einen Rat geben? — Trennnen Sie die Bilder heraus — nur so gelangen Sie zu einem vollen, ungestörten Genusse.

Kurt Tucholsky.

Die blühende Mädchenknospe

Ich habe die Bilder für „Rheinsberg“. Ein Bilderbuch für Verliebte gemalt.

Hat nicht auch Albrecht Dürer, um des Leibes Notdurft zu fristen, Streichholzpackungen entworfen? — Hat nicht auch Lucian Bernhard Madonnenbilder gemalt? —

Ich habe die Bilder für „Rheinsberg“ gemalt.

Diese Bilder sind Oasen, Perlen, Lichtpunkte in der Wüste. Zwischen toten unleserlichen Druckseiten glitzern sie wie freundliche Sterne. Der Text! — Du grundgütiger Gott! — Was sind

»Duo/Eine Selbstanzeige« im »Orplid«, 1912

Kurt Szafranski, etwa 1929

das für erotische Sächelchen, für Rea-, Fata- und Naturalismen! Geschmack? Zurückhaltung? Scham? — (wie man sie bei mir stets vorrätig findet)? Nichts von alledem. Prickelnd aber gehaltlos werden in diesem Buche Liebesfreuden verschwatzt. Es wird dem Absatz der Bilder nicht förderlich sein . . . meiner süßen kleinen Bilder, Vignetten und Zierstücke, die das Entzücken jedes Kunstfreundes erregen werden, wenn er nur die Güte besitzen wird, über den wahrhaft ungetümen Text hinwegzulesen. (Am besten er nimmt die Bilder heraus und legt sie in ein besonderes Mäppchen.)

Die Kunst im Dienste des Handwerks! Pegasus in die Sielen gespannt!

Ich habe die Bilder für „Rheinsberg“ gemalt . . .

Kurt Szafranski.

Selbstporträt des Künstlers

Kunst im Buch

Eine kleine Revue aus dem Verlag R. Piper & Co. in München.

„Die Kunst verändert sich, wie sich Häuser und Kleider, Sitten und Ideale verändern, und ein und dasselbe Kunstwerk verändert sich gleichsam als ob immer daran gearbeitet würde, auch wenn es längst hinter Glas und Rahmen hängt. Unsre Gedanken und Anschauungen arbeiten daran wie früher der Wille des einen, des Künstlers, fügen hinzu, saugen daran, ziehen ab. Anders stehen

Aber er wurde und wurde nicht fertig. Wir telefonierten damals recht lange und recht unfreundlich miteinander – schließlich bestellte er mich in die selige Queen-Bar und zeigte mir, was er angerichtet hatte. Ich trank vier Whiskys hintereinander. Dann sagte ich schüchtern, es sei sehr schön. Szafranski, leichtgläubig wie er nun einmal ist, glaubte das. Das Werk ging unter die Presse.

Es wurde ein Bombengeschäft.   »Rheinsberg«, 1921

Bei »Rheinsberg« kann ich nicht klagen. Bis jetzt sind es ungefähr dreitausend Stück. (Der Verleger autòs éphe.) Aber wir haben uns auch auf den Kopf gestellt und haben um vorige Weihnachten einen Laden aufgemacht, den wir die »Bücherbar« nannten, und wo wir Bücher und Schnaps verschenkten. Da ging es ausgezeichnet, und vielleicht hat es sich ein bißchen herumgesprochen…

Brief an Hans Erich Blaich vom 9. September 1913

Nun hatten wir damals auf dem Kurfürstendamm die »Bücherbar« aufgemacht, einen richtigen Studikerunfug, über den sich die Leute halb krank ärgerten, weil wir ein polyglottes Schild am Laden hatten, darauf in allen lebenden und toten Sprachen – auch auf gemauschelt – zu lesen war, daß es darinnen billige Bücher zu kaufen gäbe. (Wir haben noch unser Goldenes Buch, in das sich die illüstern Gäste eintragen mußten: Carl Meinhard war da und Hardekopf und Ludmilla Hell und Schriftsteller, die überhaupt nicht schreiben konnten und sich doch eintrugen…)

»Rheinsberg«, 1921

1912 verlobte sich Tucholsky mit Kitty Frankfurther, einer entfernt zur Familie gehörenden Jugendfreundin. Ende des Jahres bezog er in der Nachodstraße Nr. 12 seine erste Wohnung. Im Dezember eröffnete er mit Szafranski auf dem Kurfürstendamm die »Bücherbar«.

Berlin, Kurfürstendamm, etwa 1911

»Bücherbar«, Zeichnung von Kurt Szafranski, 1912

»Die Schaubühne«, 25. September 1913

Aufnahme Gertrud Munckel

Siegfried Jacobsohn

Wenn ich, Wrobel-Tucholsky – mich zunächst nach Ihrem Gesundheitsbefunde erkundige, so hat das seinen guten Grund. Ich habe nämlich eine bittende Anfrage: würden Sie – an der »Schaubühne« mitarbeiten? – Die Sachlage ist folgende: dies Theaterblatt hat seit einiger Zeit mich und die Ambition, über seinen alten Kreis hinauszugehen. Wir möchten gern – was wir auch seit einiger Zeit tun – mal über etwas anderes berichten als über Premieren. Sollte Ihnen das ganze Milieu unangenehm sein, sagen Sie es bitte und ich belästige Sie nicht mehr damit. Wo aber nicht – und wenn Sie keine Reichtümer dabei sammeln wollen –, Jacobsohn zahlt, aber herzlich und wenig – dann will ich Ihnen einige Nummern schicken, und ich weiß, daß hier gerade Ihre Prosa, die Sie viel zu wenig von sich geben, gefallen würde.   Brief an Hans Erich Blaich vom 9. Oktober 1913

1905 hatte der 24jährige Siegfried Jacobsohn die »Schaubühne« gegründet, eine theaterkritische Wochenschrift. Kurt Tucholsky begegnete ihm Ende 1912. Am 9. Januar 1913, an Tucholskys dreiundzwanzigstem Geburtstag, erschien in der »Schaubühne« der erste Beitrag: »Die beiden Brüder H.«. Am 20. Februar 1913 unterzeichnete Tucholsky zum ersten Mal mit Ignaz Wrobel.

Die wichtigsten Mitarbeiter der »Schaubühne« um 1913 waren Alfred Polgar, Lion Feuchtwanger, Julius Bab, Herbert Ihering, Christian Morgenstern, Roda Roda, Erich Mühsam, Gustav Landauer, Frank Wedekind, Richard Dehmel.

Damals, als Holz seinen 50. Geburtstag feierte, riß ich den Mund weit auf, er solle nicht immer Krakeel machen und lieber unter den grünen Bäumen liegen und so… Und wenn es zum Klappen kommt, lärme ich munter mit.

Brief an Hans Erich Blaich vom 9. September 1913

Aber weil das wahrhafte Lyrik ist, weil ein großes, starkes Lebensgefühl mit Ihnen durchgegangen ist, weil das singt, weil das auch in dieser fingierten Welt nur die eine Freude am Leben gibt. Sie durften das. Sie, der Sie sich mit Gott und der Welt herumgeschlagen hatten, Sie durften auch einmal ausruhen (…)

»An Arno Holz«, 1913

Arno Holz

Erstens ein kleines Gedichtbuch eines jungen Herrn, der natürlich nicht Klabund heißt, sondern Henschke oder so. Er ist noch sehr jung und lungenkrank. Der »Pan«, eine kleine berliner Literatenzeitschrift, brachte zuerst Gedichte von ihm (…)

Brief an Hans Erich Blaich vom 26. September 1913

Die meisten freilich sind Notentexte; sie pfeifen, brüllen, schreien und orgeln nach Musik. So ein Ding wie die »Hofsänger« sind ein Chanson erster Güte – außer Mehring weiß ich keinen, der das kann. (…) Klabund hat es mir einmal leise am Klavier vorgesungen – er hatte es in sein Notizbuch gekritzelt, und da saß er so still und bräunlich am Klavier, er hätte ruhig zum Schluß mit dem Hut einsammeln gehen können.

»Harfenjulius Klabund«, 1927

Klabund

Wenn Sie nicht noch bei Sieck sind, so möchte ich Sie bitten, ausnahmsweise eine Kleinigkeit zu lesen.

Brief an Hans Erich Blaich vom 27. August 1913

Wenn Ibsen wiederkäme… Wenn doch einer käme! Aber gleich darauf möcht man den Wunsch im Busen gern bewahren. Was nützte es uns? Was nützte es, wenn ein Gigant allein gegen alle stünde? Wenn keiner, keiner ihm beispränge? Die Alten sind müde. Die Jungen haben wichtigere Sorgen: sie müssen sich bespeien wegen eines falsch gesetzten Adjektivs und einer nicht korrekt adhibierten Weltanschauung; oder sie haben Vereine gegründet, Lobesversicherungsgesellschaften A.G. (auf Gegenseitigkeit), die darüber wachen, daß einer den andern und der andre den einen fördert, druckt und belobt.

»Wenn Ibsen wiederkäme…«, 1913

Henrik Ibsen

O R I O N

E I N   J A H R K R E I S

I N   B R I E F E N

○·○·○·○·○·○·○

BEI Wedekind tritt einmal ein Mann auf, der moderne Zeitschriften durchsieht. Er stöbert und blättert in den Papieren:
„Der Tag", ruft er verzweifelt aus, „Die Woche", „Das Jahr",
„Das Jahrhundert", „Das Jahrtausend". — Ist's nicht beinah
wirklich so? Werden wir nicht überschwemmt mit Zeitschriften, und haben wir die allzugleichen nicht allmählich satt?
Immer wieder dasselbe Bild: unter dem Titelkopf ein
kluger Leitartikel, dann ein Stück Roman oder eine Novelle,
ein paar Essais; hinten die Miszellen, Kleinigkeiten, Bücher-
besprechungen...

Wir dachten, man müsse einmal etwas anderes machen.

Der Reiz des Briefes ist noch nicht erloschen. Die Brief-
kultur der Romantiker mag dahin sein: es gibt auch heute
noch genug Leute, die gute Briefe schreiben und empfangen.
Der Brief ist ja nicht ein beschriebener Zettel, den man in
eine Enveloppe gehüllt hat, damit er sauber bleibe, und von
andern nicht gelesen werde, — der Brief ist oft ein Ding
mit einer Seele, ein richtiges Lebewesen, das einen anblickt,
rührt oder kalt läßt. Wenn man nun in der Form des persönlichen Zuspruchs dem Leser etwas nahe brächte, was des reiz-
vollen Bildes der Handschrift bedarf, um vom Schreiber auf den
Empfänger zu wirken: von Mensch zu Mensch?

Die Notwendigkeit ist da. Man kann alles drucken lassen,
aber man kann nicht alles gedruckt lesen. Vor allen Dingen
nicht in einer Zeitschrift, die man sich für ein paar Pfennige
kauft. Sie enthält nebeneinander Inserate, politische Glossen,
innerliche Erlebnisse von Dichtern und allerhand Berichte.
Die Zeitung ist für die stillen Dinge gar nicht geschaffen. Aber
auch die Zeitschrift kann dem Dargebotenen nicht die erforder-
liche Abgeschlossenheit geben. Ein Stück stört das andere, und
niemals kommt ein reiner Ton zustande.

Die Notwendigkeit ist da. Es gibt viele im Land, die etwas
zu sagen haben, aber die Redaktionen kennen sie nicht, und
sie selber, tüchtig und sich selbst genug, sehen keinen Anlaß,
sich zu melden. Aber auch von denen, die einen Namen haben,
ist noch mehr zu erwarten als wir von ihnen zu lesen gewohnt
sind. Sie müssen sich, wie jetzt die Dinge liegen, zu oft an-
passen: die Öffentlichkeit verlangt das gewohnte Klischee oder
gar zu häufig die künstliche Gespreiztheit des großen Mannes.

Wir wollen mit Walter Rathenau diese „Schweigsamen"
lebendig machen, die, still und ernsthaft, mit klaren Augen
tätig oder leidend das Leben durchschreiten, die schweigsam geboren werden und vor allem frei von literarischem
Ehrgeiz."

Die Subskribenten des „Orion" erhalten nun ungefähr drei-

An die Zeichner haben wir noch nicht geschrieben, aber
schon an die Skribenten. Und zugesagt haben auch schon
eine ganze Menge: Rilke und Hesse, Wilhelm Schäfer und
Th. Mann, und Roda Roda und Meyrink und Holitscher
und Bie und noch viele andere.

Brief an Hans Erich Blaich vom 26. September 1913

Wir haben den »Orion« in den Sattel gesetzt, und er ist glor-
reich heruntergefallen. Der Subskribenten Schar hat sich
zwar eingestellt, aber nicht so zahlreich, wie die Sorgen, die
die Stirne des Verlegers umflorten, als er die Häupter seiner
Lieben zählte. (...) Wir müssen Ihnen also als Mensch und
Mitarbeiter weinend mitteilen, daß der »Orion« das ist, was
er vorher war: ein Sternbild, fern und unerreichbar.

Brief an Hans Erich Blaich vom Juni 1914

Bei dem Projekt, das Kurt Tucholsky und Kurt Szafranski seit dem
Sommer 1913 planten, sollten Abonnenten monatlich drei faksimilierte
Briefe oder Graphiken erhalten. »Orion«, der bei Kurt Wolff in Leipzig
erscheinen sollte, scheiterte im Juni 1914. Tucholsky und Szafranski
hatten ihre Bitte um Mitarbeit auch an Hans Erich Blaich gerichtet.

mal im Monat und vierzigmal im Jahr den (faksimilierten) Brief eines guten Europäers.

Unsere Mitarbeiter werden in den Briefen eben jene Dinge aussprechen, die sich für eine breite Öffentlichkeit nicht eignen, sie werden Bekenntnisse und Erkenntnisse persönlicher Art niederschreiben (so Gauguin in bisher unbekannten Tagebuchaufzeichnungen über schwere Tage van Goghs), und werden Kulturerscheinungen und wirtschaftliche Verhältnisse weit offner besprechen, als dies anderswo möglich ist. Wir wollen nicht mit großen Namen prunken, wie wir es wohl tun könnten, wenn wir nicht wüßten, daß es nicht auf die Namen, sondern vornehmlich auf die Menschen ankommt.

Mit diesen geschriebenen Beiträgen lassen wir Werke der Graphik abwechseln. Die Blätter sollen skurrile Einfälle festhalten; es werden Kunstwerke sein, die sich nicht für eine Vervielfältigung in großer Auflage eignen, lyrische und groteske Impressionen in mannigfacher Technik. Die Reproduktion wird der Art des Blattes angepaßt sein. Radierung, Lithographie und Holzschnitt werden miteinander wechseln.

Eine vollständige Mitarbeiterliste würde den Reiz der Überraschung ausschalten. Gesagt mag nur werden, daß wir ein großes Feld eröffnet, einen weiten Kreis geschlagen haben. So daß wir Raum schaffen konnten für Menschen der verschiedensten Art und seelischer Qualität: für Rainer Maria Rilke auf der einen, für Gustav Meyrink auf der andern Seite, für die Fürstin Lichnowsky sowohl wie Prof. Behrens, für Thomas Mann wie für Dehmel. Außer solchen Mitarbeitern haben wir Männer aufgefordert, die uns keine Enzyklopädie ihres Fachgebiets geben, sondern als Erfahrene klug und offen sprechen werden.

Von den Graphikern seien Frau Kollwitz und Somoff genannt, sowie Kainer, Orlik, Gulbransson und Blix.

Der Kreis ist auf 260 Abonnenten beschränkt. Die Bestellung kann durch jede Buchhandlung, wo keine erreichbar ist, auch durch den Verlag erfolgen, der zu jeder näheren Auskunft bereit ist. Die Herstellung der faksimilierten Briefe und der graphischen Beiträge in den ersten Offizinen hat die Festsetzung des jährlichen Subskriptionspreises auf M 180.— ergeben. (Vierteljährlich zahlbar.) Bei nicht genügender Beteiligung behält sich der Verlag vor, von dem Unternehmen zurückzutreten. Die übliche Luxusausgabe haben wir nicht veranstaltet, da wir alle Sorgfalt auf eine vollendete Wiedergabe verwenden, die gleichmäßig allen Teilnehmern zugute kommt.

So liegt denn Sonntags unter den Morgenbriefen des Subskribenten eine wohlverschnürte Sendung. Noch weiß der Empfänger nicht, was sie enthält. Es kann ein interessanter Brief vom Grafen Keyserling sein oder eine zierliche Radierung Walsers oder etwas über Musik von Oskar Bie. Der Leser sieht sich in einen Freundeskreis von vierzig feinen Menschen hineingestellt; unsere besten Wissenschaftler, Dichter und Graphiker sind darunter, die sich in der persönlichsten und reizvollsten Form äußern. Und so bildet der „Orion" das ganze Jahr hindurch eine dauernde Freude und im ganzen ein Werk von bleibendem Wert.

Kurt Szafranski   *Kurt Tucholsky*

K U R T W O L F F V E R L A G · L E I P Z I G

»Orion. Ein Jahrkreis in Briefen«, Subskriptionsprospekt, 1913

Sie sind unterdessen in die Literatur gekommen und heißen Dr. Bruck. Wenn dieser Brei fertig gekocht ist – September – dann…!   Brief an Hans Erich Blaich vom 27. August 1913

Das neue ist keine Fortsetzung. Die Claire als Großmama – das wäre so eine Sache! – Es ist ein kleiner Scherz, der pseudonym herausgeht (…)
          Brief an Hans Erich Blaich vom 9. September 1913

Im September 1913 erschien bei Reuss und Pollack in Berlin »Der Zeitsparer« mit einer Titelblattzeichnung von Kurt Szafranski.

»Der Zeitsparer«, 1913

Mitteilung des Kriegszustandes, Berlin, 31. Juli 1914

Eine Woge von Betrunkenheit raste vor sechs Jahren über dieses Land, durch die Bürostuben, die Kasernenhöfe, die Rinnsteine, durch öffentliche Häuser, Börsensäle, Schulklassen und Redaktionszimmer. (…) Der Mob stand auf, der Sturm brach los, der Wilhelm winkte und alle, alle kamen. Kamen, um zu verdienen, um befördert zu werden, um eine Rolle zu spielen … und kamen aber auch, im Suff ihres Patriotismus, während der allerersten Wochen – das muß gesagt werden–: um zu sterben. (…) Was so unbeschreiblich an diesen ersten Wochen war, erkannten damals nur wenige und weil heute die Zeit des Rausches fast vergessen ist, wissens auch heute nicht allzuviele: das Schlimme in Deutschland war das völlige Fehlen jeder Ethik. Für alles, aber auch für alles, auch noch für die letzten Schweinereien war der Rock des Kaisers und das Wort »dienstlich« eine Deckung. Mißbrauch von Gefangenen zu Kriegsarbeiten in

der Feuerzone, Unterschlagung, Verführung von Mädchen, Mord an Zivilisten, die man zu diesem Behufe Franktireurs getauft hatte, ekelhafteste Schlächterei der Verwundeten – dies alles und noch viel mehr vollzog sich unter dem fast einmütigen Gesang von »Deutschland, Deutschland über alles«, und unter den brausenden Akkorden des Liedes versanken Europa, Menschlichkeit, Charakter und Christentum. (…) Aber was wußte Berlin, was wußte Deutschland damals davon? Vorläufig zogen die Abonnenten des »Berliner Lokalanzeigers« (und leider auch andere) von Café zu Café, verlangten mit Stentorstimme mutig, tapfer und deutsch die Entfernung des welschen Akzents, der Feldwebel auf dem Bezirkskommando sagte nicht mehr Adieu, sondern auf Wiedersehen, und es zeigte sich nach kurzer Zeit, daß man alle Gemeinheiten auch ganz gut ohne Fremdworte in seiner Muttersprache ausüben konnte.

»Rausch, Suff und Katzenjammer«, 1920

Die
Vormerkung aus § 1179 BGB.
und ihre Wirkungen.

Inaugural-Dissertation

zur Erlangung der Doktorwürde

der Hohen Rechts- und Staatswissenschaftlichen Fakultät

der Großherzoglich und Herzoglich Sächsischen Gesamt-

Universität Jena

vorgelegt von

Kurt Tucholsky
aus Berlin.

Druck von Robert Noske, Borna-Leipzig

Großbetrieb für Dissertationsdruck

1915.

»Die Vormerkung
aus § 1179 BGB
und ihre Wirkungen«,
1915

Die negative Asphaltsehnsucht äußert sich nach wie vor in dem heftigen Begehren, mit Ihnen einen Becher Weins zu leeren, Du bist die Ruh! – Aber nö: ick muß ja hier hocken – und erschrecken Sie nicht: Knaben in den Wissenschaften unterweisen. Es hat sich gezeigt, daß es mit der Juristerei nichts ist – und wannen er den Doktor juris utriusque gebauet hat, so will er Geld mit einer Presse verdienen. Maßen die Trottel und Adligen nie alle werden.

Amen.   Brief an Hans Erich Blaich vom 9. Oktober 1913

1914. Gearbeitet am Doktor. Gar keine Erinnerung mehr. Eklige, leere Zeit.   Brief an Mary Gerold vom 1. September 1919

Tucholskys erste Fassung einer Dissertationsarbeit wurde von der juristischen Fakultät der Universität Jena abgelehnt. Er immatrikulierte sich noch einmal in Berlin für das Sommersemester 1914 und überarbeitete die Schrift. Am 19. November 1914 bestand er das mündliche Doktorexamen und promovierte am 12. Februar 1915 in Jena mit cum laude zum Dr. jur.

Aus der Königlichen Bibliothek zu Berlin habe ich erhalten (ſ. Rückſeite)
(Titel mit Erſcheinungsort und Jahr:)

Lichtenberg, G.Chr. Briefe (Leitzmann)
1-3., Leipzig 1901-04.

Name:

Stand:

Wohnung:

händige tliche Unterſchrift

F. 15.

Entleihzettel der Königlichen Bibliothek mit den Briefen Lichtenbergs, etwa 1915

Georg Christoph Lichtenberg

Wilhelm Busch

Im vorigen Frieden – als ich noch ein kleiner Junge war und sehr verliebt –: da ging mir eines Tages das Geld aus. Das kann vorkommen. Und Kitty brauchte eine goldene Armbanduhr. Und da ging ich hin … ich schämte mich ja furchtbar, aber es ist doch wahr … und verkaufte einen Arm voller Bücher. Und kaufte ihr die Uhr und bekam einen dicken Kuß, und es war alles sehr schön.

Unter den Büchern war auch eine alte, zwölfbändige Ausgabe von Georg Christoph Lichtenbergs gesammelten Werken. (…) Ein Uhu, der Sekt gesoffen hat, nun nachts durch den Wald flattert und »Schuhu!« macht, die Mäuse erschreckt, sie fängt und mit dem Ruf »Nicht fett genug…!« wieder wegwirft – es ist etwas ganz Einzigartiges. Morgenstern plus Hebbels Tagebüchern plus französischer Klarheit plus englischer Groteske plus deutschem Herzen – (…) Von dem, was in diesen »Sudelbüchern«, wie er das genannt hat, an Witz heute verschüttet liegt, leben andre Leute ihr ganzes Leben.　　　　　　　　　　　»Schrei nach Lichtenberg«, 1931

Es geht die dumpfe Sage, dieser Busch sei ein Philosoph gewesen. Aber die Leute lachen ruhig weiter über seine Bildchen und sagen: Es wird schon nicht so schlimm gewesen sein. Durch seine Biographen ists nicht besser geworden (…) Er weiß alles. Wie wenig Worte taugen, und wie man das ganze Spiel in kein System und in keine Schablone bringen kann. Und wie man nicht sagen muß: ich bin, aber es ist nichts – sondern: es ist nichts, aber ich bin.　　　　　　　　　»Busch-Briefe«, 1914

Wilhelm Raabe

Ja, das mit Raabe – – Das ist wohl selten – und bei den Deutschen ganz rar –, daß einer ein Kerl ist und seiner Zeit auch vernünftig gegenübersteht. Was hat Schopenhauer in politicis alles durcheinander gemengt! (…) Das war vielleicht für die Augen zu nah – und so wars wohl auch mit Raabe, der sicherlich in den Sozialisten seiner Zeit nur kulturlose Radaubrüder sah, die in den Kneipen schwätzten… Und ganz falsch war das ja wohl auch nicht. Nur: zweihundert Jahre später hätte er anders geurteilt.

Brief an Hans Erich Blaich vom 27. Mai 1919

Theodor Fontane

Diese Feinfingrigkeit in Fontanes Arbeiten ist, wenn ich mich unter den Heutigen umsehe, am ehesten mit Alfred Polgars Grazie zu vergleichen. Auch hier die schmerzlich-freundliche Ironie, das tiefe Wissen, daß es ja schließlich alles nicht so wichtig ist – auch hier die entzückende Feinheit in den leisen Lichterchen, in den hingehauchten Pointen, in den kleinen Bosheiten und in den charmanten Liebeserklärungen an Kunst und Künstler.

»Der alte Fontane«, 1919

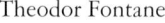

Theodor Storm

Gestern und vorgestern und die ganzen Abende: Storm. Na, den muß Er lesen, wenn Er ihn noch nicht kennt und seiner habhaft wird. (In der Bibliothek ist er nicht, weil es ihn jetzt nicht zu kaufen gibt, deswegen steht er auch noch nicht in Seiner Bibliothek.) Das ist eine Sache. Der Novellist ein klein wenig Limonade, in den schwachen Stücken; meisterhaft in den guten und ganz groß in den Gedichten. (…) Und dann das, was ich so gern an Frauen habe (es gibt nur so wenige wertvolle, mit denen man so stehen kann, ohne sich zu erniedrigen –): so eine innerliche Wärme. Leidenschaft auch – aber das haben ja viele – aber dann, wenn das vorbei ist – dann so eine Güte von Mensch zu Mensch, nicht mehr von Mann zur Frau allein. Es ist ganz herrlich, und in der Wortkunst heute noch vorbildlich, obwohl viele Sachen fünfzig Jahre alt sind.

Brief an Mary Gerold vom 10. Juni 1918

Wenn wir Raabe und Storm und Keller und Fontane lasen, so bemerkten wir, uns umsehend, wie wenig doch das neue Deutschland noch mit diesem vergangenen guten da zu tun hatte: die alten Herren erzählten von Zügen feinster Menschlichkeit (…)   »Ein untergehendes Land«, 1919

Tucholsky, 1915

1915-1924 Soldat in Rußland. Berlin

Tucholsky, 1915
Auf der Rückseite des Fotos vermerkte er: »Ach Gottchen –! Panter.«

(...)
Sind wir denn richtige Soldaten,
so wie es 10 Millionen gibt? –
Was *richtig* ist, sind die Granaten – –
Der Schipper schippt. –

Der Philosoph mit Schopenhauer
und Busch und Raabe eng versippt,
bedenkt sich manches nicht genauer –
und schippt.

Nur eines kann er doch nicht lassen,
wenn auch die ganze Psyche kippt –
er denkt an Dr. Owlglassen
und schippt und grüßt

und schippt
Herzlichst
Ihr
Tucholsky

An Hans Erich Blaich, 30. April 1915

Kurt Tucholsky wurde am 10. April 1915 als Schipper zu einem Armierungsbataillon der Njemen-Armee nach Rußland eingezogen.

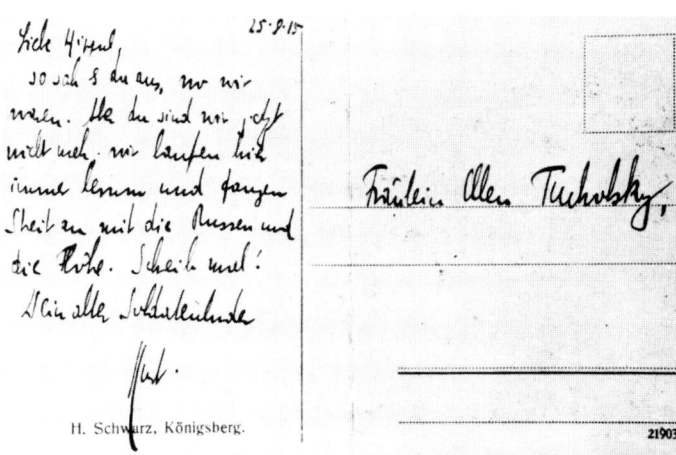

Karte an Ellen Tucholsky vom 25. August 1915

Fräulein Ellen Tucholsky,
25.8.15
Liebe Hippel,
so sah es da aus, wo wir waren. Aber da sind wir jetzt nicht mehr; wir laufen hier immer herum und fangen Streit an mit die Russen und die Flöhe. Schreib mal! Dein alter Soldatenbruder
Kurt.

Hier ist zu jedermanns Verdruß Krieg, und zwar, wie das in den lokalen Verhältnissen begründet liegt, mit den Russen. Der bessere Teil der Armierungssoldateska hat sich längst gedrückt; die gesamte Intelljenz ist zur Feldpolizei entwichen, in die Bekleidungsämter, zur Zivilverwaltung – nur ich harre aus. (Welche Tugend man auch anders benamsen kann; aber jener schmale Pfad führt durch die Kehrseiten so mancher Vorgesetzten, und ihn zu wandeln ist nicht jedem gegeben.) Brief an Hans Erich Blaich vom 30. September 1915

Die Schreibstube der 3. Kompanie: Tucholsky, der Komponist und Musikprofessor Wilhelm L. Gruner und der Nationalökonom Dr. Ludwig Pinner, etwa 1915

Am 1. September flog ich aus der Schreibstube, wegen menschenunähnlicher Handschrift. (Meine Maschine war damals noch auf dem Marsch.) – Ich sehe mich noch sehr unglücklich und sauer in Reih und Glied stehen, mit einer riesigen grünen Brille auf der Nase.

Brief an Mary Gerold vom 1. September 1919

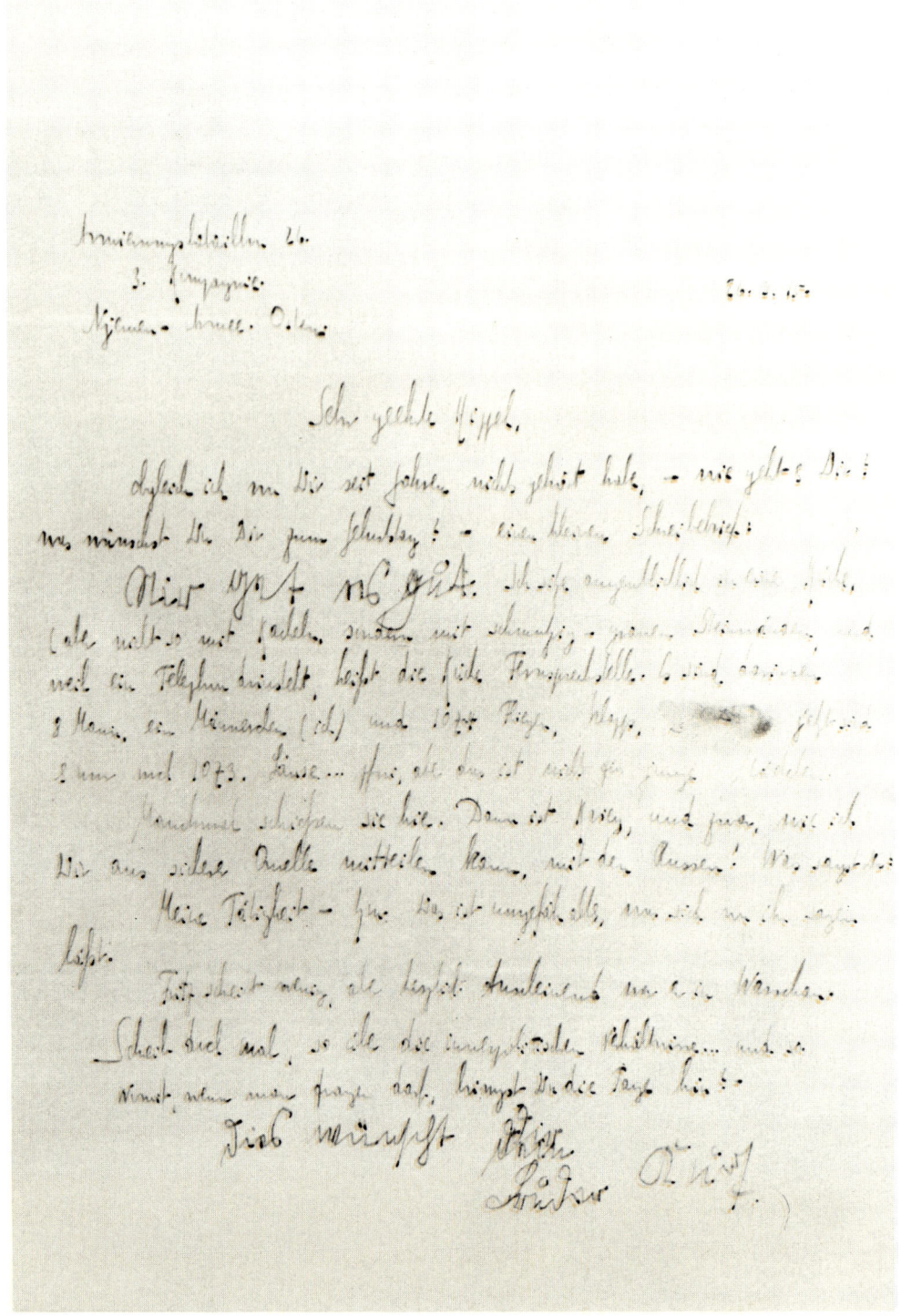

26. 9. 15.
Armierungsbataillon 26.
3. Kompagnie.
Njemen-Armee. Osten.
Sehr geehrte Hippel,
obgleich ich von Dir seit Jahren nichts gehört habe, – wie geht es Dir? was wünschst Du Dir zum Geburtstag? – einen kleinen Schreibebrief:

Mit get es gut. Ich sitze augenblicklich in einer Küche, aber nicht so mit Kacheln, sondern schmutzig-grünen Steinwänden, und weil ein Telephon drinsteht, heißt die Küche Fernsprechstelle. Es sind darinnen 8 Mann, ein Männerchen (ich) und 1074 Fliegen, klapps, (…) jetzt sind es nur noch 1073. Läuse … pfui, aber das ist nichts für junge Mädchen.

Manchmal schießen sie hier. Dann ist Krieg, und zwar, wie ich Dir aus sicherer Quelle mitteilen kann, mit den Russen! Was sagst Du?

Meine Tätigkeit – hm. Das ist ungefähr alles, was sich von ihr sagen läßt.

Fritz schreibt wenig, aber herzlich. Anscheinend war er in Warschau. Schreib doch mal, so über die innenpolitischen Verhältnisse … und so. Womit, wenn man fragen darf, bringst Du die Tage hin? –

Dies wünscht Dir Dein Bruder Kurt.

Straße in Alt-Autz, etwa 1917

Dabei ist Kurland ein wundervolles Land. Es ist alles verlassen; hier sind auf Meilen nur Soldaten; Zivilpersonen ist das Betreten des Kriegsschauplatzes streng untersagt. (Steht auf die Tafeln.) Landschaftlich ist das hier eine Sache – wie das allerschönste Norddeutschland. Aber das nutzt einem nicht viel.

Brief an Ellen Tucholsky vom 29. Februar 1916

Bleiben also die Bücher. Was die junge Generation angeht, so fühle ich mich 134 Jahre alt. Lieber Herr Doktor: haben die nie Schopenhauer, ich will nicht sagen gelesen, aber haben sie ihn nie empfunden? Was ist das für eine dumme Art, von vorn anzufangen, alle andern für Esel zu erklären (…)

Brief an Hans Erich Blaich vom 1. April 1916

Sie waren krank? Typhus? Nein, Sie müssen ganz gesund bleiben! Abgesehen von dem deutschen Schriftttum (früher Literatur), wenn Sie mit Tode abgingen, so wäre wieder einer weniger, der Christian Wagner, den ich immer bei mir führe, und Möriken lieb hätte. Oder gibt es auch solche in der neuen Generation? Wir alten Leute müssen mit Kummer auf dieses Geschlecht sehen. Ein Glück, daß sie nicht alle so sind wie ihre Zeitungen.

Brief an Hans Erich Blaich vom 25. November 1915

Was mich betrifft, so kann ich augenblicklich nicht klagen. Ich bin so dick, daß es eine Schande ist – aber es ist langweilig, nicht amüsant und auch nicht sehr reinlich. (…) Krieg wird hier auch geführt. Und zwar abends zwischen 11 und 1 Uhr. Ich persönlich schlafe dann immer (…)

Brief an Ellen Tucholsky vom 29. Februar 1916

Was in den Zeitungen steht, ist jetzt noch weniger wahr denn je. (…) Ich denke immer nur, das ganz Richtige kann man jetzt doch nicht schreiben, außerdem muß es so etwas vielleicht geben – und wer ein bißchen vernünftig ist, glaubts ohnehin nicht. Ich werde lieber die Tinte halten. –

Brief an Hans Erich Blaich vom 21. Juli 1916

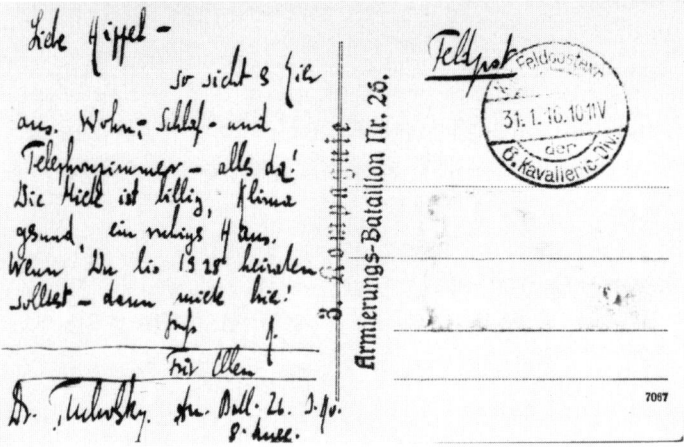

Feldpostkarte an Ellen Tucholsky vom 31. Januar 1916

Feldpost
Liebe Hippel –
so sieht es hier aus. Wohn-, Schlaf- und Telephonzimmer –
alles da! Die Miete ist billig, Klima gesund, ein ruhiges
Haus. Wenn Du bis 1928 heiraten solltest – dann miete hier!
Gruß K.
Für Ellen
Dr. Tucholsky. Arm. Batl. 26. 3. Ko. 8. Armee

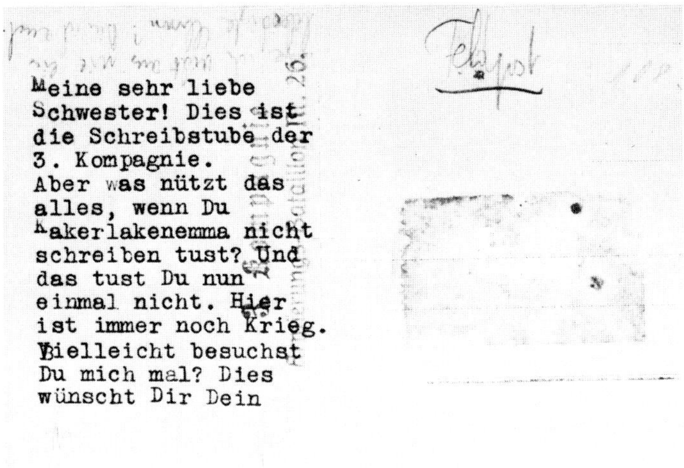

Feldpostkarte an Ellen Tucholsky, Anfang 1916

Meine sehr liebe
Schwester! Dies ist
die Schreibstube der
3. Kompagnie.
Aber was nützt das
alles, wenn Du
ᴸakerlakenemma nicht
schreiben tust? Und
das tust Du nun
einmal nicht. Hier
ist immer noch Krieg.
Vielleicht besuchst
Du mich mal? Dies
wünscht Dir Dein

Sehe ich nicht aus wie ein beleidigter Clown? Bin ich auch.
Armierungsbruder Kurt

Wenn ich nicht Listen abtippe, dann sehe ich in die Luft
oder beneide Sie. Ja – Sie lachen, aber es ist ganz ernst.
Kommt noch hinzu, daß ich es Ihnen gönne, also nicht einmal das schöne Auspuffrohr des Schimpfens habe, so können Sie sich denken, wie mich meine versetzte Galle plagt. –
Brief an Hans Erich Blaich vom 1. Oktober 1916

Während des Jahres 1916 schrieb Tucholsky einige Grotesken, »verbürgerlichte Märchen«, die später unter dem Titel »Träumereien an
preußischen Kaminen« erschienen. Die Verlobung mit Kitty Frankfurther wurde während eines Aufenthaltes in Berlin aufgelöst.

3. Kompagnie
Armierungs-Bataillon Nr. 26.   O.U.   21.VII.16.

K l e i n e r   B e i z e t t e l
==

Der Kriegsschauplatz zerfällt nach wie vor in zwei grosse
Parteien. Nicht etwa Russen und Deutsche; sondern in Vor-
gesetzte und Mannschaften. "Die Vorgesetzten", hat hier
neulich jemand gesagt, "sind der Krebsschaden der Armee!"
Ein wahres Wort. Aber das ist gut so – denn wenn der
Schrecken von hinten grösser ist denn der von vornen, so
beseelt (ich kenne doch meinen Lokalanzeiger) so beseelt
ein ungestümer Drang nach Vorwärts die gesamte Armee.
                    Amen.

»Kleiner Beizettel« an Hans Erich Blaich vom 21. Juli 1916

Hans Erich Blaich, etwa 1916

Deutsche, die England aushungern will.

Bild links: Der schwerste Soldat der Kaiserlichen Marine, 340 Pfd. schwer.
Bild rechts: Oberheizer Herm. Rüdiger, Kesselschmied der Hanomag, 232 Pfd.
In der Mitte: Dr. J. Wrobel · Arm · Sold. 386 Pfd. schwer.

Fotomontage von Kurt Szafranski, Anfang 1916

Wenn man sieht, wies gemacht wird, dieses große Maul, diese wolkige Umschreibung der Notwendigkeiten und Trivialitäten, die angewandte Metaphysik, die Gründung eines Schützengrabenliebengottes – (...) Aber was wird –? Was war, ist doch vorbei. Es bleibt schon dabei, daß man sich in sein Gehäuse verkriecht, und nicht mitmacht. Denn das Postea wird derartig schrecklich schön werden, daß man lieber nicht dran denkt. Entweder es geht alles schief, oder es bleibt ein bißchen was, und das wird doch wohl so, daß... Sie haben ein bodenständiges Haus (mit Garten und Teppichklopfstange) – ich nicht; ich wüßte nicht, was mich dann noch in Deutschland hält. (...) Kugeln sind nicht schlimm, aber die Menschen. Ick vornewech.

Brief an Hans Erich Blaich vom 24. Dezember 1916

Seite aus Tucholskys Militärpaß, 1914

Vorgestern haben sie ein paar Russen erschossen, zwegn Spionage, ich habe assistiert – natürlich nur mit denen Gerichtsakten und nicht etwa mit dem Karabiner – und es war eigentlich nur jämmerlich. Die Menschheit hackt sich durch Fleisch und Blut einen Weg der »Idee« durch lebendige Menschen – in den Fibeln liest sich das nachher recht hübsch, man darf nur nicht dabeisein.

Brief an Hans Erich Blaich vom 20. Februar 1917

Notiz zur Überweisungsnationale 28./4. 1917
Arm(ierungs-)Sold(at) Kurt Tucholsky gehörte vom 10.4.15.–24.4.17. nebenstehendem Truppenteil an und wurde am 24.4.17. gem(äß) Verf(ügung) d(es) Gen(erals) der Pioniere b(eim) A(rmee-)O(ber-)K(ommando) 8. v(om) 24.4.17. IIc.Nr.1725/17 zur Art(illerie-)Fliegerschule Ost versetzt. Feldzüge: v(om) 10.4.–10.5.15. Stellungskampf zwischen Augustow, Mariampol u(nd) Pillwiski. V(om) 29.9.15.–20.8.16. Stellungskampf gegen Jakobstadt.
Führung: sehr gut
Strafen: keine
Nowotnick
Feldw(ebel-)Leutnant u(nd) Komp(anie-)Führer

3.8.17.

DER FLIEGER

Nr. 25.   Artillerie-Fliegerschule Ost.   27. Mai 1917.

 ## Ein Fliegerstückchen auf dem Balkan.
Von Flugzeugführer Unteroffizier Wiedemann.

(Nachdruck auch mit Quellenangabe verboten.)

Es war zur Zeit der serbischen Truppenlandungen in Saloniki, als wir den Auftrag erhielten, diese im Hafen von Saloniki festzustellen und die Vorwärtsbewegung aufzuklären.

Ein trüber Morgen zur Zeit der südländischen Regenperiode. Die Wolken und Nebelschwaden hingen so recht an den Bergen, als wir vom Flugplatz M. starteten. Durch Überwinden einiger Wolkenschichten, die immer ziemlich starke Böen im Gefolge hatten, gelangten wir endlich in des Athers Blau, und nun mußte nach Uhr und Kompaß weitergeflogen werden. Die Orientierung wurde uns noch dadurch erleichtert, daß die höchsten Gipfel der Gebirge über die oberste Wolkenschicht ragten und wir so ganz markante Anhaltspunkte hatten. Es mögen wohl 1¹⁄₂ Stunden vergangen sein, als wir zu unserer größten Freude wieder unter uns die Erde sahen. Ein Wolkenloch ließ uns nun das Wardartal mit seiner ganzen Farbenpracht sehen; wir hatten gerade das Gebirge überflogen und waren am Eingang in das Tal. Nun begann auch schon ein Suchen, Beobachten und Knipsen. Nach weiteren ³⁄₄ Stunden erreichten wir den wichtigsten Punkt unseres Auftrags: den Hafen von S. Hier unten war ein Leben und Treiben, der ganze Hafen voll von Schiffen. Nun hatten uns die unten auch schon auf dem Korn: die Flaks der Kriegsschiffe, die im Hafen lagen. Schrapnellwölkchen tauchten auf, zuerst nur einzelne, dann immer mehr und mehr. Aber meine Kiste mit dem unverwüstlichen Mercedes hielt wacker durch, wenn auch manche Böe, die von der Explosion der Schrapnells herrührte, sich nicht gerade angenehm fühlbar machte. Wir ließen uns in der Ausführung unseres Auftrages auch durch gar nichts stören, und als wir längere Zeit über den Hafen gekreist hatten, gab mein Franz das Zeichen zum Weiterflug an der Bahnlinie Saloniki—Topcie—Berria, um dort die großen Truppenbewegungen, die sich nordwärts bewegten, aufzuklären.

Kaum hatten wir T. überflogen, als von dort ein feindliches Geschwader auf uns losgelassen wurde. Mein Franz verständigte mich davon, und ich mußte nun sofort, was meine Feinde planten. Mein Mercedes mußte nun sein denkbar Möglichstes leisten, um den eigenen Linien wieder näher zu kommen, denn ein Kampf weiter als 180 Kilometer in Feindesland ist tunlichst zu vermeiden. Aber Rjausta verlegten uns die Gegner den Weg, und so mußte mein Franz den ungleichen Kampf annehmen, denn von Norden her waren wir ebenfalls abgeschnitten. So wollten wir uns wenigstens schlagen bis zum letzten und unser Fell so teuer als möglich verkaufen.

Es begann ein nervenpeitschender Kampf. Die Maschinengewehre ratterten. Ein sekundenlanges unentschiedenes Hin- und

Herschießen. Ein Einschlagen der Kugeln in die Maschine, als plötzlich der Franzose wie getroffen abschwamm. Aber im selben Augenblick griff auch schon ein zweiter französischer Rumpfdoppeldecker, der sich sehr geschickt von hinten unten an mich herangearbeitet hatte, in den Kampf ein. Nun begann der Kampf von neuem. Ein Aufschlagen von einem Treffer und meine Maschine war in eine Rauchwolke gehüllt. Letztere stammte von der bei unseren Gegnern so gern angewendeten Explosivmunition mit Ausströmen giftiger Gase. Ich riß sofort die Maschine herum und stellte mich zum Kampf. Aber die feindliche Maschine war der meinen an Schnelligkeit und Wendigkeit überlegen und so gelang es dem Gegner, mir öfters in den Rücken zu fallen. Da, ein Knall, und wieder waren wir in eine Rauchwolke gehüllt. Gleich sollte ich auch wissen, daß mein Motor den Todesstoß bekommen hatte, und zwar waren Wasserpumpengehäuse und Benzintanks schwer beschädigt. An ein Weiterfliegen und Kämpfen war nicht mehr zu denken. Ich verständigte rasch meinen Beobachter und nun begann etwas, das für die Flugzeugbesatzung wohl das Schrecklichste ist: unsere Kamera mit all den wichtigsten Aufnahmen mußte über Bord geworfen werden, um nicht in Feindeshand zu fallen. Sie zerschellte elendiglich an den Felsen Griechenlands.

Ich flog nun meine Maschine im Sturz- und Gleitflug nach dem nordwestlich von Rjausta gelegenen Gebirge und landete hier auf dem zerklüfteten, 1200 Meter hohen Kamm. Durch großes Glück und auch etwas Geschicklichkeit meinerseits blieben bei der Landung unsere Knochen ganz. Auch jetzt ließen unsere Feinde noch nicht ab von uns, sondern schossen immer noch, als wir kurz entschlossen daran gingen, die optischen Instrumente und die Maschine selbst in Brand zu stecken. Auch nicht ein ganzes Stück sollte in Feindeshand fallen.

Mein Beobachter bemerkte nun, daß vom Fuße des Berges in etwa 400 Meter Entfernung eine Schützenlinie auf uns zukam. Nun war es aber die höchste Zeit für uns, zu „verduften". Durch die Explosion der in der brennenden Maschine zurückgelassenen M.-G.-Munition stockte die Vorwärtsbewegung der feindlichen Schützen, und wir gewannen dadurch kostbare Sekunden, um in den zerklüfteten Felsen ein Versteck zu suchen. Wir wollten hier die schützende Nacht abwarten, um unsere Flucht fortsetzen zu können. Aber die Sache ging anders, als wir planten. Nach etwa zwanzig Minuten hörten wir Motorgeräusch und mit unserem Doppelglas (das wir natürlich mitnahmen und das uns noch oft recht gute Dienste leistete) konnten wir bald einen französischen Rumpfdoppeldecker erkennen, der auch zum Landen ansetzte und dabei Bruch

Ich brauche Ihnen ja nicht zu erzählen, daß das Ganze eben eine Feldzeitung ist, daß ich froh bin, wenn ichs so anständig machen darf, wie es nur geht, und daß das Schwierige darin besteht, vieles *nicht* zu bringen.

Brief an Hans Erich Blaich vom 17. April 1917

Ich lese Büchner und neulich hatte ich mal hier ein Bändchen Schopenhauer – es war, wie wenn jemand das Fenster aufgemacht hätte. Aber es ist schon wieder zu. Es mufft.

Brief an Hans Erich Blaich vom 21. Mai 1917

Über den »Flieger« sind wir uns doch einig; ich arbeite nur noch mit dem größten Widerwillen daran; es ist nicht möglich, mit Behörden etwas Gescheites zu machen, und ich verspüre keine Lust, mich etwa zum Märtyrer einer Sache aufzuwerfen, die mich nichts angeht.

Brief an Hans Erich Blaich vom 6. August 1917

Kurt Tucholsky redigierte seit Beginn des Jahres 1917 die Soldatenzeitung »Der Flieger«.

Redakteure und Mitarbeiter, etwa 1917

Es geht so langsam alles entzwei – dagegen ist man ganz machtlos –, und man wird in der lieben Brotkartenheimat immer weniger. Ein Ferscht war ich ja nie und wollt es auch nicht sein – aber dieser Stiefel paßt mir gar nicht – ausziehen wird da wohl das Beste sein. Seit 2 Jahren habe ich Schweden im Kopf –

Brief an Hans Erich Blaich vom 28. Juni 1917

Im Juni 1917 war Tucholsky einige Tage in Berlin auf Urlaub.

In Berlin wird eine Gulaschkanone aufgestellt, Herbst 1917

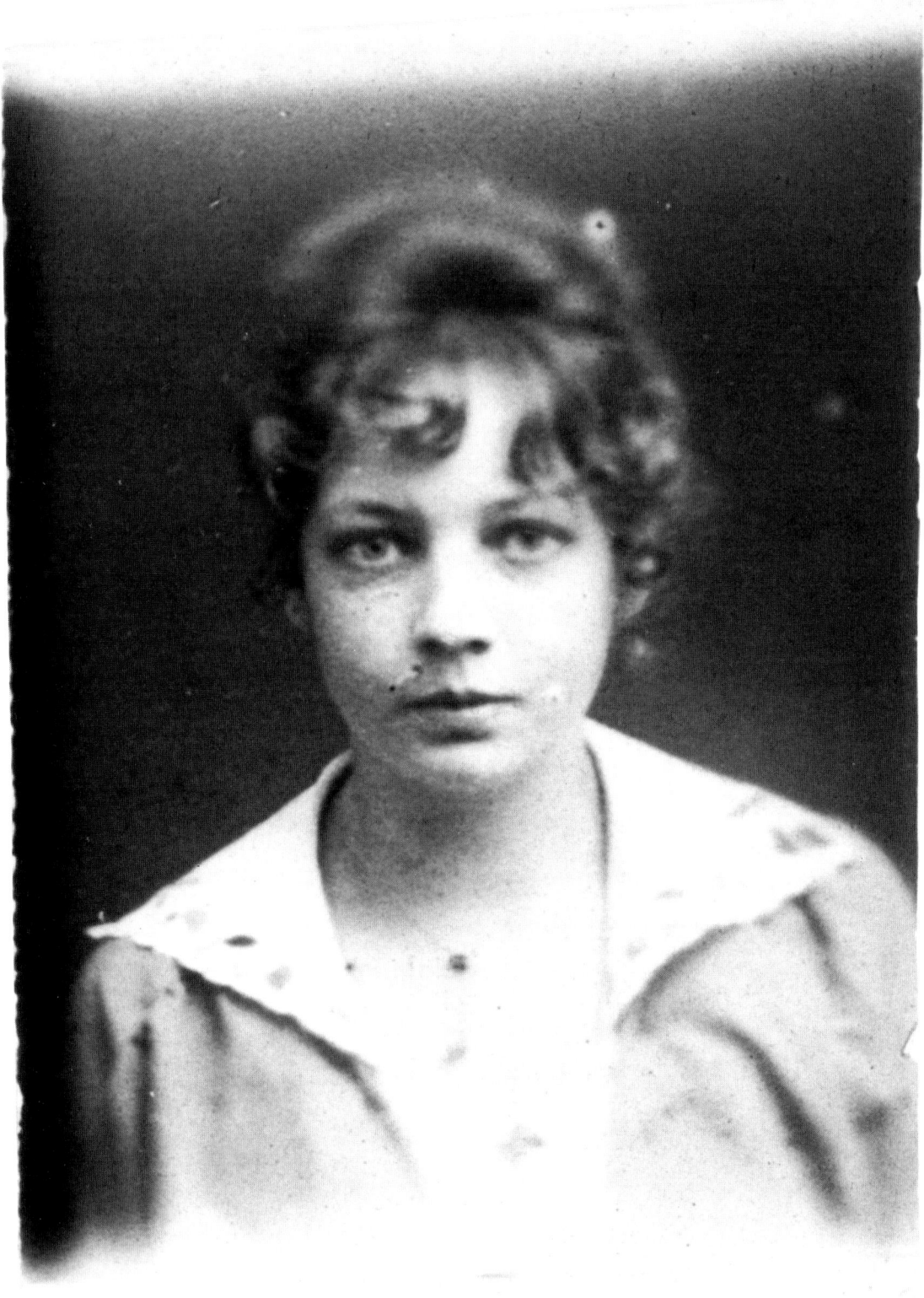

Mary Gerold, 1917

Resultat: nein, »ich liebe Sie« – das sind nicht die richtigen Worte. Aber: ich möchte gerne lernen, Sie zu lieben. (…) Weil ich froh bin, einen Partner gefunden zu haben, der mitspielt. Der Nuancen empfindet. Der halbe, viertel Töne hört. Der Nerven hat. (…) Ich bin mir genau bewußt, am Anfang eines sehr steilen, sehr schwierigen Weges zu stehen. Weil ich aber weiß, daß am Ende etwas sehr Hübsches liegt – allons! Ich will ihn gehen, und Sie erlauben es sicherlich

Ihrem ganz ergebenen Tucholsky

Brief an Mary Gerold vom 13. November 1917

In dem kleinen Ort Alt-Autz in Kurland lernte Tucholsky im November 1917 die 18jährige Baltin Mary Gerold kennen. Sie stammte aus Riga und arbeitete in Autz als Kriegsdienstverpflichtete bei der Kassenverwaltung im Stab der Artillerie-Fliegerschule.

Ich habe in Kurland ein junges Mädchen kennengelernt (sie heißt Mary Gerold), die Gedichte, wie Sie sie schreiben können und ich sie mag, sehr liebte. Wollen Sie mir und ihr die Freude machen und ihr »Lichtmeß und Dreikönig« mit ein paar geschriebenen Versen auf der ersten Seite zugehen lassen?   Brief an Hans Erich Blaich vom 21. Mai 1918

Morgen – wenn Du das liest, ist es »heute« – wollen wir uns die Bilder begucken: ob er Dich getroffen hat? Vielleicht siehst Du gar nett und vernünftig aus? Ich habe es immer gesagt: diese Fotografen lügen furchtbar! – Alte Schrumpelhexe, warum bist Du heute abend nicht gekommen? –
                    Brief an Mary Gerold vom 25. Januar 1918

Kurt Tucholsky, inzwischen zum Unteroffizier befördert, hatte für die Artillerie-Fliegerschule eine Leihbibliothek eingerichtet, die er im linken Teil des Stabsgebäudes leitete. Die Kassenverwaltung befand sich im rechten Teil.

»Ein Lautenlied« für Mary Gerold, 8. Februar 1918

Stabsgebäude in Alt-Autz, 1917/1918

Zahlmeister-Kasino in Alt-Autz, 1917/1918

Wo soll das hin? Es wankt alles, ohne daß etwas Besseres
für das Alte gekommen wäre, und ich übe schon langsam
den alten Mann ein, der hinter seiner Zeit herhumpelt. So
schlimm ists natürlich nicht – aber es ist ein ekelhaftes
Gefühl, dauernd bei einer Sache der Dumme und nur der
Dumme zu sein. Ich meine das nicht nur pekuniär, obgleich
ich auch da keine Ursache habe, in den Himmel zu springen
– aber ich habe seit drei Jahren alles verlernt und bin so
grob und primitiv geworden wie ein Muschko.

Brief an Hans Erich Blaich vom 8. Januar 1918

Wir schreiben uns ja eigentlich immer denselben Brief,
jeder – und das mit Fug und Recht. Denn was soll man zu
allem sagen? Wie ich ein ganz junger Bengel war (Marke:
ich habs ja gleich gewußt), da habe ich vom Kommiß nicht
viel verstanden, aber mir war in der Seele zuwider, wie unendlich sicher und satt diejenigen waren, welche – und ich
habe auch 1914 den Begeisterungstaumel der Zivilisten für
diese Kreise nie mitmachen können. Nun sind unsere Offiziere und was ihnen nahe steht, bestimmt nicht am Kriege
schuld – aber an manchem andern, und wenn man es aus der

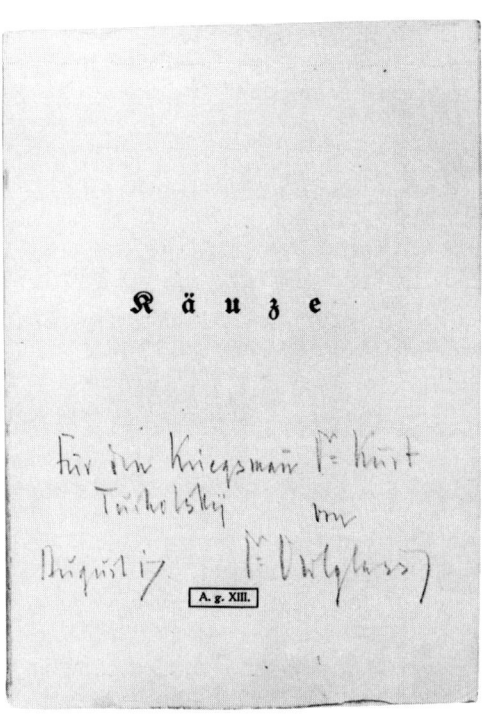

»Käuze« mit Widmung
von Hans Erich Blaich,
August 1917

Nähe sieht, und dazu den unendlich verlorenen und weltfernen Blick, mit dem diese Burschen Menschen ansehen, die nicht so viel Knöpfe haben wie sie, so ungefähr, wie man

einen alten Klotz anguckt – dann muß man sich sehr schämen, daß man darunter und dazwischen lebt.

Brief an Hans Erich Blaich vom 8. März 1918

Alt-Autz, in der Leihbibliothek, April 1918

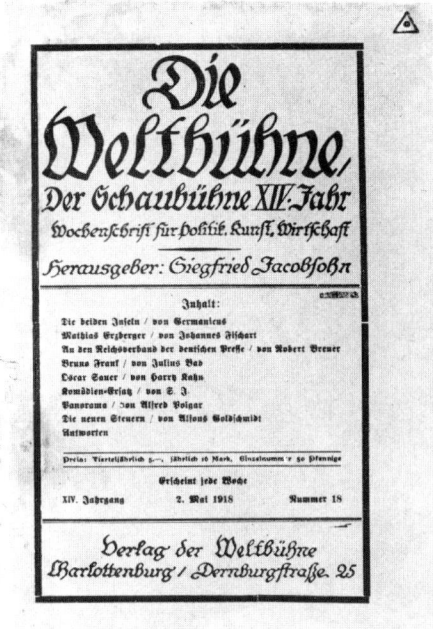

»Die Weltbühne«, 2. Mai 1918
Die »Schaubühne« wurde am 4. April 1918
in die »Weltbühne« umbenannt.

Lieber Matz, morgen geht es los mit dem »Toben« – heute
kommt die Schreibmaschine und dann klappere ich Dir
etwas. – Brief an Mary Gerold vom 27. April 1918

Es weht ansonsten ein scharfer Wind. Man kann ja noch gar
nichts sagen, was es alles wird – aber ich muß sagen, mich
reizt es, wieder in eine Atmosphäre zu kommen, in der man
sich anstrengen muß, um sich durchzusetzen, endlich sind
doch wieder Leute da, mit denen man richtig zu kämpfen
hat, wenn man sie unterkriegen will.
Brief an Mary Gerold vom 29. April 1918

Kurt Tucholsky ließ sich von seinem späteren Freund Dr. Erich Danehl
nach Rumänien als Hilfsfeldpolizeikommissar anfordern. Am 12. April
1918 wurde er zum Vizefeldwebel befördert und zur Zentralpolizei-
stelle Bukarest versetzt. Ende April verließ er Alt-Autz und fuhr über
Berlin, wo er sich einige Tage aufhielt, nach Turn-Severin in Rumänien.

Berlin hat sich sehr zu seinen Ungunsten verändert. Es ist ja
niemals eine mondäne Großstadt gewesen, aber jetzt ist es
durch Materialknappheit aller Art, Aufeinanderplatzen der
Gegensätze zwischen Knallprotzen und Hungerleidern
widerlich. (…) Es stehen sich so merkwürdige Dinge gegenüber: man hat kaum genug Brot, aber Bücher und Theater
werden überzahlt, eine scheußliche Schicht von Mitbürgern
kommt hoch, das Geld regiert nicht, es rast und tyrannisiert.
An den Krieg denken nur die, dies unbedingt müssen. (…)
Ihre Fettkinne sagen: »O bitte, *wir* haben noch zu essen!« –
sie haben ganz kurze Röckchen an, furchtbar breite Hüften
und eine mondscheingroße Basis (…)
Brief an Mary Gerold vom 29. April 1918

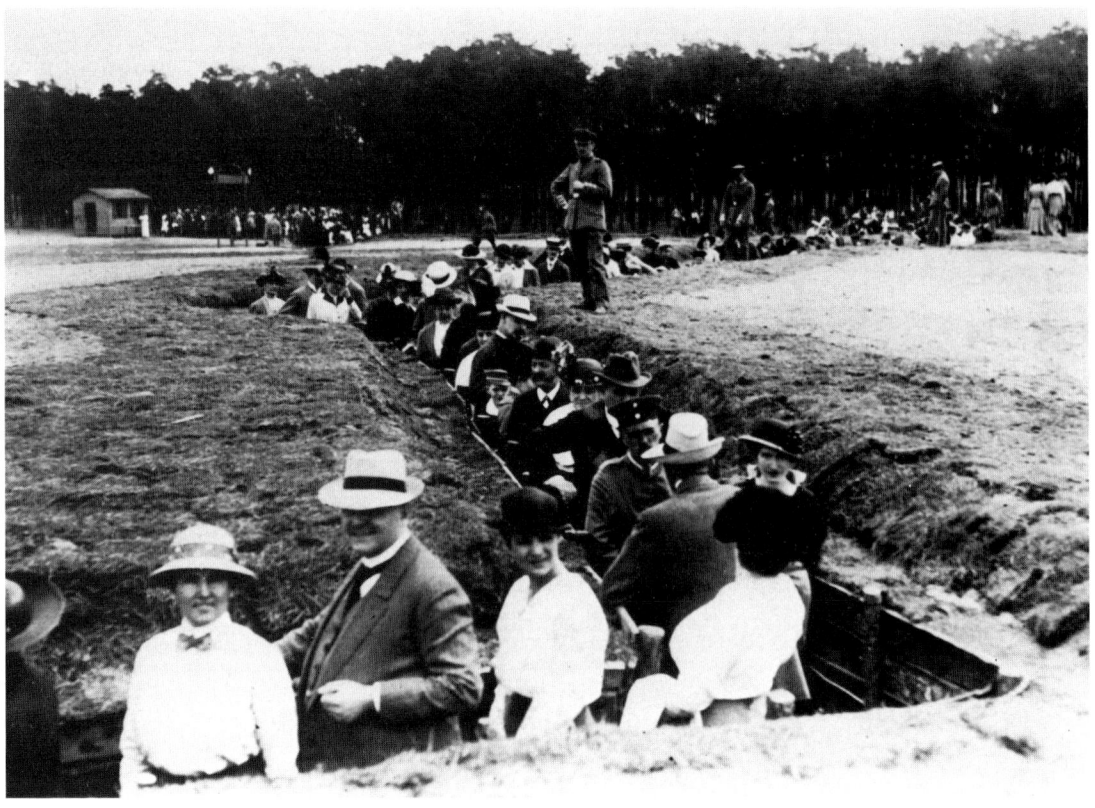

Schau- und Übungs-Schützengräben
während des 1. Weltkrieges in Berlin

Alfred Kerr

Kerrs »Gesammelte Schriften« sind herausser – es sind ein paar ganz herrliche Witze drin, im großen und ganzen hat er uns ganz Jungen damals die Augen mächtig aufgemacht, wofür ich ihm immer dankbar sein werde, aber man darf natürlich nicht in ihm steckenbleiben. Er ist leider steckengeblieben und dreht die Walze seiner Jugend munter weiter und schließlich werfen ihm auch die Leute ein paar Groschen in den Hof, und somit hat er also ganz recht.

Brief an Hans Erich Blaich vom 8. März 1918

Karl Kraus

Ich war zur Vorlesung eines wiener Schriftstellers, Kraus – es war ein Gipfelpunkt. (Ein polarer Gegensatz zu einem feschen Aviatiker oder zu einem, der auf einem Pferd nackt am Strand galoppiert – ein Büchermensch, etwas verwachsen, altmodisch, im schwarzen Rock – aber Blut, Temperament, Sturm und Feuer.) Er las am Schluß einen Aufsatz gegen die Lyriker, die hinten sitzen und den Krieg verherrlichen – (…) er ist klar und schreibt ein herrliches Deutsch. Er las fabelhaft. –

Brief an Mary Gerold vom 6. Mai 1918

Arthur Schopenhauer

Es ist ein deutscher Philosoph, aber ein Kerl. Nicht so einer, der trübe, grau und trocken mit lehrhafter Eindringlichkeit langweilt, sondern ein Mensch, der so tief in die Dinge hintergesehen hat, wie nur ganz, ganz selten einer vor ihm und nach ihm. (…) Der Atem stockt einem, wenn man das liest. Und das Resultat seiner ganzen Bemühungen – das wußte er aber selber und sagte es eindringlich genug – ist ein Wort, mit dem sein Hauptwerk nicht zum Spaß aufhört: Nichts. Unsere tiefsten und größten Humoristen waren seine begeistertsten Anhänger – denn das ist Humor: durch die Dinge durchsehen, wie wenn sie aus Glas wären.

Brief an Mary Gerold vom 4. Oktober 1918

Mary Gerold, 1918

Hast Du Dich in Riga etwa schön abgerackert? Und dann
sagt Er, ich solle nicht toben –! Ich tobe nicht, und niemals
so, daß ich nachher »tot« bin – wie Frauen, wenn sie Besorgungen gemacht haben. (…) Liebe kleine Mély, Liebende,
die sich eeewige Treue schwören, sind eine etwas lächerliche
Angelegenheit. Denn die Zeit ist mächtiger als man ahnt.
Aber wenn nicht alles täuscht: wollen wir dabei bleiben, zu-
sammenzugehören? Ich meine ja. (…) Aber so ganz zu
Hause, so ganz geborgen… – es wäre – sehr vorsichtig aus-
gedrückt – wohl für beide kein Schade, wenn es sich ver-
wirklichen ließe. Es: das ist immer zusammen zu sein.

Brief an Mary Gerold vom 6. Mai 1918

Tucholsky in Rumänien, 24. August 1918, mit Widmung für Mary Gerold, 31. August 1919

Ich überschätze Ihn gar nicht.
Ich habe Ihn nur sehr lieb.
Für Meli.
Nungo.
(Gott segne uns alle beide – aber mein lieber Freund
Karlchen kann photographieren – wie … na!)
31.8.19

Tucholsky in Rumänien, September 1918 mit Widmung für Mary Gerold

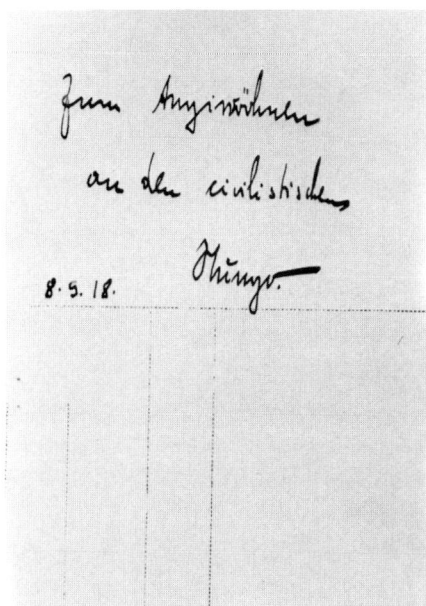

Widmung für Mary Gerold, 8. September 1918
Zum Angiwöhnen
an den civilistischen
Nungo.
8.9.18.

Heute morgen bin ich hier in T.-S. angekommen und habe zunächst folgenden Eindruck: die Stadt sehr schön – an der Donau und der serbischen Grenze gelegen, mit wunderschönen Blicken in die Berge. Typus: kleinere Landstadt. Das Leben ungefähr das in der Sommerfrische. Ich arbeite bei meinem Bekannten, der diese Stelle leitet. Wohnung noch bei einem Mann, der in Urlaub ist, ich werde wahrscheinlich ein anständiges Quartier erhalten. Essen: in Zivil (wie überhaupt der ganze Dienst) im Offizierskasino.
Brief an Mary Gerold vom 20. Mai 1918

Bei einem Schriftsteller ist ja nicht das das Wesentliche, wovon er ausdrücklich schreibt – sondern die ganze Luft, in der er und sein Kopf leben, das, worüber er nicht mehr schreibt, weil es ihm selbstverständlich erscheint (…)
Brief an Mary Gerold vom 28. Mai 1918

Du müßtest hier bei Tisch einmal die Urteile und Aussprüche über Rumänien hören – nicht das Einfachste wissen sie. Sie behandeln alles – und sie machen es sicher mit den Balten nicht anders, soweit nicht ein Großgrundbesitzer mit dem andern sympathisiert – wie »Panjes«, so recht von oben herunter. Und die »Panjes« rächen sich – heute noch leise und fast unhörbar, in zwanzig Jahren dann wieder so wie 1916 – und alles staunt über die Unbeliebtheit der Deutschen im Auslande. – Brief an Mary Gerold vom 24. Juni 1918

Kriegsberichterstatter in Bukarest, Frühjahr 1917

Auf ein Kind / von K.T.

Du lebst noch nicht. –

Ich seh dich so lebendig:

ein kleiner gelber Schopf, die Augen blau;

ich seh dich an und such beständig

die Züge einer lieben Frau.

Du kreischst und jauchzt schon laut in deinen Kissen;

du bist so frisch, so klar und erdenhaft.

Du brauchst es nun nicht mehr zu wissen,

was Zwiespalt ist, der Leiden schafft.

Das ist dahin. Schrei du aus voller Lunge,

und schwenke deine runde, kleine Faust.

Sei froh! Sieh auf die Mutter, Junge –

sie ist so hell, auch wenn ein Sturmwind braust.

Hör ihre Stimme nur: gleich wehts gelinder.

Setz du sie fort. Was bin denn ich allein?

Wir Menschen sind doch stets die alten Kinder:

ich war es nicht; mein Sohn, der soll es sein.

Du sollst es sein!

Und kommst du einst zum Leben:

Du sollst es sein! ich hab es nicht gekonnt.

Gib du, was deiner Mutter Arme geben:

Leucht uns voran! –

Du bist so blond.

»Auf ein Kind«, Typoskript mit Korrekturen Tucholskys, 1918

Ich habe hier – es ist eine Ewigkeit her, seit es geschah – seit Jahren wieder ein ernstes Gedicht gemacht. Schuld ist jemand, von dem ichs nie geglaubt hätte: der kleine, aber krummbeinige Ludolf. Jacobsohn riet mir, unter allen Umständen meinen vollen Namen darunterzusetzen. (Ich hatte nur K.T.) Und ich kann nicht. Sonst ist mir nichts zu frech – erst wollte ichs nur Dir schicken. Nein, der ganze Name – es geht nicht. Es wird wohl bei den zwei Buchstaben bleiben.

Brief an Mary Gerold vom 10. Juli 1918

Das Gedicht erschien mehr als zwei Jahre später in der »Weltbühne« unter Tucholskys Namen. Ludolf war das von Mary Gerold und Kurt Tucholsky erfundene Kind.

Mary Gerold mit Monokel, Alt-Autz 1918

Rechnung

f. Herrn Polizeikomisar Dr Tucholsky

			Lei	Bani
14	Essen	à 3.50.	49	–
37 Fl.	Rotwein	à 6.–	222	–
8 "	Weißwein	à 5.–	40	–
1 "	" "		17	–
1 "	Zuika		12	–
2 "	Rum	à 8.50	17	–
26 Kl. Gläser (Pfeffermünz Likör)		à 0.80	20	80
2 gr. Gläser Kümel		à 1.60	3	20
2 " "	Rum	à 1.60	3	20
14 Kl. "	Zuika	à 0.50.	7	–
50 St. Zigaretten (Burschenschafts)		à 0.18	9	–

Lei ÷ 400.20

Monatsbetrag. 61 10

461 30

Wenn wir einmal verheiratet sind, muß ich mich, glaub
ich, immer in mein Zimmer einschließen; denn ich höre
dann nichts und sehe nichts und bin wie ein richtiger alter
Büchernarr mit einer goldenen Brille auf der Nase, die er
immer auf die Stirn hochschiebt, wenn er liest. Arme Meli –!
Brief an Mary Gerold vom 21. Juli 1918

Ich schnipsele so herummer – etwas Einheitliches kann ich
hier nicht arbeiten. Es langt zu den Kleinigkeiten, die ich
Dir immer schicke – *Brief an Mary Gerold vom 13. August 1918*

Gerade mit diesen kleine Dingelchen stelle ich mich ungern
heraus. Um so mehr als sie spaßig sind. Die Deutschen glauben, wenn einer Witze macht, er sei ein Schaumkopf. Und
wissen nicht, wie lange man ernst gewesen sein muß, um
einen guten Scherz zu machen. Ganz zu schweigen von der
Technik. *Brief an Mary Gerold vom 1. September 1918*

»Rechnung f. Herrn Polizeikomisar Dr. Tucholsky«, Oktober/Novem-
ber 1918

Aus Anlaß der Beförderung Tucholskys am 31. Oktober 1918 zum Feldpolizeikommissar und Leiter der Polizeistelle Calafat.

Mein Plan war dieser – um einmal alle Karten aufzudecken:
hier unten Kommissar zu werden, das ist nicht mehr allzu-
lange – und dann zu versuchen, nach Kurland zu gehen, und
von einer Kriegsstellung sachte in eine Friedensposition
hinüberzugleiten. *Brief an Mary Gerold vom 30. September 1918*

Lieber Herr Doktor,
kund und zu wissen, daß nunmehr auf einem Flecken an der
Donau als Polizey-Commissar und: Oepperster von 5 Männern sitze und regiere. (Eigener Größenwahn im Hause.) –
Brief an Hans Erich Blaich vom 1. November 1918

Paul von Hindenburg und Erich Ludendorff, 1917/1918

Wir rutschen wohl in eine eklige Epoche herein, und diese Rrrösser freuen sich noch gegenseitig wie die kleinen Kinder, wenn sie wieder ein großes Schiff versenkt haben und wenn wieder und wieder Werte kaputt gegangen sind, an denen Tausende gearbeitet haben. Überschrift: DIE GROSSE ZEIT. (...) Hier ist es so still, so still, daß man seinen eigenen Hausfloh huppen hört. Ab und zu packen wir ausgelassene Butter in Flaschen ein und schicken sie nach Hause – sonst sitze ich unentwegt da und murksele meinen Dienst und tippe für mich.   Brief an Mary Gerold vom 2. August 1918

Er fragt, warum die, die im Kriege Menschen töten, noch Blech angehängt bekommen zur Belohnung. Weil alle Moral auf Nützlichkeit aufgebaut ist – bis auf einen kleinen Rest, den man nicht erklären kann, und der der Philosophie soviel zu knacken gibt. Diebstahl ist deswegen so verschrieen – in der Hauptsache – weil er uns schadet, Mord auch. Und dieser Mord soll nutzen, und es ist noch nicht – nach 6000 Jahren noch nicht – in die Köpfe gegangen, daß Blut Blut ist und daß es keinen geheiligten Mord geben darf. Natürlich ist kein Unterschied. Nur die Betrachtungsweise dieser Tiere macht einen: der Mörder ist ein Unhold, Richthofen ist ein Held. Dabei sind beide mitunter beides. Das wird nicht aufhören, bis der Wahnsinn der Staaten aufhört.   Brief an Mary Gerold vom 17. August 1918

Festgottesdienst in Bukarest in der Arena des Karlparkes anlässlich des Geburtstages des Kaisers. In der Mitte Generalfeldmarschall von Mackensen.

Zensiert
Paul Hoffmann & Co.
Berlin-Schöneberg.

phot. M. F. & F.
1592.

Festgottesdienst in Bukarest,
1917/1918

Aber hat Er einmal über diese uralte Sache nachgedacht, wie Seine Pfaffen es fertig bringen, diese Menschenschlächterei mit dem Christentum in Einklang zu bringen? Mit dem »Du sollst nicht töten«? Mit der Bergpredigt? Wie sie es machen, daß sie auf allen Seiten da stehen und den Lieben Gott mit ihrem Kram behelligen und auf beiden Seiten beten?

Brief an Mary Gerold vom 2. August 1918

Denn es gibt – und das ist Glaube – einen kleinen Rest, außerhalb der Erdenschwere, den man nicht fassen und erklären kann und der vermocht hat, die Menschen, wenigstens die fein empfindenden, so unglücklich zu machen: sie ahnen ganz dumpf, daß das hier nicht das Letzte und Endgültige ist, aber sie kommen nicht von der Scholle. Und ragen mit dem Kopf in die Wolken und wollen fliegen, aber die Füße wollen nicht von der Erde los. So ein Zwitterding: kein Tier, kein Gott. Von beiden etwas. Wer aber nur die Erde sieht, der schreit: Krieg! und schilt den einen feigen Verräter, der glaubt, es gäbe doch vielleicht erstrebenswerteres als Menschen ins Gesicht zu schießen. –

Brief an Mary Gerold vom 17. August 1918

Alles hält den Atem an. Zu Hause sieht es nach meinen Informationen so übel aus, daß ich Einzelheiten nicht schreiben kann. Das Land ist auf das schwerste und in seinen Grundfesten erschüttert – nicht äußerlich, es ist keine Revolution, es werden keine Laternen eingeschlagen und keine Leute ermordet – aber moralisch und innerlich wankt alles; die Gegensätze sind so verschärft und haben sich so zugespitzt, daß man das schwerste zu befürchten hat. Es ist fast unmöglich zu sagen, wer recht und wer unrecht hat (…) Mir fehlt es an Material – aber das Maulheldentum, das die anderen, versteht sich, immer die andern, in den Tod schickt, will mir wenig gefallen. (…) Es ist schwer, und ich wünschte nur, man könnte klar sehen – gibt es einen Frieden, ganz gleich, was für einen, dann gehe ich nach Berlin.

Brief an Mary Gerold vom 17. Oktober 1918

Kartoffelausgabe in Berlin,
1917/1918

Revolution, November 1918

Man muß nur nicht glauben, daß der Untergang und die
Niederlage eines Volkes – darf man sagen: eines Erdteiles? –
mit Krach und Krachen verknüpft ist. Es ist außen ganz still
– das Böse kommt nach. – Was so lange gekittet war, was
man hoffte, zusammenwachsen zu sehen – das fällt nun aus-
einander. Und eine üble Flick- und Kleinstaaterei beginnt,
die Europa auf Jahrhunderte zurückwirft. (...) Das, was
man lieb gehabt hat, ist in Stücke geschlagen – das geistige
Leben kann natürlich in diesem wüsten Gemisch nicht ge-
deihen – und es bleibt ein ekler Brei von Staats- und andern
Aktionen...   Brief an Mary Gerold vom 19. Oktober 1918

Wilhelm II. auf der Flucht nach Holland, 10. November 1918

Man darf schon sagen, daß das deutsche Geschick der nächsten zweihundert Jahre von den nächsten Wochen abhängt. Ich sehe schwarz – so schwarz, daß Deine Rapporttinte engelsweiß dagegen ist. Und man muß abwarten. Das ist eine kleine, dumme Genugtuung, daß alles – aber auch alles – was wir seit Jahren, schon lange vor dem Kriege, geschrieben haben, heute wahr und klar ist und von allen zugegeben; damals haben sie einen fast angespuckt dafür. Was nützt das? Die Fehler, die wir tadelten und tadeln, sind aus dem Deutschen heute noch nicht heraus, sondern nur heruntergesetzt, sie stehen nicht im Kurs – aber sie leben alle noch. (…) Aber die Erkenntnisse, die heute in aller Mund sind (ich habe noch nie so offen geschrieben wie heutzutage) sind verflucht teuer erkauft und bezahlt.

Brief an Mary Gerold vom 23. Oktober 1918

Ihr Mißtrauen gegen die Revolutionsschwätzer ist nur allzu berechtigt. Es ist doch jammerschade, daß man in diesem Lande nicht von innen aufbegehren kann, ohne ins Schwatzen zu verfallen, ins leere, seichte, inhalt- und tatenlose Schwatzen – und daß man nicht beschaulich und behaglich sein kann, ohne fett und bürgerlich zu werden.

Brief an Hans Erich Blaich vom 14. Dezember 1918

Und nun – da alles, alles geregelt ist – sitze ich da und denke an Ihn. Aber bevor ich mich diesem mich augenblicklich einzig interessierenden Kapitel widme: ich habe dann gehört, daß es in Autz ganz gemütlich gegangen ist mit der Revolution, daß wenigstens kein Blut geflossen ist, und daß Gott sei Dank Ihm nichts Böses geschehen ist.

Brief an Mary Gerold vom 19. Dezember 1918

Friedrich Ebert begrüßt die zurückkehrenden Soldaten in Berlin, November 1918

»Ulk«, Nr. 50 vom 13. Dezember 1918

Gegen Ende November 1918 kehrte Kurt Tucholsky aus Rumänien nach Berlin zurück. Unterwegs besuchte er am 19. November Hans Erich Blaich in Fürstenfeldbruck. Im Dezember übernahm Tucholsky auf Einladung von Theodor Wolff, dem Chefredakteur des »Berliner Tageblatts«, die Chefredaktion des »Ulk«, der Wochenbeilage des »Berliner Tageblatts«. Die Nr. 50 war die erste Ausgabe, für die er verantwortlich zeichnete.

Ich sehne mich so nach Harmonie. Sie wissen schon, wie das gemeint ist: nicht gleich Weimar: aber es muß doch eine Geschlossenheit und Einheit zwischen Wollen und Auswirken-können da sein. Und die habe ich hier nicht.

Brief an Hans Erich Blaich vom 14. Dezember 1918

Es ist – was das Pekuniäre betrifft – nicht zum Totlachen – aber es ist doch wenigstens etwas – und man muß eben im Haus bleiben, solange es regnet. (…) Die Deutschen sind unbelehrbar. (Ich habe auf die Nr. 50 des »Ulk« eine Fülle von Beschimpfungen erhalten – sowohl in der Presse wie privat. Sie wollen das nicht hören, sie wollen die Wahrheit nicht hören, und sehen alle nur ihren Geldbeutel und haben das Domestikenblut in den Adern.)

Brief an Mary Gerold vom 19. Dezember 1918

Es ist zur Zeit sehr schwer – und künstlerisch ist die ganze Aufgabe ja überhaupt nicht lösbar, wegen der Ri-Ra-Rücksichten. Aber gründet vielleicht ein idealer Billionär ein gutes, großes, deutsches Witzblatt und stellt mich als Redaktionssekretär ein? Mitnichten.

Brief an Hans Erich Blaich vom 27. Dezember 1918

Demonstration für den Arbeiter- und Soldatenrat in Berlin, Ende 1918

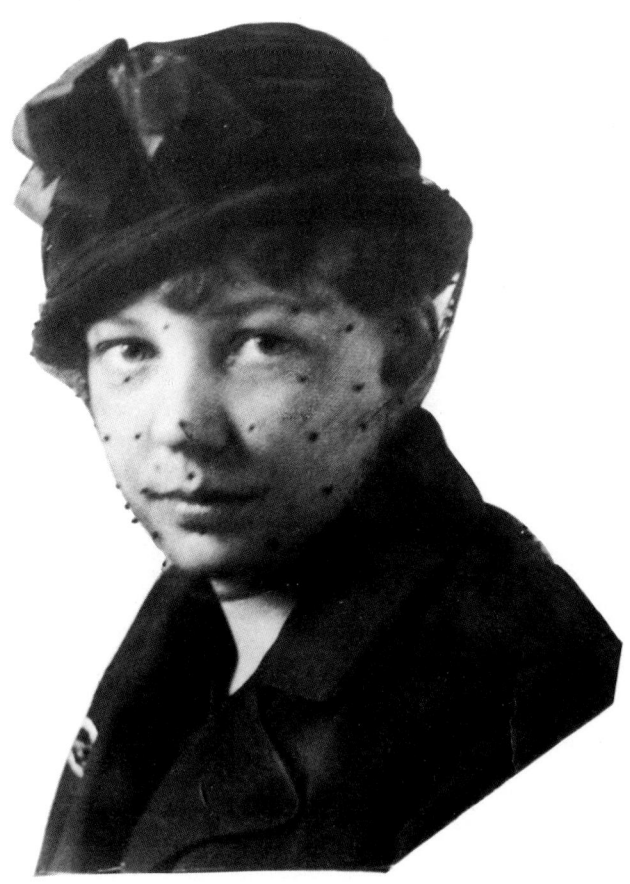

Mary Gerold, 1918

Und wenn die Umstände das nicht haben wollen, dann zerschellen wir daran – das wäre Menschenlos – aber wenn ich es schaffen kann, dann soll Er herkommen und bei mir bleiben und nicht mehr weggehen.

Brief an Mary Gerold vom 19. Dezember 1918

Mary Gerold kehrte im Dezember 1918 aus Autz nach Riga zurück.

Es ist, als ob der sog. liebe Gott den Deutschen ihre guten Eigenschaften nur deswegen gegeben hat, damit sie sie langsam zu Grunde wirtschaften. Dafür halten sie aber Versammlungen ab, und wie neulich der Verein Berliner Presse zusammen mit den Wäschefabrikanten und der Zwangsinnung Steglitzer Schornsteinfeger einen Vertreter in den Arbeiterrat wählte – das verlohnte sich schon, mit anzuhören... Brief an Hans Erich Blaich vom 14. Dezember 1918

Leierkasten auf der Straße, üble Gesichter, die Revolution in eine erpresserische Lohnbewegung ausgeartet –

Brief an Hans Erich Blaich vom 27. Dezember 1918

Das mit Jacobsohn liegt anders. Ich gastiere im »Ulk« und bin bei ihm zu Hause. Ich erkenne die Schwächen des Blattes sehr wohl – aber er ist der einzige, der seine Leute frei von der Leber weg reden läßt. Ich weiß sonst keinen. Natürlich: für die Beschaulichkeit ist nicht viel Platz da und auch wohl nicht allzuviel Empfänglichkeit.

Brief an Hans Erich Blaich vom 27. Mai 1919

Offizier und Mann von Ignaz Wrobel

I.

Offizier und Mann

Das Verhältnis des deutschen Offiziers zum Mann war schlecht. Der Offizier lebte in einer ganz andern Welt und sah den Mann nicht nur von oben herab, sondern außerdienstlich am liebsten garnicht an. Die Lebenshaltung beider war vollkommen verschieden, und bis zur Lächerlichkeit ungerecht verschieden: der Mann bekam zu Anfang des Krieges dreiunddreißig Pfennige täglich, später etwas mehr — der Offizier, besonders die höhern Dienstgrade, konnten zum großen Teil von ihren Gehältern sparen. Bezeichnend ist, daß — aus Gründen dessen, was man seinerzeit die Disziplin nannte — niemals eine Gebührenordnung der höhern Dienstgrade veröffentlicht wurde oder irgendwo zu haben war. Diese Gehaltsregelung war geheim und hatte auch allen Grund, es zu sein.

Von einem kameradschaftlichen Zusammenarbeiten der Truppe mit ihren Offizieren war nur in den Augenblicken äußerster Anspannung und Gefahr die Rede. In allen andern Fällen stelzte der Offizier mit gelangweiltem Blick vor der Front herum, grüßte nachlässig oder garnicht, wenn er einem „Kerl" begegnete, und befleißigte sich grundsätzlich derjenigen Verachtung, die einem deutschen Soldaten nun einmal von seinen Vorgesetzten zukam. Es gab, selbstverständlich, viele Ausnahmen — betrachtet wird hier der Geist, der das deutsche Offiziercorps beherrscht hat, und der war schlecht. Es kam dem Offizier niemals in den Sinn, daß er doch grade so gut wie jeder Mann die Lasten des Krieges zu tragen habe — er beanspruchte und erhielt ohne weiteres das Zwanzigfache an Lohn und Verpflegung, und seine Quartiere standen in keinem Verhältnis zu den meist jämmerlichen der Mannschaften.

In dem Abschnitt ‚Verpflegung‘ wird darüber mehr zu sagen sein.

Die sittliche Haltung des deutschen Offiziercorps im Kriege ist im ganzen als mangelhaft zu bezeichnen. Nicht, weil scharf getrunken wurde — der Mann, und besonders der Mann im Felde, muß trinken —, und es mögen darum Alkoholgegner und deren Gegner miteinander raufen. Die sittliche Haltung der deutschen Offiziere war deshalb so mangelhaft, weil sie in frechem Hochmut den eigenen Landsleuten das wegnahmen, was denen zukam, und weil sie das (dienstlich absolut notwendige) Vorgesetztenverhältnis auch stillschweigend auf die Verteilung der Speisen und Getränke übertrugen. Daß es in den meisten Kasinos bei der Fidelitas nicht nur unfein, sondern als Gegengewicht gegen die offiziell immer noch anerkannte Steifheit geisttötend zuging, nebenbei. Beim Wein entpuppt sich der Mensch und was da zum Vorschein kam, war nicht immer menschlich.

38

»Militaria« in der »Weltbühne« vom 9. Januar 1919

Am 9. Januar 1919 erschien in der »Weltbühne« der erste Artikel »Militaria«, eine Abrechnung mit dem deutschen Militarismus. Die Artikelserie erstreckte sich über ein Jahr.

Spartakistenbarrikade im Berliner Zeitungsviertel während des Spartakusaufstandes, Januar 1919

Regierungstruppen gegen revolutionäre Spartakisten, Januar 1919

Allerdings glaube ich [nicht] – bei aller angeborenen Abneigung gegen die Stadt und ihren Rhythmus – daß es diesem eingeschlafenen Lande, das ja nicht mehr das olle ehrliche Deutschland ist – etwas schaden kann, wenn man spitz kritisiert. Alles geht weiter seinen alten Trott, und keiner guckt auch nur auf, wenn ein Krieg verlorengeht oder wenn Menschen getreten und eingesperrt werden. Das interessiert nicht. Wenn ich den fetten Popo sehe, der zur Zeit das Gesicht dieses Landes vorstellt, so kribbelt es mich, einen spitzen Dorn hineinzupicken, halten zu Gnaden!

Brief an Hans Erich Blaich vom 20. Februar 1919

Rosa Luxemburg

Karl Liebknecht

Rosa Luxemburg und Karl Liebknecht wurden am 15. Januar 1919 von konterrevolutionären Regierungstruppen ermordet.

Zwei Erschlagene
(Liebknecht und Rosa Luxemburg)

Der Garde-Kavallerie-Schützen-Division
zu Berlin in Liebe und Verehrung

Märtyrer…? Nein.
            Aber Pöbelsbeute.
Sie wagtens. Wie selten ist das heute.
Sie packten zu, und sie setzten sich ein:
sie wollten nicht nur Theoretiker sein.

Er: ein Wirrkopf von mittleren Maßen,
er suchte das Menschenheil in den Straßen.
Armer Kerl: es liegt nicht da.
Er tat das Seine, wie er es sah.
Er wollte die Unterdrückten heben,
er wollte für sie ein menschliches Leben.
Sie haben den Idealisten betrogen,
den Meergott verschlangen die eigenen Wogen.
Sie knackten die Kassen, der Aufruhr tollt –
Armer Kerl, hast du das gewollt?

Sie: der Mann von den zwei beiden.
Ein Leben voll Hatz und Gefängnisleiden.
Hohn und Spott und schwarz-weiße Schikane
und dennoch treu der Fahne, der Fahne!
Und immer wieder: Haft und Gefängnis
und Spitzeljagd und Landratsbedrängnis.
Und immer wieder: Gefängnis und Haft –
Sie hatte die stärkste Manneskraft.

Die Parze des Rinnsteins zerschnitt die Fäden.
Da liegen die beiden am Hotel Eden.
Bestellte Arbeit? Die Bourgeoisie?
So tatkräftig war die gute doch nie…
Wehrlos wurden zwei Menschen erschlagen.

Und es kreischen Geier die Totenklagen:
Gott sei Dank! Vorbei ist die Not!
»Man schlug«, schreibt einer, »die Galizierin tot.«
Wir atmen auf! Hurra Bourgeoisie!
Jetzt spiele dein Spielchen ohne die!

Nicht ohne! Man kann die Körper zerschneiden.
Aber das eine bleibt von den beiden:

Wie man sich selber die Treue hält,
wie man gegen eine feindliche Welt
mit reinem Schilde streiten kann,
das vergißt den beiden kein ehrlicher Mann!

Wir sind, weiß Gott, keine Spartakiden.
Ehre zwei Kämpfern!
            Sie ruhen in Frieden!

»Zwei Erschlagene« in der »Weltbühne« vom 23. Januar 1919

Und so lassen Sie mich denn – immer mal wieder – in die Manege. Öffnen Sie die kleine Käfigtür, knallen Sie mit der großen Hetzpeitsche wie dunnemals und lassen Sie mich mit erschröcklichem Gebrüll auf die armen zitternden, zur Lächerlichkeit verurteilten Gladiatoren stürzen.

An Siegfried Jacobsohn in der »Weltbühne« vom 27. März 1919

Leo Tolstoi

Der alte Tolstoi läßt mich gar nicht los. Ich lese seine Tagebücher – ein ungeheurer Kerl. So, in der blanken Erkenntnis, ist er nicht groß – er denkt den ganzen Tag nach, aber dabei kommt nichts heraus; das haben andre viel tiefer ergründet – er ist schief und eigenwillig und kindisch-verrannt. Aber im Augenblick, wenn er das Spintisieren läßt und zu gestalten anfängt – welch ein Ausmaß! (…) Seine Werke lassen sich eben nicht, wie er immer glaubte, in allgemeinen Erwägungen und Denkresultaten ausdrücken – dann wäre es nichts – sondern, was er für buntes, nichtiges Beiwerk hielt, ist Kunst. Und als Kunst tiefste Form der Erkenntnis. Das war einer –! (Ohne es wahr haben zu wollen. Denn er haßte, was er konnte.)

Brief an Mary Gerold vom 30. August 1919

Mit Gussy Holl, etwa 1922

Sie ist in der Tat ganz blond und schlank, hat einen blendenden Witz – was bei Frauen mehr ist: Humor – und macht Gott und die Welt entzückend nach. Sie filmt (leider!) und tritt – hurra – hier und da in Hurenställen, soi-disant Cabarets auf, aber dann ist sie hinreißend. Ich mag gern Menschen sehen, bei deren Erschaffung der liebe Gott ganz aufgepaßt hat – bei den meisten hats draußen geklingelt, und er hat das Zeug immer halb fertig liegenlassen.

Brief an Hans Erich Blaich vom 16. März 1919

Meines Alters Stab ist Gussy Holl, bei der ich hier und da zu Abend sitze. Und dann singt sie, und ich hänge mit gekreuzten Beinen an ihren Lippen – das ist viel schöner als das ganze Jahrhundert.   Brief an Hans Erich Blaich vom 27. Mai 1919

Kurt Tucholsky schrieb für die Schauspielerin und Diseuse Gussy Holl, mit der er befreundet war, viele Chansontexte.

Tucholsky in Berlin, 1919

In Heringsdorf bei Rudolf Nelson, etwa 1920

Links neben Kurt Tucholsky
Rudolf Nelson und Käthe Erlholz,
Schauspielerin und Ehefrau von Nelson.

Ein strahlender Tag! Richtiges Seewetter, und ich habe gebadet und bin über die Dünen gebummelt. Merkwürdig, wie die See beruhigt und alles Widrige fortgeblasen wird. Ich ringe mir die paar Zeilen ab, die ich täglich schreibe – so faul bin ich. – *Brief an Mary Gerold vom 1. September 1919*

Zu arbeiten ist sehr viel – gestern, der erste Tag, an dem die Maschine da war, habe ich bis zwölf Uhr gewirkt. Ich kann nicht klagen – so die kleinen Geschäfte und Verdienste laufen alle – aber was ist das? Das Leben verschlingt alles wieder. Es kommen viele Leute und bitten um Mitarbeit – ich bin ihnen aber zu teuer, weil ich nicht für ein paar Mark schreiben mag. Das geht mir wider den Strich. Erstaunlich ist die Resonanz in den Heften – daraufhin kommt alles. Der ganze große Leserkreis beim »Tageblatt« hat nicht das Echo wie die kleine Gemeinde.

Brief an Mary Gerold vom 27. September 1919

Ich lese und schreibe ... einmal steht in den Briefen: »Wie verbringt Er den Tag?« – So: um 8 Uhr erheben sich Herr Graf, rasieren sich, schneiden sich hier und da in den Kopf, turnen vierzig Minuten, waschen sich kalt ab und frühstükken. Dann fahren Herr Graf mit der elektrischen Bahn in den Laden, der in der innern Stadt liegt. Dortselbst ist er bis gegen 1 Uhr aufhältlich – aber arbeitet sich nicht tot. Dann fährt er zu einem guten Mittagessen in einer kleinen Pension – dann fährt er nach Hause und schläft ein Stündchen. Dann beginnt die eigentliche Arbeit: Lesen, Schreiben, Diktieren. Bis gegen 7 Uhr, dann gehe ich in eine andre Pension essen – und meistens gehe ich dann nach Hause (...) und arbeite. *Brief an Mary Gerold vom 27. September 1919*

Aus den üblichen Gesellschaften habe ich mir nie viel gemacht – und eine wirklich edle Geselligkeit habe ich in Berlin noch nicht getroffen. (Es gibt sie sicher. Ich kann nur den Eintritt nicht bezahlen.) – Und meine liebsten Bekannten – Karlchen und ein andrer – wohnen in Hannover und in Hamburg. Hier in Berlin ists öde und leer. Manchmal sitze ich bei der Holl, Du weißt schon, bei der blonden. Es ist nicht ganz das, was ich aus ihr in meinen Schreibereien und so gemacht habe – (...) Aber sie ist immerhin ein fabelhaftes Temperament, entzückend liebenswürdig, und wenn sie gar singt, bleibt einem das Herz stehen.

Brief an Mary Gerold vom 27. September 1919

Carl von Ossietzky, 1919

Bei einer Zusammenkunft im Oktober 1919, zu der Karl Vetter, Chefredakteur der »Berliner Volkszeitung«, eingeladen hatte, lernte Tucholsky den damaligen Sekretär der Deutschen Friedensgesellschaft Carl von Ossietzky kennen. Bei dieser Gelegenheit entstand der Friedensbund der Kriegsteilnehmer, eine pazifistische Vereinigung, die in den folgenden Jahren die Massenkundgebungen »Nie wieder Krieg« veranstaltete.

»Fromme Gesänge«, 1919

Die Tigeriana gibt ein kleiner berliner Verlag – Felix Lehmann – heraus, mit dem ich in nähere Geschäftsverbindung treten will. Wers wohl kauft –? Und 128 Seiten? Es sind auch Erotika dabei, damits nicht gar so langweilig ist. Ich fürchte, es wird ein Fiasko sein –

Brief an Hans Erich Blaich vom 6. August 1919

Gesammelte Tiger-Gedichte erscheinen in drei Wochen – die habe ich Karlchen und Jakopp gewidmet – und sie sind sehr frech. Hopfentlich käuft sie auch einer.

Brief an Mary Gerold vom 12. Oktober 1919

Der politische Versemacher hats nicht leicht. Er soll jede Woche seinen Purzelbaum schlagen, und ich glaube, daß das »Wochengedicht« dann, wenn es »das« Thema der Woche behandelt, ein purer Schwindel ist. Es gibt fast niemals nur ein Thema – es gibt immer sechs. So ist also das Büchlein nichts als der Spiegel, in dem sich die Welt von acht Jahren abbildert (…) »Selbstanzeige«, 1919

Der Gedichtband »Fromme Gesänge« erschien im November 1919 bei Felix Lehmann in Charlottenburg mit einer Umschlagzeichnung von Theodor Leisser.

Mary Gerold, Dezember 1919

Ich glaube aber, daß ich den Winter allerhand durchsetzen
werde. Ich bin sehr frisch und kräftig und weiß, wozu das
alles gespielt wird.   Brief an Mary Gerold vom 5. Oktober 1919

Literarisch ist es nun so bewegt und bunt, wie ich nur wün-
schen kann – Publizität und Geld und Rummel und Be-
kanntschaften – eins fehlt.
                          Brief an Mary Gerold vom 7. November 1919

Ich möchte nun – je eher je lieber aus Berlin fort, in die Ein-
samkeit. Ist Dir das zu einsam? Wird es Dir nicht zu langweilig sein, daneben zu sitzen – monatelang, und Dein
Mann schreibt und liest und raucht und ist still. Denn das
literarische Arbeiten ist, aus der Nähe besehen, sehr langweilig und gar nicht amüsant – und mühevoll. Und ich
arbeite schwer und bedarf der Stille und Sammlung. Wird
Dir das nicht zu langweilig sein?
                          Brief an Mary Gerold vom 9. November 1919

Mit Walter Siemens in Nußbach bei Triberg, August 1919

SCHALL ᴜᴅ RAUCH
IM GROSSEN ᛞAUSPIELHAUS

Direktion: ᛞLF KURTZ

Künstlerischer Beirat: PAUL ERKENS, HEINZ HERAL ᛞDRICH HOLLÆNDER, KLABUND, THEOBALD TIGER

JANUAR-ᴏGRAMM:

ERS TEIL

1. FRITZ FELD: Der Wundertheaterdirektor
   Text: Klabund — Kostümentwurf: Rudi Feld

2. ÄNN HEUSINGER: Lieder zur Laute
   1. Hamburger Hurenlied
      Text: Klabund — Musik: Werner R. Heymann
   2. Matrosenlied
      Text: Klabund — Musik: Werner R. Heymann
   3. Das kesse Lied
      Text: Walter Mehring — Musik: Friedr. Hollae

3. HILDE GAD: Tänze

OLLI SUOLAHTI: Finnischer Kantelespieler

GUSSY HOLL:
   1. Der Korporal
      Text: Walter Heymann — Musik: Dr. Hirsch
   2. Immer um die Litfaßsäule 'rum
      Text: Theobald Tiger — Musik: Friedr. Hollaender
   3. Petronella
      Text: Theobald Tiger — Musik: Friedr. Hollaender
   4. Bauernkirchweih'

Zweiten Teil des ᴍs siehe Seite 6/7.

Musikalische Leitung: FRIEDRICH HOLLÆNDER
Eröffnung ½8 Uhr

Abänderunge ᴘrogramms vorbehalten!

Am Flügel: FRIEDRICH HOLLÆNDER
Beginn ½9 Uhr

Text und Musik der Vorträge sind a ᴛisch in „Schall und Rauch" zu haben.

Max Reinhardt, etwa 1911

»Schall und Rauch«, Januarprogramm 1920

Reinhardt – das ist unser berühmtester Theaterdirektor – macht einen großen Zirkus auf, in dem der Schauspieler auf ungeheurer Bühne für fünftausend Menschen spielt. Im Erdgeschoß ist ein großes Cabaret.

Brief an Mary Gerold vom 2. Oktober 1919

Die Schauspieler für das Cabaret Reinhardts sind nur in späten Stunden frei, wir bauen Texte, und ich habe zu tun, daß mir der Kopf brummt. Ich denke, daß es eine gute Reklame sein wird. Begeistert bin ich von meiner Arbeit bisher nicht, aber das bin ich nie. Die andern finden sie gut.

Brief an Mary Gerold vom 29. Oktober 1919

Ja, bei »Schall und Rauch« arbeite ich, es macht manchmal Spaß, besonders, wenns für Gussy Holl ist. Es ist nur alles so traurig: auch hier die Rücksicht auf die Konsumenten, id est Zuhörer, die meist übel sind. Ein richtiges literarisches Cabaret würde ja auch gar nicht gehen. Es ist sehr, sehr schade.

Brief an Hans Erich Blaich vom 6. März 1920

Tucholsky, 1920

Berlin, etwa 1920

Du bist noch jung. Die Feuer sind entglommen.
Biß. Kampf. Und Ruh.
Doch einmal, einmal sollst du leise kommen
vom Er zum Du. –

»Für Meli«, 13. Januar 1920

Mary Gerold kam Mitte Januar 1920 nach Berlin.

Es ist irgend etwas wie tot – wie erstorben. Ich empfand es
gar nicht, als Du ankamst – heute: mit jedem Tag stärker. Es
ist, wie wenn wir aneinander vorbeilebten.

Brief an Mary Gerold vom 20. Januar 1920

Ich fühle heute und die ganzen Tage: es ist noch nicht das,
was ich will. Obs das wird – das erwarte ich.
   Berlin ist eine laute, eine eilige, eine lärmende Stadt.
Wird die leise Melodie weiterklingen, so daß man sie hören
kann –?   Brief an Mary Gerold vom 30. Januar 1920

Was es ist, weiß ich nicht. Ich stehe vor einem Rätsel. Ich
sehe hier nun gar keinen Ausweg.
   Vergessen kann und will ich nicht. Hoffnungen machen
auch nicht. Ich muß es – und Dich – gehen lassen.

Brief an Mary Gerold vom 16. Februar 1920

Mary Gerold, Dezember 1919

Als Er von mir weggegangen war, heiratete ich nach einigen
Umwegen. Nicht die Frau, von der ich Ihm in Autz gesprochen hatte – sondern eine alte Freundin. Laß Er mich darüber schweigen – Er hört ja nicht nur mit den Ohren, sondern auch mit der Seele.   Brief an Mary Gerold vom 5. Juni 1922

Tucholskys Mitgliedskarte der USPD vom 15. Mai 1920

Sechzehn Monate Nichtstuns haben sich gerächt: am dreizehnten März 1920 hielten die deutschen Militaristen ihre Stunde für gekommen und packten zu. (…) Die Soldaten fuhren in ihren Lastautos durch die Stadt und waren treu. Wem – davon stand nichts in den Kriegsartikeln. Aber treu waren sie, mit jener stumpfsinnigen Treue, die um ihrer selbst willen da ist, ohne sich um den Herrn zu kümmern, dem zu dienen ist. (…) Der Streik setzte ein. Es muß gesagt werden, daß die Demokraten die schwere Schuld, die sie durch Duldung der Vorbereitung eines solchen Putsches auf sich geladen haben, in den drei kritischen Tagen wettzumachen suchten. Sie hielten mit den Arbeitern zusammen und verweigerten der Regierung Kapp die Gefolgschaft. (…)Als es nicht mehr ging, flohen Kapp und Lüttwitz, so wie Wilhelm geflohen war und Ludendorff und Noske. Und nun?

Und nun wird ganze Arbeit gemacht werden müssen. (…) Vor allem, vor allem: Reorganisation der Schule. Da steckt das Unheil, da die zukünftige Generation, da unsre Hoffnung und unsre Furcht. Den Kindern muß – nicht Parteipolitik –: demokratische Gesinnung eingepflanzt werden. Politik gehört in die Schule, hat immer hineingehört, solange sie monarchistisch gefärbt war. Pensioniert lieber nationale Lehrkräfte mit vollem Gehalt, als daß ihr die Kinder noch einmal zu einer Generation werden laßt, die, wie die von 1914, ein Blutbad bejubelt.

Wenn die Republik Deutschland, erweckt durch den Militärputsch, *das* nachholt, was sie im November 1918 versäumt hat: dann ist er nicht umsonst gewesen. (…) Wir haben keine Revolution gehabt. Macht eine.

»Kapp-Lüttwitz«, 1920

General Walther von Lüttwitz
und Reichswehrminister Gustav Noske,
etwa 1919

Wolfgang Kapp auf der Flucht nach Schweden, März 1920

Zeichnung von George Grosz, »Die Kommunisten fallen, und die
Devisen steigen« aus der Mappe »Gott mit uns«, 1920

Aber einer ist dabei, der wirft den ganzen Laden um. Dieser
eine, um den sich der Besuch lohnt, ist George Grosz, ein
ganzer Kerl und ein Bursche voll unendlicher Bissigkeit.
Wenn Zeichnungen töten könnten: das preußische Militär
wäre sicherlich tot. (Zeichnungen können übrigens töten.)
Seine Mappe »Gott mit uns« sollte auf keinem gut bürgerlichen Familientisch fehlen – seine Fratzen der Majore und
Sergeanten sind infernalischer Wirklichkeitsspuk. Er allein
ist Sturm und Drang, Randal, Hohn und – wie selten –:
Revolution. »Dada«, 1920

George Grosz, etwa 1920

In Oberschlesien, 1920

Wenn er nicht eine kostenlose Reklame für mich wäre, schätzte ich ihn nicht sehr. Die deutsche Nationalversammlung hat sich über ihn aufgehalten und Spektakel geschlagen. (Ich kam grade vom Urlaub zurück, war geladen und habe eine sehr heitere Nummer gebaut.) – Die meisten Leute schimpfen furchtbar auf das Blatt und mich; sie wollen »zur Selbsthilfe greifen« – bis jetzt war noch keiner da. –

Brief an Mary Gerold vom 12. Oktober 1919

Das Bild, das in Tucholskys Aktenschrank hing, zeigt von links den Zeichner Willi Steinert, Dr. Carl Spiecker, Kurt Tucholsky und einen höheren Polizeibeamten als Schutzbegleitung. Tucholsky beteiligte sich damals kurze Zeit an der Propagandaarbeit des »Oberschlesischen Ausschusses« und am Oberschlesienkämpferblatt »Pieron«.

Vom »Ulk« gehe ich zum 1. April ab – ich habe gekündigt, weil ich es nicht mehr machen wollte – Hamur herzustellen, ist eine böse Sache – wenn man aber nicht einmal einen richtigen Etat hat und solche Ängstlichkeit überall, dann machts gar keinen Spaß. Wir sind in aller Freundlichkeit geschieden – aber innerlich bin ich recht froh. Was ich nun mache, weiß ich noch nicht. –

Brief an Hans Erich Blaich vom 6. März 1920

Ich weiß nicht, wie Du Dich meinem gespaltenen und nervösen Leben einordnen würdest – diesem zackigen Hin und Her – das sich äußerlich ruhig und innerlich so changeant abwickelt – glatt, verbindlich, zum Teil verlogen und schlängelnd. Und das ich doch so führen muß, um weiterzukommen. Und es ist etwas nicht in Ordnung. Arbeit täuscht mich darüber hinweg – eine Weile. Ich weiß aber genau, daß etwas nicht in Ordnung ist. Die Nächte sind nicht bunt. Es steht da, und ich will es nicht ausstreichen: sie sind nicht bunt.

»Blaues Tagebuch«, 2. August 1920

»Ulk«, Nr. 6/1920

Tucholsky heiratete am 3. Mai 1920 die Jugendfreundin und Ärztin Dr. Else Weil. Das »Blaue Tagebuch« für Mary Gerold führte er von August 1920 bis Juni 1922.

»Träumereien an preußischen Kaminen«, 1920

Die Märchen, von denen Er einige von mir kennt – darunter sind die Hexen auf dem Blocksberg – habe ich gesammelt – sie werden jetzt illustriert und erscheinen ungefähr zu
Weihnachten. Wem sind sie gewidmet –?

Brief an Mary Gerold vom 12. Oktober 1919

Das Bändchen erschien 1920 bei Felix Lehmann mit Illustrationen von
Alfons Woelfle.

Erich Mühsam

Größere Versprechungen für die Zukunft kann ich Ihnen
schlecht machen, weil ja bekanntlich das Interesse an solchen Sammlungen rasch nachläßt. Ich will aber sehen, daß
ich die Angelegenheit noch aufpulvern kann, und was noch
eingeht, schicke ich dann abwechselnd an Sie und an Herrn
Toller. Ich überlasse Ihnen die Verteilung ganz und gar, weil
ich von hier aus die Verhältnisse nicht übersehen kann; nur
bitte ich Sie stets zu berücksichtigen, daß wir *alle* politischen
Gefangenen unterstützen wollen, gleichviel welcher politischen Richtung, und daß wir davon nur die wohlhabenden
und Verräter an der eigenen Klasse ausgenommen wissen
wollen.   Brief an Erich Mühsam vom 21. Oktober 1920

Kurt Tucholsky beteiligte sich an einer Reihe von Hilfsaktionen für
politische Gefangene. In der »Weltbühne« setzte er sich in einem Aufruf für den zu fünfzehn Jahren Festung verurteilten Erich Mühsam ein.

»Tamerlan«, Revueplakat, 1922

Programmzettel, 27. Januar 1921

Und wenn Sie ja auch immer der Meinung sind, daß eine strohgedeckte Hundehütte grade gut genug für mich sei – wenn ich nur darin ein Gedicht und eine kleine Rundschau und einen Dialog und einen Militärartikel und einen Tucholsky mache – so mechte meine lb. Gattin-Gemahlin dagegen doch remonstrieren, und somit käuft sie allerhand ein. Es klappt das mit Ihrer Hilfe nun doch immerhin so, daß Sie, wenn Sie mal doch ††† zu uns kommen, sich in ein neues Stühlchen setzen können!

Brief an Siegfried Jacobsohn vom 3. Juni 1920

Ich weiß auch, daß ich einen gradezu irrsinnigen Beruf habe – der heute Hopp-Hopp ist und morgen daniederliegt – (…) Ob dieses Leben, das ich zu führen gezwungen bin, und das mich durcheinander mit bedeutenden, kleinen, dummen und geistigen, mit guten und geschwätzigen und nichtssagenden, mit tiefen und anständigen Menschen zusammenführt, mit Juden, Christen und Freigeistern, mit Revolutionsmenschen und Gesellschaftsmenschen – ob dieser Brodem aus Kleinbürgerlichkeit in der Lebensführung und Prätention in der geistigen Geltung überhaupt für jemand anders erträglich ist (…)   »Blaues Tagebuch«, 5. Juni 1922

Faksimile der ersten Seite
»Immer um die Litfaßsäule rum…«, 1921

Friedrich Hollaender

Rudolf Nelson mit Widmung für Tucholsky, 10. Mai 1922

Durch Ihre so schlagkräftigen Texte wurde meine Musik erst populär! – Auch das ist wieder 'ne Gemeinheit von Ihnen! – Stets Ihr Rudolf Nelson B. d. 10/5. 22.

Die Angelegenheit ist nicht übermäßig aufregend – aber wenn Nelson selbst begleitet, was gewöhnlich der Fall ist, dann wird Er einen (kleinen dicken) Mann Klavier spielen hören, wie Ers wohl noch nie gehört haben mag.

Brief an Mary Gerold vom 25. November 1922

Rudolf Nelson gründete vor dem Ersten Weltkrieg in Berlin das Kabarett »Chat noir« und 1920 das Nelson-Theater. Tucholsky schrieb Chansons für die Revuen »Bitte zahlen« (1921) und »Wir steh'n verkehrt« (1922), die Rudolf Nelson vertonte. Friedrich Hollaender komponierte die Musik zu Texten Tucholskys für Max Reinhardts »Schall und Rauch«. Claire Waldoff, Trude Hesterberg, Rosa Valetti und Paul Graetz haben neben Gussy Holl, Fritzi Massary und Kate Kühl viele Lieder interpretiert.

Claire Waldoff

Aus dem Ärmel geschüttelt

»Das«, sagen die Leute oft, wenn sie einen Vers von mir lesen, »fällt Ihnen gewiß sehr leicht. Es klingt, als ob…« – »Ich es aus dem Ärmel geschüttelt hatte, wie?« sage ich dann. »Ja«, sagen die Leute.

Die Mühe, die es macht, der deutschen Sprache ein Chanson – und nun noch gar eins für den Vortrag – abzuringen, ist umgekehrt proportional zur Geltung dieser Dinge. »Es steht nicht dafür«, sagen die Wiener. Ich habe nie geglaubt, daß so viel Arbeit dahinter steckt, um zu erreichen, daß Leute abends zwei Stunden lachen, ohne daß sie und die Autoren sich hinterher zu schämen haben. Und gar, bis es so weit ist, daß man denkt, wir hätten es »aus dem Ärmel geschüttelt«! Zum Glück sieht keiner die erste Niederschrift: wie krumplig, wie schwerfällig, wie schwerflüssig ist da noch alles…

Der Tragöde hats gut. Wenn er noch so mittelmäßig ist: er rollt doch mit den Augen, und das verfehlt hierzulande seine Wirkung nie. Bei uns wollen sie sich scheckig lachen (drei Poängten pro Zeile) und hinterher verachten sie das. Und daß einer gar dabei ernst sein kann, das ahnen sie kaum. Wie wenige hören es zwischen den Zeilen Walter Mehrings schluchzen! Es sind ja nur Chansons. (Und doch sind die da aus der Seele geschüttelt.)

Aber wer nun einmal das Cabaret (mit einem t, bitte!) liebt… Es ist eine unglückliche Liebe.

»Aus dem Ärmel geschüttelt« in der »Neuen Schaubühne« vom
7. Oktober 1921

Trude Hesterberg

Kate Kühl

Für Kate Kühl, eine Schülerin Rosa Valettis, schrieb Tucholsky die Chansons »Schifferlied« (»Mal singen, Leute –!«), »Die Dorfschöne« und »Ballade von der Fischerfrau«, zu der die Musik Tucholsky komponierte.

Rosa Valetti mit Widmung für Tucholsky

Zur Erinnerung an Femme x dem Autor Tucholsky, dem ich meinen
größten Cabaret-Erfolg mit seiner roten Melodie zu danken habe. Ihre
Valetti d. 22ten März 24

Du wirst das entzückendste kleine Theaterchen zu sehen
bekommen, das Du Dir denken kannst – und Farben wirst
Du sehen und eure Lieder wirst Du hören – und von der
kleinen Bühne weht ein Geschmack herunter, wie man ihn
nur haben, aber nicht herstellen kann. (…) Du fragst gewiß,
ob denn die berliner Cabarets dergleichen nicht … Die berliner Cabarets, an denen ich doch schließlich auch hier und
da zu arbeiten pflege… – Nein, das können wir nicht. Da
packe ich neidlos ein.

»Billett an eine junge Dame«, 21. Januar 1923
Einladung in das russische Emigrantenkabarett
»Der Blaue Vogel«.

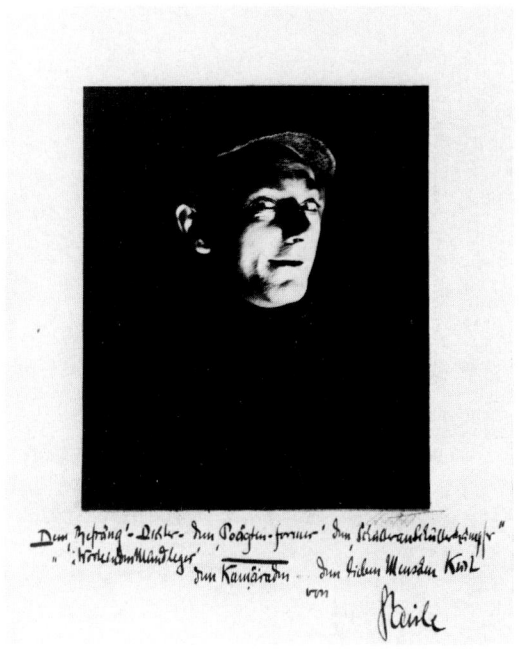

Paul Graetz mit Widmung

Dem »Refräng«-Dichter – dem »Poägten-Former«, dem »Schulteran-
Schulterkämpfer«, dem »WorteindenMundleger«, dem Kamäradn –
dem lieben Menschen Kurt von Paule

Kundgebung »Nie-wieder-Krieg« in Berlin, 30. Juli 1922

Die Kundgebung, an der sich in Berlin etwa 100 000 Menschen beteiligten, wurde mit Tucholskys Gedicht »Drei Minuten Gehör!«, das von Schauspielern vorgetragen wurde, eröffnet. Tucholsky hielt eine Ansprache.

Drei Minuten Gehör! ·

Drei Minuten Gehör will ich von euch, die ihr arbeitet –!

Von euch, die ihr den Hammer schwingt,
von euch, die ihr auf Krücken hinkt,
von euch, die ihr die Feder führt,
von euch, die ihr die Kessel schürt,
von euch, die mit den treuen Händen
dem Manne ihre Liebe spenden –
von euch, den Jungen und den Alten –:
Ihr sollt drei Minuten inne halten.
Wir sind ja nicht unter Kriegsgewinnern.
Wir wollen uns einmal erinnern.

Die erste Minute gehöre dem Mann.
Wer trat vor Jahren in Feldgrau an?
Zu Hause die Kinder – zu Hause weint Mutter…
Ihr: feldgraues Kanonenfutter –!
Ihr zogt in den lehmigen Ackergraben.
Da saht ihr keinen Fürstenknaben:
der soff sich einen in der Etappe
und ging mit den Damen in die Klappe.
Ihr wurdet geschliffen. Ihr wurdet gedrillt.
Wart ihr noch Gottes Ebenbild?
In der Kaserne – im Schilderhaus
wart ihr niedriger als die schmutzigste Laus.
Der Offizier war eine Perle,
aber ihr wart nur »Kerle«!
Ein elender Schieß- und Grüßautomat.
»Sie Schwein! Hände an die Hosennaht –!«
Verwundete mochten sich krümmen und biegen:
kam ein Prinz, dann hattet ihr stramm zu liegen.
Und noch im Massengrab wart ihr die Schweine:
Die Offiziere lagen alleine!
Ihr wart des Todes billige Ware…
So ging das vier lange blutige Jahre.
Erinnert ihr euch –?

Die zweite Minute gehöre der Frau.
Wem wurden zu Haus die Haare grau?
Wer schreckte, wenn der Tag vorbei,
in den Nächten auf mit einem Schrei?
Wer ist es vier Jahre hindurch gewesen,
der anstand in langen Polonaisen,
indessen Prinzessinnen und ihre Gatten
alles, alles, alles hatten – –?
Wem schrieben sie einen kurzen Brief,
daß wieder einer in Flandern schlief?
Dazu ein Formular mit zwei Zetteln…
wer mußte hier um die Renten betteln?
Tränen und Krämpfe und wildes Schrein.
Er hatte Ruhe. Ihr wart allein.
Oder sie schickten ihn, hinkend am Knüppel,
euch in die Arme zurück als Krüppel.
So sah sie aus, die wunderbare
große Zeit – vier lange Jahre…
Erinnert ihr euch –?

Die dritte Minute gehört den Jungen!
Euch haben sie nicht in die Jacken gezwungen!
Ihr wart noch frei! Ihr seid heute frei!
Sorgt dafür, daß es immer so sei!
An euch hängt die Hoffnung. An euch das Vertraun
von Millionen deutschen Männern und Fraun.
Ihr sollt nicht strammstehen. *Ihr* sollt nicht dienen!
Ihr sollt frei sein! Zeigt es ihnen!
Und wenn sie euch kommen und drohn mit Pistolen –:
Geht nicht! Sie sollen euch erst mal holen!
Keine Wehrpflicht! *Keine* Soldaten!
Keine Monokel-Potentaten!
Keine Orden! *Keine* Spaliere!
Keine Reserveoffiziere!
Ihr seid die Zukunft!

                        Euer das Land!
Schüttelt es ab, das Knechtschaftsband!
Wenn ihr nur wollt, seid ihr alle frei!
Euer Wille geschehe! Seid nicht mehr dabei!
Wenn ihr nur wollt: bei euch steht der Sieg!
– Nie wieder Krieg –!

»Drei Minuten Gehör!« in der »Republikanischen Presse« vom 29. Juli
1922

Im übrigen gilt ja hier derjenige, der auf den Schmutz hin-
weist, für viel gefährlicher als der, der den Schmutz macht.

          Brief an Herbert Ihering vom 10. August 1922

Ernst Toller

Ernst Toller wurde im Juli 1919 wegen der führenden Beteiligung an
der Münchner Räterepublik zu fünf Jahren Festungshaft verurteilt. Angebote, ihn wegen seiner Dramenerfolge vorzeitig zu entlassen, lehnte
er ab. Er wurde im Juli 1924 aus der Festungsanstalt Niederschönenfeld
entlassen.

Lange hat mich nichts so gefreut, wie Ihre Ablehnung dieses
Aufrufrummels für Sie. Dafür drücke ich Ihnen sehr die
Hand. (…) Gerade das wollen wir doch *nicht*: daß diese
Braven, au fond irgendeiner überlebten Überschätzung des
Formalen einen unterstützen, den sie verneinen müssen.
Denn wenn Sie zufällig – es ist ja auch ein bißchen zufällig –
anders wirkten und nicht rhythmisch, sondern produktiv
arbeitend oder kämpfend oder sonstwie für die Sache arbei-
teten – dann schriebe er schlechte Spottverse auf Sie. Oder
er ignorierte Sie.

    Wie er die Anonymen ignoriert, die nicht »Künstler«
sind.   Brief an Ernst Toller vom 25. August 1922

Siegfried Jacobsohn mit Widmung für Tucholsky, 9. Januar 1923   In Treue fest! Der beste Brotherr dem schlechtesten Mitarbeiter zum,
Gott behüte, dreiunddreißigsten Geburtstag.

Reichsbank in Berlin, 1923

Was mich vor allem bedrückt, ist die vollkommene Aussichtslosigkeit unserer werten Bemühungen – oder ich will mal sagen: meiner Bemühungen. Ich schreibe neben dem Leben her. Und das kann ich auf die Dauer nicht. Der Grund ist klar: die Dinge sind hier rein wirtschaftlicher Natur – das Politische tritt immer mehr in den Hintergrund. Es fängt an, langweilig und gleichgültig zu werden. Und das möchte ich nicht mehr – schriftstellerisch – erleben.

Deshalb habe ich mich entschlossen, mich ein wenig in der Welt nach Verdienstmöglichkeiten umzusehen. Das schließt ja gar nicht aus, daß ich alles, was mir aufstößt, bei Ihnen niederlege. Im Gegenteil: wahrscheinlich wird es bunter und besser werden.

Brief an Siegfried Jacobsohn vom 1. September 1922

Kunst ist Überschuß. Ein ökonomisch so zugerichteter Boden, der in erster Reihe Nahrung haben muß, ist nicht die Basis für kritische Untersuchungen über den Expressionismus. Bei diesem Volk ist die untere Grenze sehr rasch erreicht – die Leute haben sich hier eigentlich immer nur aus Übermut mit geistigen Dingen beschäftigt – auf Sonntag. Das ist vorbei. Sie haben keine Butter, sie haben keine Zeit, sie haben keinen Kopf für unsereinen. (…) Ich habe Erfolg. Aber ich habe keinerlei Wirkung. Und darum mache ich keine Zeitschrift.　Brief an Hans Schönlank vom 10. Januar 1923

Bankier Hugo Simon

Auf dem Höhepunkt der Inflation trat Tucholsky am 1. März 1923 als Volontär in die Bank Bett, Simon & Co. ein, wo er Sekretär des Seniorchefs und früheren Finanzministers Hugo Simon wurde.

Tucholskys Paßbild für das Visum nach Frankreich, Berlin 1924

Gestern mittag habe ich mit Heinrich Mann zu Mittag gegessen. Er war in der Bank, ich konnte ihm behilflich sein, und dann gingen wir nachher zusammen fort. (…) Ich hatte, seit langen Jahren wieder zum ersten Mal, das respektvolle Gefühl, mit einem richtigen Kerl zusammenzusitzen – schließlich ist er es ja doch, der all das geschrieben hat. Er ist groß und blond, ein wenig embonpoint schon, er roch merkwürdigerweise wie eine Schiefertafel, er hat ein paar lange Stockzähne wie eine alte Frau, sieht aber im ganzen doch sehr gut und soigniert aus. Er spricht ganz korrekt und hat eine himmlische französische Aussprache.

Brief an Mary Gerold vom 9. August 1923

Sehe ich *Seinethalben* müde aus–? Ich habe keinen Herbst, keine Wagenfahrt, keine Boote, kein Wasser, kein Meer, keinen Himmel und keinen Schnee. Wovon sollte ich froh aussehen? Und das Herz voller Angst: ja, *darfst du denn überhaupt* einen andern Menschen an deinen Jammer ketten, an dieses unerfüllte, halb gescheiterte, kaputt gemachte und deutsche Leben niederster Observanz?

Brief an Mary Gerold vom 19. August 1923

Tucholsky trennte sich Anfang 1923 von Else Weil. Die Ehe wurde am 14. Februar 1924 geschieden. Nachdem er mit der »Weltbühne« und der »Vossischen Zeitung« Mitarbeiterverträge und mit dem »Prager Tagblatt« einen Nachdruckvertrag geschlossen hatte, gab er seine Stellung bei der Bank auf und ging als freier Schriftsteller nach Paris.

1924–1929 Paris. Berlin. Paris

Tucholsky in Paris, 1924

Ja – schämt sich. Weißt Du, was einer tut, wenn er 14 Jahre auf was wartet und dann kriegt er es plötzlich? Er weint. Schämt sich – hat aber richtig auf der Straße geheult. Hat immer so getan, als ob Sonne blendet – war aber nicht Sonne. War, weil es das alles gibt: weil es auf einmal wieder einen Sinn hat, auf der Welt zu sein – weil einmal wieder Wolke Wolke ist, Stein Stein, Sonne Sonne. Ich bin umhergegangen wie verzaubert.

Brief an Mary Gerold vom 22. April 1924

Gesehen hat Nungo: Sehr viel Straßen, den Eiffelturm (von unten – ist noch zu kalt für oben – spart sich auf für Meli…) Revuen, ein Konversationsstück, eine Gerichtsverhandlung, ein Museum, die Quais an der Seine, ein bißchen … ein Zipfelchen Gesellschaft. Nun ist meine allergrößte Hauptsorge (denn wie sollte ich ohne eine solche leben!), eine nette Unterkunft zu finden (…)

Brief an Mary Gerold vom 15. April 1924

Nun arbeite ich hier für Siegfried Jacobsohn, der der erste gewesen ist, der mir diese Reise überhaupt ermöglicht hat, ich arbeite auch noch für andere Blätter, aber vor allem für ihn, ich lerne noch französisch, ich sehe mich um – und entdecke eben, was sie mit uns in den letzten zehn Jahren getrieben haben. Großer Gott!

Brief an Sibylle Schoepf-Witting vom 15. Mai 1924

Parc Monceau in Paris

»Park Monceau« war eines der ersten Gedichte, die in Paris entstanden.

Also das gibt es alles noch! Es gibt Blumen, Katzen, Bücher, Frauen (die mir übrigens nicht gefallen), einen Fluß, ein Museum, aber ein richtiges, kein Kasten, keine Anschauungskaserne – und Menschen gibt es, richtige Menschen! So dumm das klingt: ich werde richtig nochmal jung. Bummeln? Die Leute sind töricht: viel, viel schöner als irgendeine mühsame bezahlte Sache ist die Tatsache, daß man hier über die Straße geht, fröhlich, vergnügt – ich muß lange zurückdenken, wann ich das letzte Mal so gegangen bin. Ich bin allein herübergegangen – ich bin geschieden.

Brief an Sibylle Schoepf-Witting vom 15. Mai 1924

Mit der Sprache geht es. Ich verstehe alles, bis auf ein Mal blamiere ich mich auch nicht. Da wußte ich nicht – in Lüttich – daß eine wahnsinnig gewordene Personenwaage einen Briefkasten darstellen solle.

Brief an Mary Gerold vom 7. April 1924

89, Avenue Mozart, Paris XVI

Bald nach seiner Ankunft in Paris Anfang April 1924 bezog Tucholsky in diesem Haus eine möblierte Wohnung. Er wohnte hier bis Juni 1925.

Er soll schreiben, wann reist und dann hinterher soll herkommen und dableiben. Ich habe mir das alles ziemlich genau berechnet und ausgedenkt und überlegt – es ist alles halb so schlimm. (...) Nungo legt Meli trocken, pudert und kämmt, holt Kamm aus Butter und klopft Samtpolster aus, wenn *zu* unordentlich. Er kann sich diese freundliche Nettigkeit in Paris nicht vorstellen – es ist alles genau umgekehrt wie in Bealin – so unschwer, so glatt und so rollend.

Brief an Mary Gerold vom 13. Juni 1924

Gestern mit George Grosz zusammen. Wir haben uns geeinigt: noch nie ist so viel über eine Stadt zusammengelogen worden wie über das Paris von 1918–1924. Es ist alles *(nicht mehr)* wahr. Die Leute sehen immer noch, mit aller Gewalt, die alten Geschichten, von denen nur noch die Kulissen stehen. Das Neue ist reizvoll genug – aber ganz anders. – Ich werde es sehr schwer haben mit den Artikeln (...)

Brief an Mary Gerold vom 17. April 1924

Zeichnung von George Grosz,
»'s riecht hier nach Pöbel!«
aus der Mappe
»Das Gesicht der herrschenden Klasse«, 1921

Bemerkungen

Gesicht

Ein ziemlich gedrungener Kopf, keine allzu hohe Stirn, kühle kleine Augen, eine Nase, die gern trinkt, ein Mund, der kalt befiehlt, und eine unangenehme Zahnbürste, die den Schnurrbart macht: so sieht dieses Gesicht aus. Ein gut fundierter schwarzer Rock, eine mäßig geschlungene Krawatte mit einer Art Perle darin, ein immer sauberer Kragen — das ist auch noch zu sehen. Das Haar ist an den Ohren kurz geschnitten, militärisch kurz — der ganze Mann ist sicherlich sauber, putzt sich morgens die Fingernägel, rasiert sich oder läßt sich rasieren.

Schon als junger Mensch drängelte er sich, nicht allzu interessiert, durch die Türen der Kollegsäle; seine Mama sagte: „Hubert, wann kommst du heute nach Hause?" — und er gab nicht allzu freundlich Auskunft. Büffelte. Bestand Examina. Wurde aufgerufen: „Hubert soundso . . ." Und dann stand er auf, ein bißchen unterwürfig, ein bißchen angstvoll, nicht sehr aufgeregt, kalt eigentlich. Trat in den Staatsdienst, im Jahre . . ., bei . . ., rückte rasch auf.

Lange Vormittage mit schwierigen Aktenarbeiten, mit leeren Pausen, wo das Frühstück aus der Aktentasche genommen wurde — darin lag auch ein Brief, der ärgerlich war, und einer, der für den Abend eine kleine außerdienstliche Freude verhieß. Im übrigen: kalt bis ans Herz hinan. Ab und zu mal ein Buch gelesen, das nicht zur Sache gehörte — einmal Spengler versucht, dolles Zeugs —, mit der Briefschreiberin zu Hardts ‚Tantris' gegangen. Sehr poetisch. In der Pause: „Möglicherweise werde ich in diesen Tagen in die andre Abteilung versetzt. Na, Gott sei Dank . . ."

Im Kriege Kompagnieführer. Unerbittlich, kalt. Kalt wie zu den Kanzleidienern, die sich nicht wehren konnten, kalt zu den jungen Assessoren — „Habe das auch mal durchmachen müssen!" —, kalt zur Welt, kalt zu Gott. Verheiratet. Hat zwei Kinder. Liebt sie auf seine Weise. Lacht gern mal, abends, über einen dicken Witz, weiß noch drei Wirtinnenverse, die andern sind leider vergessen. Ist felsenfest von der Richtigkeit des Staatsgefüges, der Rechtsprechung, der Kirche und der allgemeinen sittlichen Grundlagen überzeugt. Hat auch weiter nicht darüber nachgedacht. Sieht gar nicht schlecht aus, wenn er am Schreibtisch sitzt und sich, beim Ordnen der vielen Aktenstücke, einmal kurz räuspert . . . Ist doch wer. Fühlt sich in völliger Harmonie mit Land, Majorität und Volksgemeinschaft. Liebt den preußischen Adel nicht übermäßig —: ist ihm unangenehm. Ist aber tadellos korrekt und höflich, durchaus kleiner Bürgerlicher, nach oben. Nach unten: selber Adel.

Repräsentiert. Macht Karriere. Wird wohl nächstens irgendein großes Tier werden, Gesandter, Ministerialdirektor, Staatssekretär, was weiß ich.

Kaspar Hauser

»Gesicht« in der »Weltbühne« vom 3. Juli 1924

- und ich habe eine solche Angst vor der Zukunft. Dieses Geschwür *muß* ja mal platzen - es wäre gegen alle Naturgesetze, wenn sich das Furunkel, das so dick geworden ist, noch einmal verzieht. Es ist ganz schrecklich. Die Kerls erinnern völlig an die Vernarrtheit und Verranntheit einer religiösen fanatischen Sekte - sie haben den Verstand verloren, sehen nur noch ihre Organisationen und leben völlig außerhalb der großen Welt, die die Politik heute bestimmt. Was das noch einmal werden soll, wenn die Kerls ans Ruder kommen - und das kommen sie natürlich - das ist einfach nicht abzusehen. Denn bei dem Krieg, der *dann* kommt, schneiden sich die Leute buchstäblich die Hälse ab.

Brief an Mary Gerold vom 4. Juni 1924

Mit der »Voss« liegt es so: wenn ich an die Zeitungen, an denen ich mitarbeite, den Maßstab anlegen würde, den man wahrscheinlich anlegen müßte, so bliebe mir keine. Ich muß mir natürlich sagen lassen, daß darin ein Stück Schwäche liegt. Ich für meine Person weiß mir keinen Ausweg.

Brief an Maximilian Harden vom 12. Oktober 1924

»Die Weltbühne« vom 7. August 1924

(…) Also ich war in Verdun. (…) Meli, wenn Du mir noch einmal mit einem blonden Idealisten, der den »Lokalanzeiger« liest, kommst, dann schmeiße ich ihn zum Tempel heraus und Dich nehme ich an Deine blonden Federn und zeige Dir, wie ein Schlachtfeld noch nach sechs Jahren aussieht. Er kann sich das nicht vorstellen. Es sind ja keine Leichen mehr da – das ist ja wahr – aber was Krieg ist, das sieht man hier, wo er großindustriell betrieben wurde, und nicht in Kurland, wo er ja immer noch ein bißchen die alte Romantik hatte. Dies ist eine Fabrik des Todes. (…) Da ist im Fort Vaux ein Verbandsraum … Dicker, wenn da einer nicht als Pazifist rauskommt, dann ist er eben ein Schwein.

Brief an Mary Gerold vom 5. Juli 1924

Dies ist ein herrlich blauer Sonntag – so schön, wie ganz lange nicht. Sitzt seit 12 Stunden an der Maschine – war nur mal unten und hat Obst gekauft. Ja – muß – der kleine Mann wird sonst rabiat, denn von Berlin aus wird das ja nicht viel. Hat eine böse Kriegsgedenknummer geschrieben; wenn das alles klappt, sind alle fünf Herren darin vertreten – aber kräftig. Brief an Mary Gerold vom 20. Juli 1924

Heinrich Zille mit Widmung für Kurt Tucholsky, August 1924

Lieber Herr Dr. Tucholsky,
das gemeinsame Treffen am P. Werder – es war eine Schickung – –.
Im Fall wir uns nicht wiedersehen, Ihr Sie hoch verehrender H. Zille
zum freundlichen Gedenken
Aug. 24

Im Juli 1924 ging Tucholsky für einige Wochen nach Berlin, um dort für Ullstein die erste Nummer des »Uhu« zusammenzustellen, eines neuen illustrierten Magazins. In Berlin heiratete er am 30. August 1924 Mary Gerold und kehrte mit ihr nach Paris zurück.

Jedes linke Blatt, aber jedes, das ich bisher getroffen habe, meckert, es könne nicht zahlen, und es sei doch eine Sache der Gesinnung und überhaupt. Und jedes linke Blatt ist infolgedessen schlecht geschrieben, langweilig, man mag es nicht lesen (…) Die Folge für den Schriftsteller sieht so aus: er kann keinen Aufwand machen, sieht nichts von der Welt und bleibt ein ungeladener Revolver, oder er macht – wie ich – einen Zwangskompromiß mit bürgerlichen Blättern, um überhaupt was von der Welt zu sehen.

Brief an George Grosz vom 11. März 1925

28, Avenue des Pages
in Le Vésinet bei St. Germain, 1925
Tucholskys Wohnhaus nahe Paris,
in das er im Juni 1925 einzog.

Bis Mittwoch versinke ich in Besorgungen, die ziemlich
scheußlich sind: Vakuumbriefkästen und Teppichnägel und
einen Eimer für Geflügelknochen und Schatullen für Edel-
steine, die meine Frau Gemahlin wegwirft … und was so ist.
Aber dann melde ich mir, und Sie müssen bitte nicht böse
sein – aber eine Wohnung einzurichten, wenn man Geld hat
– das ist schon komisch. Aber wenn man *kein* Geld hat: das
ist eine Frechheit –!

Brief an Alfons Fedor Cohn vom 12. April 1925

Eßzimmer in Le Vésinet

Tucholsky, etwa 1925

Hoffentlich dringt die deutsche Woge nicht gar so nah an Sie heran – es ist wohl das letzte und gefährlichste Mittel, das uns bleibt: Isolation. (Wenn man nicht auf Kommunist neu umlernen kann und will.)

Brief an Sibylle Schoepf-Witting vom 25. Juni 1925

Im Jahre 1925 schloß sich Kurt Tucholsky der »Gruppe 1925« an, einer Vereinigung linksbürgerlicher und kommunistischer Schriftsteller, der unter anderen Johannes R. Becher, Ernst Bloch, Bert Brecht, Alfred Döblin, Egon Erwin Kisch, Rudolf Leonhard, Walter Mehring und Ernst Toller angehörten.

Tucholskys Aufnahmeurkunde der Freimaurergroßloge
Grand Orient de France, 16. Juni 1925

Tucholskys Carte d'identité der Loge L'Effort, 1925

Tucholsky wurde 1925 in den Grand Orient de France aufgenommen
und gehörte der Loge L'Effort an.

Mit der lieben Brotkartenheimat entfremde ich mich mehr
und mehr. Ich verstehe das alles gar nicht mehr: diese demokratischen Siege, die Jubiläen, das Gehample und vor allem
nicht die Haltung der Leute, von denen man sich immer ein-
gebildet hat, die wären nun wenigstens zuverlässig. Die
würdevolle Gemessenheit der Thomas-Mann-Leute und die
Denker und die Pazifisten... Die sind nun ein ganz besonders schlimmes Kapitel. Was ich hier alles an übler Pri-
madonnenhaftigkeit gesehen habe, diese geschwollene
Eitelkeit (...)   Brief an Sibylle Schoepf-Witting vom 25. Juni 1925

Ich möchte jedenfalls noch lange hier leben, aber nicht gern
hier mein Geld verdienen müssen. Im übrigen: nur runde
Ecken. (...) Ich lese jetzt wieder viel französisch, verstehe
vieles nicht – zum Beispiel gar nicht den neuen Akademiker
Paul Valéry, das ist für mich chinesisch – und auch mit
Proustn kann ich unkultivierter Esel nichts anfangen.
                    Brief an Eduard Plietzsch vom 21. November 1925

In Le Vésinet, 1925
Die Aufnahme zeigt von links die Ehefrau des Malers Rudolf Levy,
Elinor Sieburg, Walter Hasenclever, Kurt und Mary Tucholsky.

In Le Vésinet, 1925
In der Mitte: Friedrich Sieburg

Mit Walter Hasenclever in Le Vésinet, 1925

Kurt Tucholsky war mit Walter Hasenclever, der seit 1925 Korrespondent des Berliner »8-Uhr-Blatts« in Paris war, befreundet. Hasenclever
und dessen Schwester Marita waren in Le Vésinet häufig zu Gast.

Alfred Döblin mit seiner Tochter

Dieser Linke Poot kitzelt mit dem Florett, wo Heinrich Mann zugestoßen hat – und er hat mehr Witz als das ganze Preußen Brutalität, und das will etwas heißen. Er beschäftigt sich sanft, prägnant, spaßig, »ausverschämt« und inbrünstig mit dem neuen Deutschland. Es ist eine ganz neuartige Sorte Witz, die ich noch nie in deutscher Sprache gelesen habe. »Der rechte Bruder«, 1922

Jakob Wassermann

Wie hat sich dieser Mensch gequält! Gequält mit sich, mit der Umgebung, mit dem Schicksal, mit Hunger, Kälte und Arbeitslosigkeit, mit dem Unvermögen, sich in die rohe Welt des platten Geldverdienens hineinzufinden und in die verlogene der unordentlichen Bürger mit der Samtjacke oder der Hornbrille – Qual und Unschlüssigkeit, Verzweiflung und Selbsthaß, Verlorenheit innen und Hohn außen. (…) Man hat ihm vorgeworfen, daß er, der Jude, deutscher sei als die Deutschen – sicher ist, daß er der deutschen Seele zu einem Ausdruck ihrer selbst verholfen hat, und daß er so weit fort ist von dem Deutschtum dieser Tage. Wie die dunkle Landschaft unter seinen Händen zu singen anfängt–! Wie Musik, Wälder, Maschinen, Bauernwirtschaft und steinerne Straßen aussagen, was sie sind, was sie ihm sind, und was sie uns sind–! Er hat das Unsagbare gesagt, er ist das, was der Franzose »bourdon« nennt, die tiefe, große Kirchenglocke.

»Jakob Wassermann und sein Werk«, 1924

Hermann Hesse

Hermann Hesse hat, fern vom Problematischen, immer gut gespielt: seine naturalistischen Schilderungen sind fast unübertroffen, kräftig im Ton, bunt in der Farbe, sauber, voll Blut und Luft und Atmosphäre… Das Zerrissene hat er mir niemals zu recht gestalten können, und daß ein Künstler zerrissen ist, geht uns wohl wenig an.

»Der deutsche Mensch«, 1927

Franz Kafka

Kafka ist mit 41 Jahren gestorben, an Lungenschwindsucht. Er wußte das seit Jahren. Ich kannte ihn – vor dem Kriege – als einen langen magern, braunen Menschen, dunkel, sehr schweigsam, sehr schüchtern und zurückhaltend. Im Gegensatz zu Max Brod, der mir nicht recht gefiel und mir in Prag und Berlin eine große Enttäuschung war, liebte ich Kafka – ohne eine Zeile von ihm zu kennen. Er wollte nie etwas veröffentlichen – Brod mußte ihm alles einzeln aus der Schublade ziehen. Es heißt, er habe einen großen Roman vernichtet. Ich sehe in seinen Sachen das beste klassische Deutsch unserer Zeit. – Er war Schreiber bei einer Versicherungsgesellschaft.   Brief an Mary Gerold vom 20. Juni 1924

Heinrich Mann

Den »Kopf« habe ich bekommen. Ich habe ihn sorgfältig gelesen, und es ist mir nicht leicht gefallen, zu verstehen. Ich weiß, daß hier etwas Neues gemacht ist: die Geschichte, wie sie *nicht* gewesen ist – eine andre Welt … aber sobald etwas von der Realität fort ist, in politicis, dann macht mir das Kummer. Das ist kein Urteil – sondern eine Inkompetenzerklärung. (Ich schreibe Ihnen das so, weil ich weiß, daß Sie es so auffassen, wie es gemeint ist.)

Wann kommen Sie zum Tee–? Es ist ein richtiges Eßzimmer da (vorsichtig umdrehen!) und eine Art Schreibtisch.
          Brief an Heinrich Mann vom 7. November 1925

Thomas Mann

Thomas Mann würde von mir noch viel mehr auf den Kopf kriegen, wenn alle Leute nicht so eine gräßliche Achtung vor ihm hätten. Was in doppelter Hinsicht blödsinnig ist: die Franzosen haben ruhig Witze über France gemacht, ohne ihn gleich zu verunglimpfen, und außerdem scheint mir dieses Männchen in den letzten Jahren sinnlos überschätzt zu werden. Dieses völlig funkenlose Produzieren … schrecklich. Es ist außerordentlich typisch, daß die Deutschen auf jeden hereinfallen, der ihnen etwas zum Denken vorwirft. Dann haben sie keine Zeit mehr, sehen nicht auf, knabbern und fressen das Denkfutter und grübeln… Ich kann so ein Zeug überhaupt nicht lesen.
          Brief an Eduard Plietzsch vom 21. November 1925

Kurt und Mary Tucholsky in Le Vésinet, 1925

In Le Vésinet, 1925

Aber, Kulicke, ein Bild haben Sie mir da übermacht, das
treibt einen allerdings in die Arme des Briefträgers! Haben
Sie keinen anderen –?

Ernsthaft: im Treppenhaus meines Palastes (ein kleines
Häuschen bei Paris) hängen alle Männer, die ich gern habe,
Rosa Valetti – aber Sie fehlen.

Brief an Kate Kühl vom 3. Juli 1925

Kurt und Mary Tucholsky in Bayonne, September 1925

Ich habe zwei Monate in den Pyrenäen – einschließlich Lourdes – gesteckt – nicht ohne in einer bösen Wald-schlucht mir das Schienenbein glorios aufgeschlagen zu haben – und dann haben sie mich in Lourdes operiert (ohne Wunder). Als ich wieder nach Hause kam, mußte ich gleich eine kleine Arbeit über die Pyrenäen fertig machen (...)

Brief an Heinrich Mann vom 7. November 1925

Die Reise in die Pyrenäen im September und Oktober 1925 verarbei-tete Tucholsky in seinem 1927 erschienenen »Pyrenäenbuch«.

In St.-Bertrand-de-Comminges, September 1925

Cirque de Troumouse, September 1925

In Lourdes, September 1925

In Lourdes, September 1925

Toulouse-Paris, Tucholsky auf der Rückreise
aus den Pyrenäen, 15. Oktober 1925

Zeichnung von Walter Trier

Als kleine persönliche Erfahrung kann ich Ihnen sagen, daß ich hier etwa 40 Vorträge gehalten habe, und ich spreche immer frei. Das ist natürlich kein Theater. Aber bei mir haben die Leute nicht bezahlt, sind also nachsichtiger – und doch war es entsetzlich schwer, an sie heranzukommen – und was ich in Berlin in jeder Volksversammlung im Handgelenk habe, machte mir hier die größten Mühen. Oft gelangs daneben. Und das ist nicht nur meinem Französisch zuzuschreiben – sondern eben dem »andern« – dem, was man nicht sagen kann – dem andern Geist – die Leute lachen nicht über unsere Witze, sind da nicht pathetisch, wo wir es sind – sie sind eben *anders*.

Brief an Kate Kühl vom 11. Februar 1926

Sehr verehrtes gnädiges Frollein,
Sie, als Schwester des verstorbenen Hasenclever, sind mir immer willkommen (...) ob er hierorts Kafffe bekommt, ist mehr als fraglich. Auch soll er mir das Haus nicht umfahren. Tantièmen sind mitzubringen.
  Herzlichst Ihr
    tiefgekränkter
    Tucholsky

Brief an Marita Hasenclever vom 13. April 1926

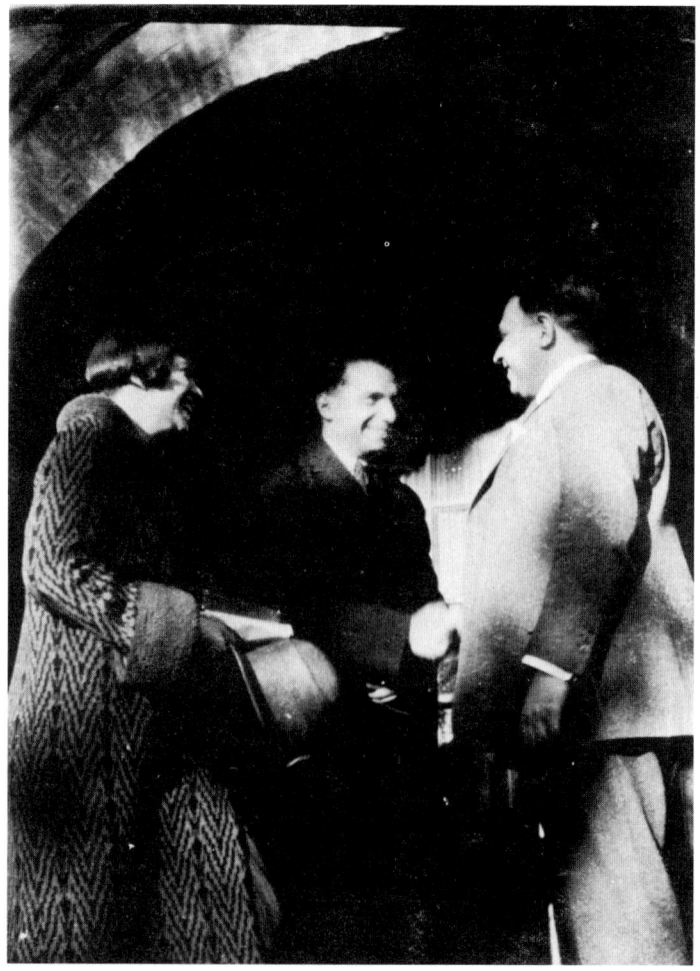

Mit Marita und Walter Hasenclever
in Le Vésinet, 1925

Das bin ich nicht

Tucholsky, 1926

Wenn die Proletarier mit vollem Recht sagen: Du bist nicht unser – du hast nicht, wie wir, als Junge geschuftet, daß du vor Müdigkeit wie ein Sack ins Bett fielst – du kennst unser Leiden aus Büchern, aber nicht aus dem Erleben –, so stimme ich mit ein. Man hat mir tausendmal vorgeworfen: »Kritik üben kann jeder – so geh doch und führe Du die Proletarier.« Ich habe stets geantwortet: Nein. Das kann ich nicht. Ich bin nicht so groß wie Lenin oder Lassalle – ich werde immer ein Fremder sein, da ist etwas, das mich trennt. –

Ich halte also den Durchschnittstypus des deutschen Intellektuellen – mich eingeschlossen – nicht für den berufenen Führer des deutschen Proletariats.

Aber warum benutzt ihr uns nicht mehr?

Warum ist es so entsetzlich schwer, selbst bei bestem Willen, auch nur die gutgemeinte Mitarbeit beiden Parteien zur Verfügung zu stellen? Wieviel Mißtrauen, wieviel Hochmut auf dem Wege! Der weiße Kragen ist wie ein Schandmal.　Brief an Bernhard Wiedehöft vom 19. April 1926

1926 schloß Tucholsky sich der im selben Jahr von Kurt Hiller gegründeten »Gruppe Revolutionärer Pazifisten« an.

In Le Vésinet, 1926

Mary Tucholsky und Walter Mehring in St. Germain, etwa 1926

Walter Mehring, mit dem Kurt Tucholsky seit der gemeinsamen Arbeit bei »Schall und Rauch« freundschaftlich verbunden war, lebte seit 1921 als Auslandskorrespondent in Paris.

Ich bin kein interessanter Unterhalter – und höre gern zu. Aber wenn pariser Spaziergänge, die wir unternehmen, für Sie auch nur ein Tausendstel Genuß bedeuten würden wie für mich – dann werden Sie sich nicht langweilen.

Brief an Maximilian Harden vom 14. April 1926

Privat.

Anliegend Antwortenstoff. Ich führe darüber kein Buch, aber ich habe den
Eindruck als ob die wenigsten der Antworten , die ich Dir schicke,ge-
druckt werden.Das überlasse ich natürlich vollkommen Dir, nur sag mir bitte,
ob ich so weiter machen soll oder nicht,denn da es die unangenehmste und
knifflichste aller Arbeiten ist, möchte ich es nicht gern umsonst tun.

Abgesehen davon,rate ich,die Antworten kürzer, witziger,und spritzige
zu machen.Es sind häufig brave kleine Artikelchen, und das ist doch nicht
der Sinn der Sache.

[handschriftliche Notizen]

Der Professor Basch ist neulich auf unsere Kritik über Chevalier ins Casino
de Paris gegangen. Jetzt weiss ich endlich, für wen ich meine Pariser
Berichte schreibe.

Mehring ist in Algier.

Hasenclever fährt nach Berlin zu seiner Premerie "Mord".

Warum habe ich eigentlich nichts im Blättchen über Zuckmayers "Weinberg"
zu lesen bekommen? Das kann ich als langer Abonnent verlangen.

[handschriftliche Notizen]

Brief an Siegfried Jacobsohn, Anfang 1926
Mit einer handschriftlichen Antwort. Jacobsohns Schrift nannte
Tucholsky ein »orientalisches Teppichmuster«.

Wenn ich mit Dir zufrieden bin, sag ichs den andern – das
ereignet sich durchschnittlich jeden zweiten Tag. Wenn ich
nicht mit Dir zufrieden bin, sag ichs Dir. Das kommt selten
vor. (…) Ich arbeite fast jeden Tag von morgens bis abends,
ich gebe mir Mühe, und man kann gewiß nicht mehr Skru-
peln und Selbsthaß haben als ich. (…) Du kennst meinen
bis zur Lebensgefährlichkeit gesteigerten Mangel an Größenwahn: aber wogegen ich mich mit aller Macht stemme,
ist die Anschauung, als sei in meinem Alter und bei meinem
rein äußerlichen Erfolg das Verhungern, Geldpumpen, die
Zahlungsschwierigkeiten – als sei alles das ein Normal-
zustand (…)   Brief an Siegfried Jacobsohn vom Mai 1926

Siegfried Jacobsohn in Sils Maria,
Sommer 1926

Mary und Ellen Tucholsky in Berlin, 1926

(...) Diese Republik ist nicht die meine.

Ich verachte die Verfassung dieser Republik nicht – ich verachte aber jene, die da glauben, dieser Lappen Papier würde irgendwo in Deutschland auch nur annähernd befolgt. In Wahrheit ist diese Verfassung weniger als eine Polizeiverordnung – sie hat den praktischen Wert einer moralischen rein abstrakt gebliebenen Vorschrift, durchdringt aber nirgends Judikatur, Verwaltung, Exekutive. Vielleicht lesen Sie einmal die Rechte der Deutschen daraufhin durch – können Sie das ohne bitteres Lächeln, wenn Sie das Leben um sich herum sehen? Brief an A. Klemich vom 13. Oktober 1926

Was wir hier schreiben, ist in der Idee teilweise reizend, aber ganz unfertig. Es ist nur, daß was da ist. Was nachher werden soll, weiß kein Mensch. Das Durcheinander ist unbeschreiblich, muß aber wohl so sein.
Brief an Mary Tucholsky vom 10. Juli 1926

Als ich im Bett lag, hat mich die Massary besucht – wir haben zwei Stunden gesprochen. Wäre nicht heute wieder alles ganz anders, so muß ich sagen, daß sie außerordentlich ist. Klug, instinktsicher, sehr pointiert, charmant, ganz natürlich – sagte ein paar prima Sachen. Ich komme ihr schwer nahe. Diese Irrsinnsatmosphäre, diese Phantasielosigkeit, sich nichts Unfertiges, das ich heiser vormache, vorstellen zu können –
Brief an Mary Tucholsky vom 12. Juli 1926

Kurz und gut: kein schlechter Abgang. Glaub ja nicht, daß ein Meckerfritze wäre – ich kenne das Metier – es ist keine gute Sache – vielleicht wird es eines Tages eine.
Brief an Mary Tucholsky vom 15. Juli 1926

Tucholsky hielt sich im Juni 1926 mehrere Wochen in der Normandie auf, wo er an Texten für eine Revue schrieb, die Max Reinhardt im Deutschen Theater aufführen wollte. Als Hauptdarstellerin sollte der Revuestar Fritzi Massary auftreten. In ihrem Hause in Garmisch schrieben Tucholsky und Alfred Polgar ihre Stücke zuende. Die Revue kam nach Monaten Arbeit trotzdem nicht zustande.

Der vierblättrige Tucholsky

Ignaz Wrobel, wie ihn sich die reaktionäre Presse vorstellt

Wie er in Wirklichkeit aussieht

Theobald Tiger mit seinem Konkubinat

Peter Panter mit seinen ersten Veröffentlichungen

»Der vierblättrige Tucholsky«
im »Stachelschwein«, Nr. 3/1926

Tucholskys Wohnhaus in Fontainebleau,
11, Rue Béranger

Im November 1926 zog Tucholsky von Le Vésinet
nach Fontainebleau um.

Es drückt mich nicht mehr so, es lastet nichts auf mir – ich
atme freier. Und nuckele oft mit dem Kopf, wo ich früher
zugeschlagen hätte – weil die Sonne scheint, weil der Wein
schmeckt, weil die Nerven nicht vom Nebenmann gestoßen
werden. Zurückgekehrt, würde ich sicherlich härter werden.
Brief an Maximilian Harden vom 14. April 1926

Das Schloß ist gar kein Schloß. Sondern nur die Wohn-
hülse (...)   Brief an Siegfried Jacobsohn vom 2. Dezember 1926

Mit Besuchern in Fontainebleau, 1926

Rundschau

Bemerkungen

K a m p f m i t t e l

"Barmat", habe ich neulich bei den Edelnationalisten gelernt, "ist das Symbol des Marxismus." Da kann man nichts machen. Nur vielleicht nachdenken, wie hier politisch gekämpft wird.

Unbequeme Oppositionelle werden bekanntlich nicht mehr gekillt, sondern "unmöglich gemacht". Man dreht das so, dass man diesen Leuten irgendwelche persönlichen Vorwürfe anhängt; sie brauchen nicht einmal ehrenrührig zu sein, es genügt schon, wenn sie in den agreifenden Kreisen so als empfunden werden. Der Republikaner auf dem Lande und in der kleinen Stadt weiss davon zu sagen.

Die Leute, die sich Republikaner nennen, verhalten sich aber nicht immer richtig dabei. Sie verteidigen sich ernsthaft. Falsch.

Man muss den Lümmeln, die mit "Gelagen", "ausschweifendem Lebenswandel", "Geschäftstüchtigkeit" politische Kämpfe führen, über das Maul fahren, dass ihnen die Lust zu solchem Tun vergeht - man darf ihnen aber unter gar keinen Umständen den Gefallen tun, auf ihre polizeilichen Führungszeugnisse einzugehen.

Ob Ludendorff seine Scheidung mit saubern Mittel durchgesetzt hat, ist für uns gleichgültig. Weder besagte das bei dem geltenden Eherecht irgend etwas gegen den Mann, noch (wir sind) legitimiert, über sein privates Leben zu urteilen. Das ist ausschliesslich seine Sache. Nur soweit er in der Oeffentlichkeit wirkt, darf er angegriffen werden. Der Rest ist Feigheit. Dieser Feigheit machen sich die andern dauernd schuldig, und mit Erfolg.

\- 2 -

Damals, als sie gegen den blitzsaubern Severing hetzten, hiess die Antwort: Er hat das nicht getan, was man ihm vorwarf. Warum steht ~~keiner auf,~~ keine Zeitung, keine Partei auf und sagt: Kusch! Solange der Mann keine amtlichen Schweinereien macht, habt Ihr den Mund zu halten! Wir denken gar nicht daran, uns zu verteidigen. Was ist denn das für eine freche Anmassung, von den Gegnern einen Heiligenschein zu verlangen? Haben die kaiserlichen Landräte den getragen? Hat Bismarck ihn gehabt? Und dieses Manko war ihr kleinstes. Darauf kommts gar nicht an.

Leider, leider wirkt so ein "Angriff", mit der Klosettbürste geführt, heute noch am meisten in den Kreisen der Angegriffenen. Nie haben die den Mut, zu sagen: „Eure Ehrbegriffe sind uns voll~~kommen gleichgültig~~ständig schnuppe. Hat unser Führer nachts kleine Mädchen empfangen? Viel ~~Spass~~ Vergnügen. Das geht euch einen Eierkuchen an."

Statt dessen halten sie Sitte und Ehrbarkeit hoch, dass es nur so knackt, ziehen den dümmsten Bonzen, wenn er nur philiströs lebt, einem genialen Unordentlichen vor und folgen also ~~brav den Andern.~~ willig den Vorschriften der andern Anstalt. O tränke doch Hermann Müller einmal einen über den Durst und über die ratio! O tanzte doch Wels einen kleinen Charleston! O bliese doch Külz das Saxophon! Aber sie sind ordentlich und brav, und über ihre private Führung ist diesseits Nachteiliges nicht bekannt. Bleibt die öffentliche.

Man schlägt den Brüdern die übel duftenden Kampfmittel ~~den Brüdern~~ nur aus der Hand, indem man sich die Nase zuhält und sich abkehrt. Und indem man weite Kreise erzieht, ebenso zu tun.

Ignaz Wrobel

»Kampfmittel«, Typoskript mit Korrekturen Tucholskys und Jacobsohns, Ende 1926

Siegfried Jacobsohn in seinem Redaktionszimmer, 1925

XXII. Jahrgang   7. Dezember 1926   Nummer 49

Siegfried Jacobsohn †

Siegfried Jacobsohn ist nicht mehr.

Eine zweiundzwanzigjährige Arbeit ist da unterbrochen, wo der Arbeiter zu ernten begann — ein schmerzloser Tod hat ihn genommen. Er ist nicht ganz sechsundvierzig Jahre alt geworden.

Was er hier aufgebaut hat, lebt; sein Verstand, sein Gefühl, sein Lachen rauschten durch diese Seiten. Dies Blatt war sein Geschöpf, sein lebendiges Geschöpf.

Ihm ganz allein verdanken wir, was er uns hinterlassen hat: Tag für Tag, Heft für Heft hat er sein Erbe errichtet, und weil es schön gewesen ist, ist es Mühe und Arbeit gewesen. Das artistische Feingefühl, mit dem er sein Theater ansah, saß ihm in den Fingerspitzen: so wie ein großer Direktor seine Schauspieler liebte er die Menschen, zog sie zu sich heran und formte aus ihnen ihr eigenes Ideal: ein unermüdlicher Menschen-Regisseur.

Wir alle, die wir unter seiner Führung gegen dieses Militär, gegen diese Richter und gegen diese Reaktion gekämpft haben, kennen seinen tiefsten Herzenswunsch: die Wahrheit zu sagen. Die Wahrheit Mozarts, die Wahrheit Schopenhauers, die Wahrheit Tolstois — inmitten einer Welt von Widersachern: die Wahrheit.

Jeder andre hat geschwiegen, wo er in den letzten Jahren sprechen ließ, viele haben Reklame blasen lassen, wo er schweigend vorüberging; er kannte in der Politik und in der Kunst keine Furcht.

Er hat uns, Mitarbeiter und Leser, zu seinem Werke bekehrt; er liebte, wie wir, Deutschland und wußte, daß dessen schlimmste Feinde nicht jenseits, sondern diesseits des Rheines wohnen.

Siegfried Jacobsohns Arbeit soll nicht umsonst gewesen sein. Organisches Leben zieht Leben an — es soll nicht untergehn.

Gib deine Waffen weiter, S. J. —!

Kurt Tucholsky

873

»Siegfried Jacobsohn †«, »Weltbühne«

Die »Weltbühne« vom 7. Dezember 1926

Am 3. Dezember 1926 starb Siegfried Jacobsohn. Tucholsky kehrte aus Fontainebleau nach Berlin zurück und übernahm die Leitung der »Weltbühne«.

– aber ich fühle deutlich, daß mir der Mann nicht ersetzlich ist. Das hat nun gar nichts mit Überschätzung zu tun –: es ist das ein rein persönliches Verhältnis gewesen, das sehr stark an Vater und Kind erinnert, und ich glorifiziere nicht nachträglich – ich merke nur mit jedem Tag, was allein seine Existenz für mich bedeutet hat.

Brief an Maximilian Harden vom 12. Juni 1927

Aber was wird das hier werden? Ich fühle mich maßlos unbehaglich. Zugegeben, daß da die Wohnungsverhältnisse und dieses ganze widerwärtige Drum und Dran, die Überbelastung viel ausmacht – aber ich fürchte doch sehr für meine Produktion (…) Ich denke, hier geht das Beste von mir in die Binsen: mir bekommt die Stadt nicht, alle meine schlechten Eigenschaften entfalten sich in ihr. (…) Ich telegrafiere, was wird – wenn, dann arbeite ich Ossietzky ein und komme rasch. Das ist ja hier fürchterlich.

Brief an Mary Tucholsky vom 12. Januar 1927

Und ich habe nicht den Mut, Nein zu sagen – alle, alle – Georg Bernhard, Morus und die es sonst gut meinen, sagen, ich sollt es tun. Und ich fühle, daß ich es nicht kann – mich langweilt es – ich bin so müde, und Berlin ist mir widrig, so widerwärtig, wie ich gar nicht sagen kann. Geb ichs jetzt aber ab, dann ist es in ein paar Wochen kaputt, daran ist kein Zweifel. Was soll ich nur tun? (…) Ich werde da in alte Sachen gedrängt, die ich längst überwunden habe – ich mag nicht mehr.

Brief an Mary Tucholsky vom 18. Januar 1927

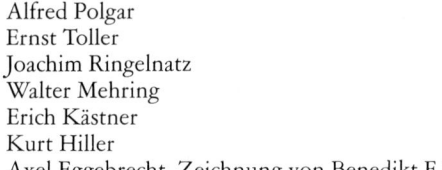

Mitarbeiter der »Weltbühne« um 1927
Alfred Polgar
Ernst Toller
Joachim Ringelnatz
Walter Mehring
Erich Kästner
Kurt Hiller
Axel Eggebrecht, Zeichnung von Benedikt F. Dolbin

Tucholsky, 1927

Mit seinen Freunden Jakopp und Karlchen in Hamburg, 14. Mai 1927

Mit den beiden Juristen Hans Fritsch und Dr. Erich Danehl verband
Tucholsky seit dem Ersten Weltkrieg eine enge Freundschaft. Links im
Bild Dr. Walter Siemens, ein befreundeter Rechtsanwalt aus Hamburg.

Die Zusammenstellung des Buches für Rowohlt ist eine
ziemlich traurige Sache. Man lebt das alles noch einmal
durch, und ich erkenne deutlich den Knax, der da anhebt,
als nach Vésinet die Reiserei anfing. Da kommt dann nicht
mehr viel. Es ist widerlich, ich komme wohl nicht mehr zur
Ruhe.
　　　　Was hälst Du von einem Titel: »5 PS«?
　　　　　　　　　　　Brief an Mary Tucholsky vom 12. Juni 1927

»5 PS« schreitet in der Kleberei munter fort. Es bekommt
Kapitelüberschriften wie: Start – Rechts ausbiegen – Links
überholen – Zollgrenze – Warten vorm Theater – Ein
Stückchen zu Fuß – Picknick – Reiselektüre und so weiter.
In diese Rubriken werden dann die Beiträge eingeordnet.
Was hälst Du davon? Ich kann bequem 720 Seiten machen,
so viel ist es. Ich suche das Beste aus.
　　　　　　　　　　　Brief an Mary Tucholsky vom 22. Juni 1927

Im Sommer 1927 hielt sich Tucholsky in Dänemark auf, in der
kleinen Ortschaft Mogenstrup-Kro per Lou, wo er den ersten
Sammelband »Mit 5 PS« zusammenstellte.

»Ein Pyrenäenbuch«,
1927

1927 erschien in dem Berliner Verlag Die Schmiede »Ein
Pyrenäenbuch«, es war dem Andenken Siegfried Jacobsohns gewidmet.

Merkwürdig, wie Bücher wirken… Nie war ich unglück-
licher, zerrissener, ungeklärter und mehr durcheinander, als
damals, als ich das »Pyrenäenbuch« schrieb. Das ist nun
wirklich »heruntergehauen«, etwas, was manche Dumm-
köpfe von »Gripsholm« behaupten, weil sie nicht wissen,
was Leichigkeit ist, und daß man nicht unbedingt schwitzen
muß, wenn man Literatur macht. Ich möchte das »Pyrenäenbuch« nicht noch einmal in derselben Verfassung machen
müssen –　　　　　　　　Brief an Marierose Fuchs vom 4. Juli 1931

Tucholsky, 1927

Wenn man so ganz still leben könnte, damit man mal in Ruhe *eine* Sache durcharbeitet, sich wirklich mit der beschäftigt und nicht immerzu schmieren müßte. Aber selbst das Schreiben wär zu ertragen, wenn nicht dieser Rumor wäre. Und nun ohne zu Hause. Und kein Geld. Hier, in der Schweigeeinöde habe ich mir vieles überlegt. Ich glaube, es ist alles falsch.

Die Tage laufen hier sehr rasch. Nun noch zehn Tage, dann ist es alle. Und ich habe gradezu Angst, unter Menschen zu gehen. Hier wars ganz schön, weil keiner da war.

Brief an Mary Tucholsky vom 27. Juni 1927

Der Aufwand, den ich so treibe–: mit Leuten, mit Post, mit Betrieb – ist völlig wahnsinnig. Es ist genau umgekehrt, wie Graetz es sagt. Ich habe immer noch aus der stillen Ecke her die Dinge so gesehen, daß die Leute gesagt haben: woher wissen Sie es? Ich weiß es gar nicht. Ich denke es mir aus.

Brief an Mary Tucholsky vom 11. Juli 1927

In Paris will ich ehrlich und richtig suchen. Aber ich mache mich nicht kaputt. Finde ich das nicht, dann müssen wir den Winter über in den Süden gehn. (…) Ich habe hier vier Wochen gebraucht, um überhaupt wieder in menschlichen Zustand zu kommen – und nun, wo ich es bin, muß ich weg. (…) Hier sehr fleißig: WB bis Ende August fertig. September wird Ferienmonat, nur 5 Arbeiten – da bekommen sie Nummern aus der Polgar-Revue –

Brief an Mary Tucholsky vom 11. Juli 1927

Am Kai in Kopenhagen, 1927

Mary Tucholsky reiste mit dem Schiff von Kopenhagen nach Riga. Nachdem das Haus in Fontainebleau aufgegeben worden war, kehrte Kurt Tucholsky nach Paris zurück und bemühte sich um eine neue Wohnung.

Tucholsky-Zeichnung von Emil Stumpp, 1927

Ausflug von Paris an die Loire, 1927

Mit Friedrich Sieburg (rechts) und Alfred Palitzsch, dem Pariser Korrespondenten für Ullstein. In der Mitte, auf einer Aufnahme verdeckt, der Sekretär Sieburgs, Bourdin.

Sieht ja fein aus auf Bilderchen und braun gebrannt und hat ja feines Kokstiem mit Augen in Bauch. Ist das ein inzwischen gezeugtes Kind, was Du da an der Hand fiehrst? Neoin, sowas Niedliches! Ganz die Papas!

Brief an Mary Tucholsky vom 15. August 1927

Mary Tucholsky in Riga, Sommer 1927

Mit Karlchen und Jakopp im Spessart, September 1927

Im Spessart, September 1927

Im September 1927 unternahm Tucholsky mit den beiden Freunden eine Wanderung durch den Spessart. Über die Reise schrieb er später in der »Vossischen Zeitung« das Feuilleton »Das Wirtshaus im Spessart«.

Schloß Mespelbrunn im Spessart

In Veitshöchheim bei Würzburg, September 1927

Tucholsky lernte die Journalistin Lisa Matthias Anfang 1927 in Berlin kennen. Durch die Bekanntschaft beeinflußt, entstand Tucholskys »Lottchen« und später ein Teil der Lydia in »Schloß Gripsholm«. In Würzburg traf Tucholsky auch mit Carl von Ossietzky zusammen, mit dem er über die Weiterführung der »Weltbühne« beriet. Vom 11. Oktober 1927 an lautete das Impressum: »Unter Mitarbeit von Kurt Tucholsky, geleitet von Carl von Ossietzky«.

Mit Lisa Matthias in Würzburg, 22. September 1927

Tucholsky in der Normandie, 1927

Wie man so etwas *diktieren* kann; wie man das in noch nicht zwei Monaten rein äußerlich bewältigt, das ist mir auch dann ein Rätsel, wenn ich nicht wüßte, wie sorgfältig Sie wahrscheinlich die Fahnen beackert haben. Davor stehe ich wie vor einem Mirakel. Es kommt also nun heraus, daß *ich* der Bößler bin; den Grischa-Artikel habe ich mit Gott dreimal umgeschrieben, und was ich mit meinen kleinen Spaßgedichten mache, das schäme ich mich, Ihnen zu schreiben. Die sauberste Lückenlosigkeit, die Akkuratesse des Handwerks, die nietenlosen Stahlfugen – wie ich das gelesen habe, daß so ein Werk in 63 Vormittagen diktiert ist, da habe ich einen mächtigen Schock bekommen. Dann steht also bei unsereinem Bemühung und Resultat in keinem richtigen Verhältnis (...)

Brief an Arnold Zweig vom 16. Dezember 1927

Der Streit um den Sergeanten Grischa
von Peter Panter

Wenn die Operettenautoren Haskel und Jablononski einen Schmarren „Anneliese von Dessau" zusammenschustern und ein fetter Tenor, ein bieriger Baß und zwei kreischende Sopran-Nutten unter Zuhilfenahme von etwas Statisterie, bengalischem Licht und einem Eßlöffel voll „Deutschland, Deutschland über alles!" dergleichen in einem Theatersaal hinter der Rampe aufbauen —: dann gehen vierunzwanzig Männer hin und machen Theaterkritik.

Ich weiß, daß das Theater ein Massenerlebnis ist, eine lebendige Sache (mit leichtem Schlaganfall) — aber ich vermag nicht einzusehen, warum es gar so wichtig sein soll, wenn Holländer, denken Sie mal, wieder die Neher verrissen hat, er hat was gegen die Neher, überhaupt das Achtuhrabendblatt... „Es wird alles," spricht der Weise, „maßlos überschätzt." Läßt Kerr die Schreibmaschine aufklappen, so reicht das weit über alles Theater hinaus, über den windigen Zank der Leute vom Bau, diese Talmiaufregungen, die schon erkaltet sind, wenn sie noch heiß serviert werden; weit über Nervenkrisen, Telephonattacken, wild gewordene Telegrammformulare... Kunst ist schon kein Selbstzweck — wie sollte Theaterkritik einer sein —!

892

»Der Streit um den Sergeanten Grischa« in der »Weltbühne« vom 13. Dezember 1927

Arnold Zweig

KURT TUCHOLSKY

(Peter Panter, Theobald Tiger, Ignaz Wrobel, Kaspar Hauser)

h a ß t :	l i e b t :
das Militär	Knut Hamsun
die Vereinsmeierei	jeden tapfern Friedens-soldaten
Rosenkohl,	schön gespißte Bleistifte
den Mann, der immer in der Bahn die Zeitung mitliest	Kampf
Lärm und Geräusch	die Haarfarbe der Frau, die er gerade liebt
„Deutschland"	Deutschland

In Paris, 1928

In Paris, 1928

In Cap Ferrat bei Nice, Februar 1928

Währenddessen scheint an der Riviera die Sonne. Sie wärmt, sie strahlt; ich trage mich in Hellgrau und Marineblau und habe nur einen Sommerbauch; wenn ich jetzt noch jenen kleinen Schnurrbart hätte, von dem alle Männer glauben, sie glichen darin Adolphe Menjou, während sie in Wahrheit aussehen wie die Verbrecher – welch mondäner Lenz! Der Frühling, der lange Lulatsch, schwebt über die begrünten Hügel, der maître d'hôtel beginnt zu knospen, das verhältnismäßig blaue Meer leuchtet, und sanft vor sich hin neppend verdämmert im Sonnenglast die leuchtende Küste der Riviera. »Riviera«, 1928

»Kulturwille«, Nr. 2/1928

Erwin Piscator auf einem Trickfoto vor der Piscator-Bühne in Berlin,
1927

Die Piscator-Bühne am Nollendorfplatz in Berlin wurde 1927 mit Ernst
Tollers Stück »Hoppla, wir leben« eröffnet.

Ich bin grundsätzlich nach wie vor gern bereit, an einer
Revue für Piscator mitzumachen, und auch das vorgeschla-
gene Kollektiv ist mir recht – mit Brecht ist durchaus zu
arbeiten, er quillt vor Ideen und behagt mir als Mitarbeiter
sehr. Aber –:

Die Zeit ist zu kurz.

Ich bin ein breiter und dicker Mann und ein sehr schlechter Improvisator – alles, was ich mir so zurechtkoche, liegt
ziemlich lange und wird sehr lange am Feuer gewendet. (…)
Dazu müßte ich mit Chansons, Entwürfen, ganzen Szenen
nach Berlin kommen, die dann im Kollektiv durchgearbeitet
werden müßten –   Brief an Felix Gasbarra vom 16. Februar 1928

Kurt Tucholsky war von Felix Gasbarra, dem Leiter des dramatur-
gischen Büros der Piscator-Bühne, zur Mitarbeit an einer politischen
Revue aufgefordert worden.

Was wollt Ihr –? Ein reines Gesinnungstheater machen?
Dann habe ich das leise Gefühl, daß der Ort nicht sehr
glücklich gewählt ist. Im Augenblick, wo sich dergleichen in
der Bötzowbrauerei begibt, ist jeder Einwand gegen die
»künstlerischen Einstellungen« Unfung: da soll gewirkt werden und fertig. (…) Schließt nun die Gesinnung jede Kritik
aus? Sie sagen selbst, natürlich: Nein. (…) Ich bin dagegen
geschützt, etwa als Kompromißler angesehen zu werden –
es ist das eine, halten zu Gnaden, künstlerische Frage. (…)
Eure Gesinnung ist die meine. Die *Mittel,* mit denen Ihr dieser Gesinnung zum Ausdruck verhelft, sind nicht immer die
meinen. Da wird gesagt, diese Mittel folgerten »zwangsläu-
fig«, wie das so schön heißt, aus der Gesinnung. Dann wäre
es mit der Gesinnung sehr trübe bestellt.

Brief an Felix Gasbarra vom 14. März 1928

Der Brief ist Tucholskys abschließendes Wort zu einem langen
Kritikerstreit in der »Weltbühne« über die Praxis und die Möglichkeiten des Piscators-Theaters.

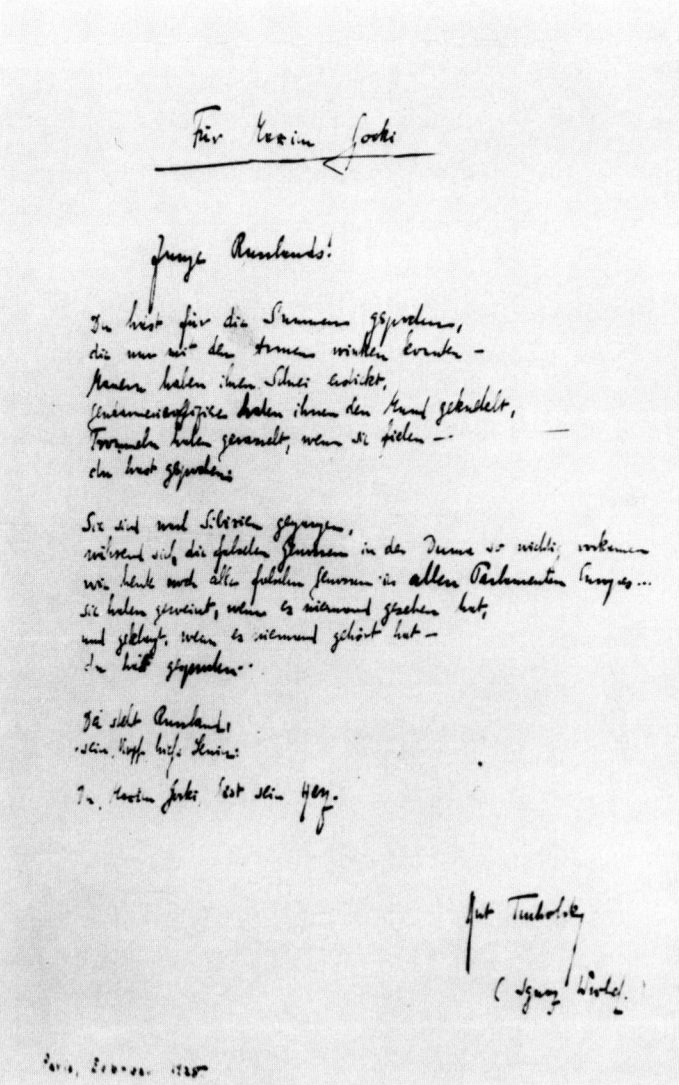

Manuskript des Gedichts »Für Maxim Gorki«

Maxim Gorki

Für Maxim Gorki

Zunge Rußlands!
Du hast für die Stummen gesprochen,
die nur mit den Armen winken konnten –
Mauern haben ihren Schrei erstickt,
Gendarmerieoffiziere haben ihnen den Mund geknebelt.
Trommeln haben gerasselt, wenn sie fielen –
du hast gesprochen.

Sie sind nach Sibirien gegangen,
während sich die falschen Genossen in der Duma so wichtig
vorkamen
wie heute noch alle falschen Genossen in allen Parlamenten
Europas…
sie haben geweint, wenn es niemand gesehen hat,
und geklagt, wenn es niemand gehört hat –
du hast gesprochen.

Da steht Rußland,
sein Kopf hieß Lenin.

Du, Maxim Gorki, bist sein Herz.

Kurt Tucholsky
(Ignaz Wrobel.)

Paris, Februar 1928

Tucholsky in Paris, 1928

Die Aufnahmen von Kurt Tucholsky
waren in der »Neuen Bücherschau« abgebildet.

Hier bricht nun langsam der Frühling ins Land hinein, beinah wäre ich nochmal in die Provence gemacht, aber es wird
wohl nichts werden, weil ich so viel klappern muß. Warum
kommen Sie *nie* nach Paris–? Wenn Sie keine romantischen
Ambitionen haben (Sie sind ja viel romantischer als der
ganze Laden), dann könnte es sehr heiter werden. Wenn
man nichts von der Stadt erwartet, was der Berliner immer
hier haben will und was sie nun mal nicht hat, dann ist sie
sehr entzückend.   Brief an Kate Kühl vom 2. März 1928

Ich hörte zufällig, daß Poincaré die Absicht habe, sich mit
deutschen Journalisten zu unterhalten. Es gibt zwar keine
offiziellen Interviews, aber das ist ja nur eine Frage der
Geschicklichkeit. (…) Wir waren also bei Poincaré, haben
mit ihm eine Stunde gesprochen und werden höchstwahr-
scheinlich entsprechend loslegen.

Brief an Emil Ludwig vom 5. Mai 1928

Tucholsky interviewte den französischen Ministerpräsidenten
Raymond Poincaré zusammen mit Leo Stahl, einem Korrespondenten
der »Vossischen Zeitung«.

In Paris, Mai 1928

In Tours, Mai 1928

Glatt ist dein Gesicht, sauber gewaschen und frottiert.
Zeit ist darüber hingespült.
Dein Gesicht, den Schuttplatz deiner Gefühle, hast du
zusammengelacht,   zusammengelogen,
geküßt, geschwiegen, gelitten, geseufzt: zusammengelebt –
(...)
Was in den letzten Jahren alles gewesen ist,
nichts davon ist dir anzusehen.
Alles ist dir anzusehen.
(...)
So, mit dem aufgestützten Arm, ergäbe das eine gute
Fotografie für die illustrierten Blätter:
ernst blickt der Dichter den Abonnenten an,
Ehrfurcht erheischend und einen zerstreuten Blick lang
                                  auch zugebilligt; unnahbar, sehr sicher,
wie aus gefrorenem Schmalz gehauen – ein fertiges Ding.
(...)
Aber auf einmal
ist die glatte Sicherheit deines gebügelten Rockes dahin;
die Angst ist da.
(...)
In das Weiße der Augen steigt langsam Rot auf –
welch ein Mitleid hast du mit dir!
Du betest dich hassend an.
(...)
Ich gehe vom Spiegel fort.
Der andre auch –
Es ist kein Gespräch gewesen.
Die Augen blicken ins Leere,
mit dem Spiegelblick –
ohne den andern im Spiegel.

Allein.

»Der Mann am Spiegel«, 1928

Mit Freunden aus der Rheinsberger Zeit, Berlin 1928

– und das Fazit ist also, daß mir gar nichts fehlt. Es ist wohl nur maßlose Übermüdung. (…) – man kriegt allerlei Bäder und nichts zu fressen und kalte Duschen und muß früh aufstehen und kriegt eine Höhensonne hingemacht, in der man aussieht, wie eine gepuderte Leiche … soweit ist alles in Ordnung. (…) Hat einen seelischen Bandwurm – muß ihn erst rausmachen.   Brief an Mary Tucholsky vom 13. Juni 1928

Abgenommen mußte werden – es hat sehr gut getan, und in der nächsten Woche kriege ich noch eine Spritze und nehme dann noch ab, was ich inzwischen wieder zugenommen habe. Es hat im ganzen gut getan – ich weiß nur nicht mehr, wie schriftstellern ist. (…) Weiß nichts mehr. Hat Manneskrise, weiß ziemlich genau, was ihm fehlt – es ist sehr übel, weil kein Geld hat, um zu schweigen und immer zu schweigen. Ist weit weg von allem, und niemand kann ihm helfen.   Brief an Mary Tucholsky vom 8. Juli 1928

Dresden, Bad Weißer Hirsch, Sanatorium, etwa 1928

Im Juni 1928 suchte Tucholsky in Dresden ein Sanatorium auf, in dem er sich mehrere Wochen aufhielt. Von dort reiste er über Hamburg nach Schweden.

Typoskript »Wo kommen die Löcher im Käse her –?«
mit Korrekturen Tucholskys

Für die »Voss« habe ich eine Sache gemacht, von der rede ich mir ein, sie müsse das ganz große Glück sein (»Wo kommen die Löcher im Käse her –?«) Ich kann mich aber irren.

Brief an Mary Tucholsky vom 8. August 1928

Mit Walter Siemens und Jakopp in Hamburg, 31. Juli 1928

Es ist heiß in Hamburg. Aber weil hier die Sonne nur auf Abzahlung scheint und immer ein frischer Wind von der See her weht, ist es doch nicht zu heiß. Jakopp stöhnt vor Hitze.

Jakopp ist mir seit alters befreundet; Etappe an Etappe haben wir die große Zeit durchgestanden, und nun ist er irgend etwas Hervorragendes im hamburger Wasserwerk. Wenn es heiß ist, tut er so, als müsse er selber das Wasser für die ganze Stadt aus dem Boden pumpen –

»Es ist heiß in Hamburg«, 1928

-3-

-"Was streitet ihr euch da denn rum?" - Hermann behauptet, die Löcher im Käse kommen von dem Käse der Feuchtigkeit her; sein Junge wollts wissen, aber der Vater ist nicht klüger als der Junge." - "Wie kannst du sowas sowas sagen! Wenn du sagst, dass die Löcher von dem Kasein..." Kinder, habt ihr Sorgen! Uhm Ahmt, Margot! Was hast du denn, hast du geweint? - "Ach, nichts. Ich bin nur 'n bisschen nervös - hör gar nicht hin, der Junge schreit da hinten, er kann nicht einschlafen!" - Onkel Adolf: "Dem liegt der falsch erklärte Käse im Magen!" - Papa: "Nu bitt ich dich um alles in der Welt; Oskar - du hast doch studiert und bist Rechtsanwalt: haben die Löcher im Käse irgend etwas mit Kasein zu tun?" - Oskar: "Nein. Die Käse im Löcher... ich wollte sagen: die Löcher im Käse rühren daher... also die kommen daher, dass sich der Käse durch die Wärme bei der Gärung zu schnell ausdehnt!" - Hohngelächer der plötzlich verbundeten riesigen Helden Papa und Onkel Adolf. "Haha! Hahaha! Na, das ist eine ulkige Erklärung! Der Käse dehnt sich aus! Hast du das gehört? Haha...!"

Eintritt Eintritt Onkel Siegismund, Tante Jenny, Dr. Guggenheimer und Direktor Flackeland. Grosses "Guten Abend! Guten Abend! Guten Abend! - -" Wie gehts? Kein "Keine Keine Spur... unterhalten uns grade... riesig komisch... hast du geweint?... bitte doch Platz!...ausgerechnet Käse Löcher im Käse! na sag du mal!.. Kinder, seid mal still...!... es wird gleichgegessen... also bitte dann erklär du-!"

Onkel Siegismund: "Also - die Löcher im Käse kommen daher, dass sich der Käse bei Gärung vor Kälte zusammenzieht!" Anschwellendes Rhabarber des Volkes, Rumor, dann grosser Ausbruch mit voll besetztem Orchester: "Haha! Vor Kälte! Hast Du schon mal kalten Käse gegessen! Nee, wissen Sie, da muss ich aber auch sagen... Gut, dass Sie keinen Käse machen, Herr Apolant! Vor Kälte! Hähä!" - Siegismund beleidigt in die Ecke.

Dr. Guggenheimer: "Bevor man diese Frage entscheiden kann, müssen Sie mir erst mal sagen, um welchen Käse es sich überhaupt handelt. Das kommt nämlich auf den Käse an!" - Mama: "Um Emmenthaler! Wir haben ihn gestern gekauft, Martha, ich kauf jetzt immer bei Danzel, mit Mischewski bin ich nicht mehr zufrieden, er hat uns neulich Rosin Rosinen nach oben geschickt, die waren ganz..." Dr. Guggenheimer: "Also, wenn es Emmenthaler ist, dann ist die Sache furchtbar einfach. Emmenthaler hat Löcher, weil er ein Hartkäse ist. Alle Hartkäse haben Löcher."

-4-

Der altgriechische griechische Chor: "Das ist keine Erklärung! Das ist keine Erklärung!" Oskar: "Das heisst die Behauptung in die Voraussetzung gesetzt! Das ist ja grade das Beweisthema! Also bitte!"

Direktor Flackeland: "Meine Herren, da muss wohl wieder mein Mann der praktischen Lebens kommen - die Herren sind ja grösstenteils Akademiker..." Niemand widerspricht. "Also... die Löcher im Käse sind Zerfallsprodukte beim Gärungsprozess. Der Käse zerfällt, eben... weil die Käse..." Alle Daumen sind gewissermassen nach unten gerichtet, der Volk steht auf, der Sturm bricht los. "Pö! Das weiss ich auch! Mit chemischen Formeln ist die Sache nicht erklärt! Das kann man doch keinem Kind sagen - Zerfallsprodukte - ist ja einfach lächerlich!..." Eine hohe Stimme: "Habt ihr denn kein Lexikon-?" Sturm auf die Bibliothek. Heyse, Schiller, Goethe, Boelsche, Thomas Mann, ein altes Poesiealbum - wo ist denn... richtig.

GROSSKALK bis KRETIER

Kanzel, Kapital, Kapitalertragsteuer, Karbatsche, Karbatsche, Karwoche - Käse-! -"lass mich mal! Geh mal weg! Pardon! Also:

Die bei talsige Beschaffenheit mancher Käsesorten rührt her von einer Kohlensäureentwicklung aus dem Zucker der eingeschlossenen Molke." Alle, unisono: "Hast es. Was ich gesagt Was hab ich gesagt-?" - "eingeschlossenen Molke und ist... und ist... wo geht denn das weiter? Margot, hast Du hier eine Seite aus dem Lexikon rausgeschnitten? Wer hat denn...? Na, das ist doch unerhört - ich hab doch - wer war hier am Bücherschrank? Sind die Mädchen...? Warum schliesst du den Bücherschrank nicht ab? - Warum schliesst du den Bücherschrank nicht ab, ist gut - hundertmal hab ich dir gesagt, schliess ihn ab -" "Nu lasst doch mal: also wie war das? Ihr Erklärung war falsch. Meine Erklärung war richtig. " - "Sie haben gesagt, der Käse kühlt sich ab!" - "Sie haben gesagt, der Käse kühlt sich ab - ich hab gesagt, dass sich der Käse erhitzt!" - "Na also, dann haben Sie doch nichts von der kohlensauern Zuckermolke gesagt, wie da drin steht!" - "Was du gesagt hast, war überhaupt Blödsinn!" - "Was verstehst du von Käse? Du kannst ihn nicht mal Volles Ziegenkäse von einem alten Holländer unterscheiden!" - "Ich hab vielleicht mehr alten Holländer in meinem Leben gegessen als Du!" - "Spuck nicht, wenn du mit mir redest sprichst! Nun sprechen alle mit einem Mal.

-5-

-"...saurige Beschaffenheit der Muckergolke... betrag dich gefälligst anständig, wenn du bei mir zu Gast bist...! ...mir überhaupt keine Vorschriften machen... bei Schweizer Käse-ja! bei Emmenthaler Käse- nein!...du bist hier nicht bei dir zu Hause, hier sind anständige Leute!... Wo denn?... Das nimmst du zurück! das nimmst du sofort zurück! Ich lasse nicht in meinem Hause meine Gäste beleidigen ich lasse in meinem Hause meine Gäste nicht beleidigen! ...Du gehst mir sofort aus dem Haus! .. Ich bin froh, dass ich wieder raus bin - Deinen Frass brauche ich nicht!... Du betrittst mir nicht mehr meine Schwelle!... Meine Herren, aber das ist doch...! Sie halten überhaupt den Mund - Sie gehören nicht zur Familie...! ... einer kein gebildeten Kenntnisse hat, dann soll er schweigen, denn soll er... na, sowas hab ich noch nicht gefrühstückt!... in eine feine Familie bin ich da gekommen, wie mir scheint... Nu hören Sie doch mal zu: wir haben im Kriege einen Käse... Das war keine Versöhnung! Es ist mir ganz egal, und wenn du platzt: ihr habt uns betrogen, und wenn ich mal sterbe, betrittst du nicht mein Haus! Erbschleicher! Hast du das...! und ich sage es ganz laut, damit es alle hören: Erbschleicher! So. Und nu geh hin und verklag mich!...Lümmel! Ein ganz grü fauler Lümmel, kein Wunder bei dem Papa!... und deine? wer ist denn deine? wo hast du denn deine Frau her? ...Raus! Lümmel! Wo ist mein Hut? In so einem Hause muss ja man ja auf seine Sachen aufpassen... das wird noch juristische Weiterungen haben... Lümmel!... Sie mir auch-!"

Emma, aus Gumbinnen; "Gnädige Frau, es ist angerichtet..."

///

Vier Privatbeleidigungsklagen. Zwei umgestossene Testamente. Ein aufgelöster Sociusvertrag. Drei gekündigte Hypotheken. Drei Klagen um bewegliche Vermögensobjekte: ein gemeinsames Theaterabonnement, einen Schaukelstuhl, ein elektrisch heizbares Bidet. Eine Räumungsklage des Wirts.

Auf dem Schauplatz bleibt zurück ein trauriger Emmenthaler und Peter Panter, ein kleiner Junge, der die dicken Arme zum Himmel hebt und, den Kosmos anklagend, schreit:

"Wo her kommen die Löcher im Käse her-?"

Tucholsky in Schweden, etwa 1928

In Kivik, einer kleinen Küstenstadt im Süden Schwedens, stellte Tucholsky in den Sommermonaten 1928 den zweiten Sammelband »Das Lächeln der Mona Lisa« zusammen.

»Mit 5 PS«, 1928

Seinen ersten Sammelband widmete Tucholsky Jakob Wassermann.

Gefehlt hat mir nichts, aber ich wollte mich einmal gründlich ausruhen. Es hat wundervoll gewirkt, und jetzt arbeite ich hier wie ein kleiner Wasserbüffel. Hier ist sozusagen gar nichts: zehn Badegäste und ein paar Holzhäuschen und See und Busch und Himmel. Aus. Ich will hier bis zum September arbeiten, und dann: Paris.

Brief an Max Brod vom 26. Juli 1928

Wird sich schon wieder aufkugeln – bleibt auf alle Fälle noch bis zum Ende des Monats hier, wenn es irgend aushält. An sich ist ja das alles programmäßig – die ganze große Reaktion, und daß es alles aus ist und so – aber es ist nicht so furchtbar heiter. (…) Es kommen so viel Aufträge, wie kein gescheiter Mensch zusammen schreiben kann. Ich nehme sie aber nicht alle an.

Hier ist schön Wetter, manchmal regnet es. Hier ist See. Hier ist es fast ganz still – mit ganz, aber ganz wenigen Geräuschen, unberufen. Kein Hund. Unberufen. *Viel* stiller als in Dänemark. Da bin ich auch erst nach vier Wochen hopphé gewesen, und vorher blue. Nu –

Brief an Mary Tucholsky vom 9. August 1928

Ich erhole mir, wenn ich nicht Depression spiele. Dann liege ich auf Soffa. Ich esse Phosphor, wie das Gesetz es befahl. Ich habe eine Zäste. Züste, Spaste, ich weiß nicht, wie das heißt. Im Mund habe ich die. Manchmal kräht ein Hund. (…) Das Buch wird nun bloß eine Klebearbeit, und ich widme sie Courtelinen.

Brief an Mary Tucholsky vom 16. August 1928

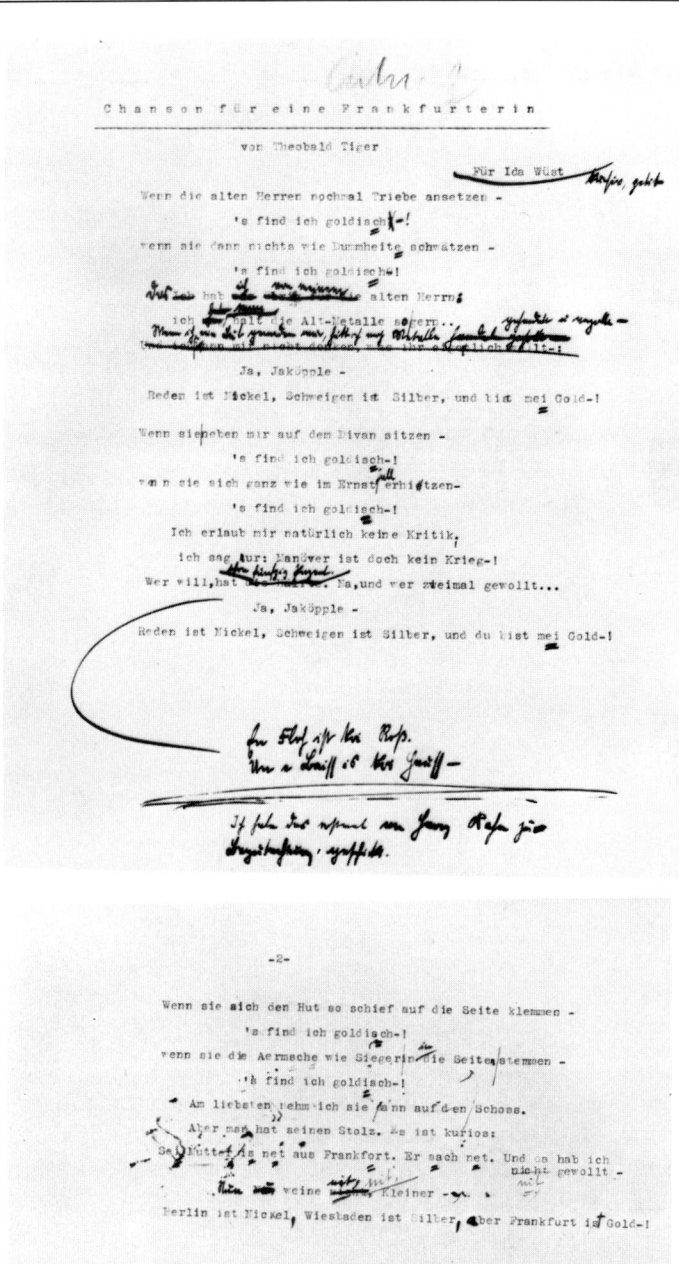

Typoskript »Chanson für eine Frankfurterin« mit Korrekturen Tucholskys

Die Hesterberg will was haben, und mich interessiert die *süße* alte Ida Wüst (eine frühere Frau von Bruno Kastner). Sie ist ganz alt und dick und himmlisch liebenswürdig und aus Frankfurt. Der möchte ich gern ein Couplet über die Männer machen, wie die wirklich sind.

Brief an Mary Tucholsky vom 16. August 1928

Mit Lisa Matthias in Hamburg, 4. September 1928

Na, es ist eben doch nicht sehr heiter – es ist ja kein Ver-
sagen, das weiß ich schon – aber ich pendele so, und jünger
werde ich auch nicht, und es ist nicht das Rechte mit mir.
Daß ich formal was kann, weiß ich: aber es sind scheußliche
Jahre – vielleicht wird das in den Vierzigern wieder besser.
Brief an Mary Tucholsky vom 16. August 1928

In Gremsmühlen, Herbst 1928

In Schloß Eutin, Herbst 1928

Das Buch ist ziemlich fertig geklebt, es fehlt nur das Einleitungsgedicht; es bekommt den schönsten Umschlag der Welt, Rowohlt hat ihm schon. Das wird wohl das Beste daran werden, denke ich. (…) Jetzt ist der Klabund auch tot – 38 Jahre – Tuberkulose –, es wird ein bißchen viel gestorben, finde ich. Ich bin sehr alt geworden, in diesem Jahr, und es ist eine böse Krise. Hätte ich meine Routine nicht, sähe das böse aus. In Wahrheit ist gar nichts mehr in mir drin, und ich will in ein Kloster und meine Ruhe. Hm.

Sonst weiß nichts als daß noch mit Kallchen wegmacht oder zu Jakopp vor der Hochzeit fährt und dann nach Berlin macht und am 27. in Köln über Frankreich redet, weiß aber noch nicht, was. Brief an Mary Tucholsky vom 20. August 1928

Im Hof des Klosters Lüne, Herbst 1928

Tucholsky-Zeichnung von Benedikt F. Dolbin, 1928

Herrn Tucholski
z.Z. Köln am Rhein

Man hat etwas gegen Sie vor.Nach Ihrem heutigen Vortrag will eine Gesellschaft mit einem Aufgebot von wenigstens 50 Mann Sie so zwischen nehmen,dass Sie nicht mehr heil und mit guten Knochen von Köln fortkommen.Sichern Sie sich rechtzeitig durch polizeilichen Schutz.Eventuell soll es auch zur Störung Ihres Vortrages kommen.

Für die gerechte Sache.

d.A.

Anonymes Schreiben mit einem aufgeklebten Zeitungsfoto,
Ende September 1928

Ende September 1928 hielt Kurt Tucholsky Vorträge über Frankreich
in Düsseldorf und Köln.

Es gibt gewisse Gedichte und Aufsätze, die ich niemals
öffentlich lese, weil ich mir nicht zutraue, sie wirkungsvoll
zu lesen; andere, weil sie für das Auge und nicht für ds Ohr
geschrieben sind. In keinem Fall aber habe ich jemals Rücksicht auf das Publikum genommen, nie sind politische
Schärfen irgendwelcher Art von mir bei den Vorlesungen
unterschlagen worden.   An »Die Linkskurve«, Februar 1930

Mit Toller und Klever und Marquita war ich zusammen –
er ist lustig und nett wie immer. Sein neues Stück gefällt mir
bedingungsweise und teilweise. Der Titel, den Toller gemacht hat, ist gut: »Ehen werden im Himmel geschlossen«.
          Brief an Mary Tucholsky vom 18. September 1928

Walter Hasenclever und Ernst Toller

»Sozialdemokratische Ehrentafel« in der »Arbeiter-Illustrierten Zeitung«, Nr. 20/1928

Tucholsky schrieb ab 1928 für das kommunistische Massenblatt »A.I.Z.«

„Sie hieß Marie wie alle"
Roman von Pierre Humbourg

Deutsche Rechte bei Th. Knaur Nachf. Verlag, Berlin W 50

7. Fortsetzung.

Und Jouve kehrte achselzuckend in das Steuerhaus zurück.

„Der Kerl hat keine Ahnung!"

„Wie meinen Sie, Kapitän?" fragte Faure.

„Ich sage, sie können meinetwegen alle untergehen. Eh!"

Plötzlich trat eine kurze Windstille ein. Der Regen schien weniger dicht, der Seegang ruhiger. Das dauerte zwei bis drei Minuten, dann wurde die „Tlemcen" von neuem geschüttelt und gerüttelt, noch heftiger als zuvor.

Trotzdem hatten sie alle Vertrauen zu ihrem Schiff. Es hatte die ersten Stunden bemerkenswert gut überdauert und hielt den Angriffen des Wetters stand, ohne Besorgnis zu erregen. Man hörte die schweren, raschen Stöße der Maschine, deren Kolben sich regelmäßig drehten, und das Schiff steuerte gut. Aber es kam nicht vorwärts, schien nur zwischen je zwei Ruhepausen einen hastigen Satz auf der Stelle zu tun.

Die Jolle, die man zu stützen versucht hatte, baumelte nun an einer einzigen Talje wie eine riesenhafte Berlocke. Sie drehte sich und schwankte hin und her wie ein Pendel und bollerte heftig gegen das Geländer des unteren Decks. Bei jedem Stoß knirschte und seufzte der rostige Block. Dann verschluckte eine wuchtigere Sturzwelle die ganze Jolle, die in einem schäumenden Strudel verschwand.

„Sehr gefährlich", wiederholte Faure.

„Schert mich den Teufel!" lautete die Antwort Jouves.

Die Stunden verstrichen, die Nacht kam. Auf der Kommandobrücke standen nun ein Dutzend Menschen: Jouve, Bayard, Faure, Bessac, Mevel, Armand, Piétri, Magnin und andere Matrosen. Und wer einmal heraufgestiegen war, wagte nicht mehr, hinunterzugehen. Keiner hatte den Mut, die Backbordleiter zu betreten, um ins Logis zu gehen; dort brandete ohne Unterlaß das wütende Meer, und in der Dunkelheit konnte man sich schwer zurechtfinden.

„Bessac," sagte Jouve, „sehen Sie nach, ob die Feuer weiterrücken."

Bessac, in einen neuen, wasserdichten Mantel gehüllt, war glücklich, daß er Gelegenheit fand, sich in diesem Sturme nützlich zu machen.

Er öffnete die Tür des Steuerhauses in dem Augenblick, da eine mächtige Woge über das Deck brandete; das Wasser überflutete die Gesichter der Männer und verschwand durch die durchbrochene Füllung der Treppe.

Bessac beugte sich über Backbord; matt schimmerte das rote Feuer, geschützt von der triefenden Linse. Er brauchte eine volle Minute, um an Steuerbord zu gelangen. Immer wieder warf er gegen das Steuerhaus gepreßt — so daß seine Kameraden, die im Innern waren, zu fürchten begannen —, dann jählings an zu betreten, um Kompaß geschleudert, dessen Pendelachse ihn in die Seite boxte. Aber er fühlte nichts. Er hatte den Eindruck, unter Wasser zu gehen, keine Sekunde lang über den Wellen zu sein.

Als er nach Steuerbord kam, stieß eine Welle seinen Kopf an die Schanzkleid, und er empfing einen wuchtigen Schlag gegen die Schläfe. Einen Augenblick lang war er betäubt, dann brachte ihn das Wasser, das sein Gesicht überspülte, rasch wieder zum Bewußtsein.

Sein schöner, neuer Waterproof klebte an seinen Gliedern.

Wenn Irene ihn sähe! dachte er, an seiner geschwollenen Lippe nagend.

Aber er dachte, sie würde stolz sein auf seinen Heldenmut und um sein Leben zittern.

Er kehrte zu Jouve zurück:

„Es macht sich, Kapitän."

Niemand dachte ans Essen. Man wartete.

Die Nacht war finster. Man sah das Meer außersten in großen dunklen Massen, die mit einem unbeschreiblichen Getöse wieder ineinanderstürzten.

Mevel hatte das Steuer Magnin übergeben, Magnin dem Piétri. Man rechnete nicht mehr nach den Stunden der Wache. Wenn sie fühlten, daß der Steuermann der unbesiegliche Mattigkeit packte, drängten sie in der Reihe nach beiseite, übernahmen schreiend den Kurs und fuhren fort, den Blick auf die Windrose geheftet, die „Tlemcen" geradewegs an den Golf von Marseille zuzusteuern. Im übrigen benahm sich das Schiff sich immer noch vortrefflich. Es schüttelte sich ohne allzu viele Mühe hindurch zurecht, und diese Decks schienen der einzig feste Fleck in dieser Sintflut.

Dicht in der Nähe lagen zweifellos noch andere Schiffe, geschüttelt, gerüttelt, und manche befanden sich sogar, wie die „Tanganjaki", in einer verzweifelten Lage. Doch daran dachten die Leute nicht; für sie gab es nur die „Tlemcen". Sie hatten nur die eigene Haut zu retten, ihre Wünsche zu vollenden, damit Bessac beiraten, Bayard seine Frau wiedersehen, Jouve in sein Hotelzimmer in Vichy zurückkehren könne . . . Alles andere kam nicht in Betracht. Das Leben stieß sie auf den Weg der notwendigen Taten, unbekümmert um Gefahren oder Müdigkeit.

Durchgerüttelt, betäubt von dem Lärm und der schlafraubenden Mühe, versuchte Mevel, seine vertrauten Gespenster in Bewegung zu setzen: Toussaint und Marie. Ihre Bilder tanzten auf der Leinwand mit überreichen Vorstellungskraft. Der Sturm trübte in seiner Seele jene Gedanken, die ihm bis zu dieser Stunde vorwärtsgetrieben hatten. Er sah Marie an seinem Arm aus der kleinen Kirche von Saint-Jean schreiten, sie ganz weiß, er in einem neuen Anzug; er ließ sich die Stimmung des Gottesdienstes zurück, jene harrend friedliche Stille, die Bewegung des Weihrauchfasses, das im Halbdunkel hin und her schwankte wie nun vor seinen

Augen die Lampe des Steuerhauses. Dieses Bild, wie ein Traum aus der Kindheit, zauberte ein Lächeln auf seine Lippen, längst aber waren all seine Wünsche vorausgeeilt. Er liebte diese Stunde, die sie beide mit einer neuen Seele und einem jungen Herzen zusammengeführt hatte; sie war ihm vonnöten in den wirren Minuten, die er durchlebte.

Ein Schlingerstoß schleuderte ihn gegen Piétri, die feuchte Berührung mit diesem stämmigen Manne erinnerte ihn wieder an Toussaint. Er konnte dem dunklen Kreis seiner Sorgen nicht entrinnen. Unerträglich war ihm das alles, was in dieser heißen, aus menschlichem Atem und dem drückenden Salzgeruch der wächsernen Leinwand gemischten Atmosphäre ihn reizte. Er stieß seine feuchte Stirn gegen die eisigkalte Scheibe. Er sah, wie das Wasser, getrieben von einer Riesenhand, sich aufbäumte, den Außenkompaß überspülte und gleich einem Zelttuch niederfiel. Und von neuem fesselte ihn das phantastische Schauspiel.

„Wir kommen aus der Sache nicht heraus", erklärte Jouve. „Wenn wir um sechs Uhr morgens in Marseille sind, zahle ich, was ihr wollt!"

„Hat niemand die Feuer von Cette gesehen?" fuhr er gewohnheitsmäßig fort.

Alle gingen sie an Backbord und starrten in die Nacht hinaus. Das Wasser, das gegen die Bullaugen prallte, vereitelte jede Bemühung. Man sah keine drei Kabellängen weit.

Die Männer schwiegen, betäubt von diesem monotonen Schauspiel tobender Elemente, das sie mit ansehen mußten, gezwungen durch ihren Beruf wie die Logenschließer im Theater. Ihre Kehlen waren trocken, und in Jouves Bart setzten weiße Salzkrusten sich fest.

Hinter ihrem Rücken leuchtete mit mattem Schimmer die Lampe, die im Kartenhaus weiterbrannte. Die Kompaßrose bildete einen hellen Fleck in der Höhe ihrer Hände.

Plötzlich erlosch das Licht. Stolpernd, stoßend eilten sie alle in der Dunkelheit an das Sprachrohr zum Maschinenraum. Flüche schollen durch die Nacht.

„Steuerbord!" befahl Jouve aufs Geratewohl, um der Küste auszuweichen. Dann telephonierte er an Suquet:

„Das Licht . . . Man sieht nichts mehr." Er brüllte, um den höllischen Lärm des Sturmes und Wassers zu übertönen.

„Eine Störung, Kapitän," erwiderte die ruhigere Stimme Suquets im regelmäßigen Keuchen der Maschinen.

Eine Minute lang blieben sie in völliger Nacht verloren. Sie hatten versucht, die Hilfslampen und Kerzen anzuzünden, aber die feuchten Zündhölzer wollten nicht brennen oder verloschen sogleich. Ihre Stimmen bekamen in der Dunkelheit einen seltsamen Klang; sie schrien, riefen einander beim Namen, glaubten sich unendlich weit voneinander entfernt, während sie einander fast berühren konnten.

Faure gelang es, sein Feuerzeug in Gang zu bringen. Er beugte sich über den Kompaß. Sie steuerten jetzt nach Süden.

„Sollen wir nicht den Kurs berichtigen, Kapitän?"

„Ja!" schrie Jouve. „Berichtigen Sie ihn!"

Bayard übernahm das Steuer und begann das Rad zu drehen, während Faure am Kompaß den Kurs überwachte.

„Immer noch Süden!"

„Wie?" fragte Jouve. „Kurs nach Osten, ja, nach Osten."

Das Schiff gehorchte nicht mehr, weder an Backbord noch an Steuerbord. Die Ruderpinne war festgerammt. Wohl drehte sich das Rad, aber das Steuer blieb unbeweglich.

Man sah noch immer nichts außer dem Gesicht Faures, das von der flackernden Flamme seines langsam erlöschenden Feuerzeuges beleuchtet wurde. Plötzlich flammte eine Lampe auf und erlosch dann wieder. Faures Feuerzeug brannte nicht mehr.

Jouve hob den Hörer ab:

„Suquet," rief er, „die Ruderpinne ist festgerammt; sehen Sie doch den Turbinenmotor nach!"

„Geschieht schon, Kapitän."

Jouve griff aufs Geratewohl nach dem Motorgestänge und stellte den Handgriff vertikal. Die Maschinen stoppten, und die „Tlemcen" ohne Fahrt wurde schändlich von den Wellen geschüttelt.

„Blödsinn, stehenzubleiben," konstatierte Jouve; „besser, nach Süden zu fahren."

Er setzte das Schiff wieder in Gang, die Helligkeit kehrte zurück.

„Immer noch Süden?"

„Zwei Strich Südost," erwiderte Piétri. „Wir steuern zwei Strich Südost, Kapitän."

„Es macht sich!"

Durch die Bullaugen betrachteten sie die baumelnden Decklaternen auf dem Hinterschiff.

„Wir wollen nachsehen", sagte Jouve zu Bessac. „Mevel, folgen Sie uns!"

Die ganze Mannschaft war in der viel zu engen Steuerkajüte und im Kartenhaus versammelt. Sie waren steif und ermattet, ein seltsames Unbehagen lastete auf ihren Schläfen.

Die drei Männer schritten auf das meerumspülte Spardeck hinaus.

Sprungweise rückten sie von einer Jolle zum Eingang in den Maschinenraum vor; ein Wellenstoß schleuderte sie alle drei gegen das Häuschen des Telegraphisten.

Mouton glaubte, man komme ihn holen, und brummte:

„Was ist los?"

(Fortsetzung folgt.)

10

Start.
Von Theobald Tiger.

Du wirst mal Kanzleisekretär —
mä –! bä –!
Vorne hängt dir ein Bauch von Schmeer,
und Briefmarken sammelst du nebenher,
und du liebst die Autorität und das Heer —
Na, nu weine man nicht!
Na, nu weine man nicht!
In der Röhre stehn Klöße,
du siehst sie bloß nicht! –

Du wirst mal Geschäftsprinzipal —
mä –! bä –!
Unterrum dick und obenrum kahl,
mit dem Maulwerk egalweg sozial,
und im Herzen natürlich deutsch-national —
Na, nu weine man nicht –!

Du wirst mal Landgerichtspräsident!
Kille-kille!
Einer, der die Gesetzbücher kennt,
einer, der in den Sitzungen pennt,
und die Fresse zerhackt wie ein Corpsstudent –
kille . . . kille . . . kille . . . !

Du wirst mal eine große Hu –
hopla-hopp!
Du liebst, wenn er zahlt. Und lächelst dazu.
Und gehts mal schief, verlier nicht die Ruh.
Du hast ja Geld – dir treiben sie deine
Sorgen ab im Nu . . .
hopla-hopp!

Du wirst man Gewerkschaftssekretär –
na, nu weine man nicht – !
Zunächst gehst du klein und bescheiden einher;
doch hast du erst den feinen Verkehr,
dann kennst du deine Genossen nicht mehr —
in der Röhre stehn Klöße,
du siehst sie bloß nicht –!

Su – su —
Na, und du —?

Du, mein Junge, sollst mal auf Erden
ein anständiger Proletarier werden,
der ein Herz hat für seiner Klasse Beschwerden –!
Ein ganzer Mann.
Feste, geh ran – !
Das wirst du lernen, bist du einmal groß!
Jede Klasse zimmert sich selber ihr Los.

»Start« in der »Arbeiter-Illustrierten Zeitung«, Nr. 36/1928

Was schlimmer ist: daß auf der kommunistischen Seite ja nichts ist. Ich finde da weder großen Dank noch Geld – ich bin ein geduldeter Intellektueller. Der Popo sitzt genau zwischen zwei Stühlen.

Brief an Mary Tucholsky vom 18. September 1928

Kurt und Mary Tucholsky, Paris 1928

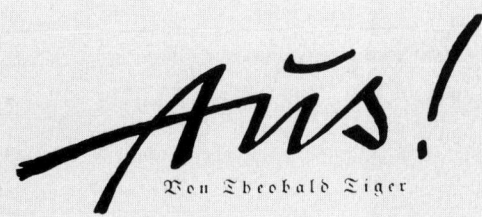

Aus!

Von Theobald Tiger

Einmal müffen zwei auseinandergehn;
einmal will einer den andern nicht mehr verstehn – –
einmal gabelt sich jeder Weg – – und jeder geht allein
wer ist daran schuld?

Es gibt keine Schuld. Es gibt nur den Ablauf der Zeit.
Solche Straßen schneiden sich in der Unendlichkeit.
Jedes trägt den andern mit sich herum
etwas bleibt immer zurück.

Einmal hat es euch zusammengespült,
ihr habt euch erhitzt, seid zusammengeschmolzen, und dann erkühlt: —
Ihr wart euer Kind. Jede Hälfte sinkt nun herab :
ein neuer Mensch.

Jeder geht seinem kleinen Schickfal zu.
Leben ist Wandlung. Jedes Ich sucht ein Du.
Jeder sucht seine Zukunft. Und geht nun mit stockendem Fuß,
vorwärtsgeriffen vom Willen, ohne Erklärung und ohne Gruß
in ein fernes Land.

»Aus!« im »Uhu«, Nr. 5/1930

Aus!
Zeichnung von Charles Girod

»Aus!«, Zeichnung von Charles Girod

Und gratuliert Ihm auch schön und wünscht Ihm alles Gute und muß sich das erst nur alles ausklamüsern. Ich habe hier zunächst keinem etwas gesagt, Du seist nach Berlin gefahren und fertig. (…) Ich war heute bei einem interessanten Mordprozeß. Mach ich noch fertig.

Brief an Mary Tucholsky vom 27. November 1928

Kurt und Mary Tucholsky trennten sich im November 1928. Mary Tucholsky ging nach Berlin zurück.

Der Prozeß ist noch nicht entschieden. Aber er ist ein beachtliches Zeichen: trotz aller Widerstände sehen die Leute auf der ganzen Welt allmählich ein, daß man die Ehe – besonders die mit Kindern – zwar nicht aufheben kann und soll; daß aber diese juristische Form des Zusammenlebens nicht mehr genügt. Zwischen dem Eintagsverhältnis und der fest fundierten, viel zu schwer löslichen Ehe fehlt etwas. Dieses Etwas wird sich in spätestens fünfzig Jahren herauskristallisieren. »Die legitime Geliebte«, 1928

Tucholskys Presseausweis, 1928

KURT TUCHOLSKY
IM KREISE DER NICHT REAKTIONÄREN MITGLIEDER DES REICHSGERICHTS
(Foto: André Kertész, Paris)

In Paris, 1928

Die Aufnahme erschien 1928 in der »Neuen Bücherschau«.

Tucholsky in Paris, 1928

1929–1932 Wege. Hindås

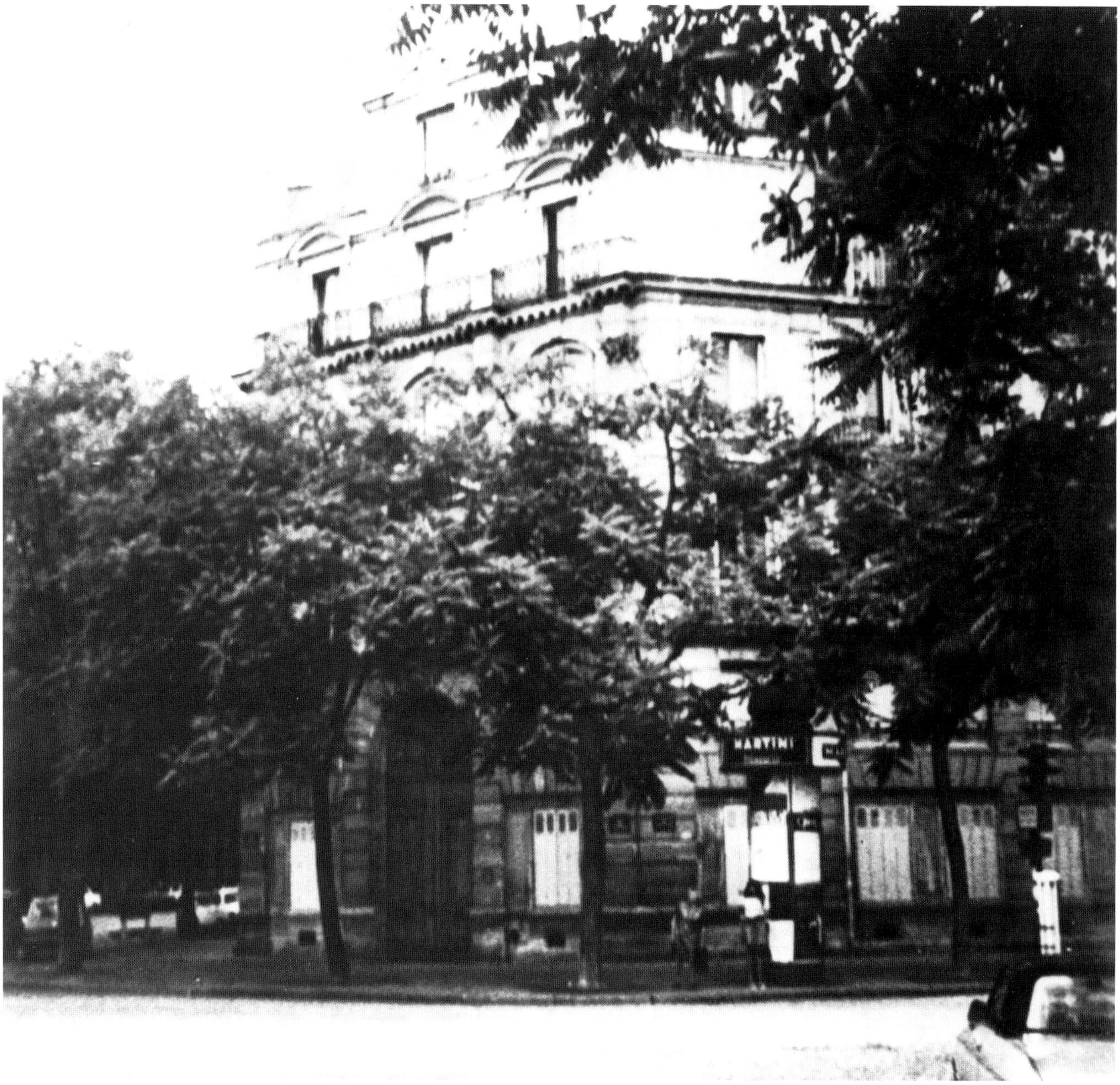

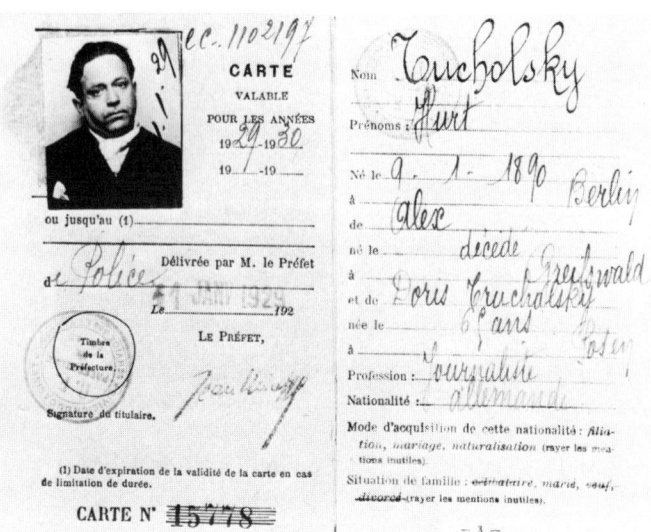

1, Place de Wagram, Paris XVII

Tucholsky bewohnte dieses Haus bis März 1929.
Er gab Paris dann als ständigen Wohnort auf.

Ich fühle langsam eine Biegung des Weges kommen, eine Steigung oder irgend etwas Neues (...) Es ist einfach so:

Ewig so weitermuddeln ist nicht gut. (...) Einkapselung in die Stille. Dagegen:

Es kann schief gehen. Man wird vergessen. Man verliert den Faden. Dafür: Man wird wieder ganz ruhig. Die Töne klingen wieder ganz rein.

An ein »großes Lehmswerk« habe ich dabei nie gedacht – ich bin kein Zweibändeschreiber. Aber ich glaube, da könnten allerhand Dinge aus mir herausklettern, die nur aus der Stille kommen können...

Brief an Emil Ludwig vom 20. Januar 1929

EC. 1102197

CARTE
VALABLE
POUR LES ANNÉES
1929-1930
19 -19
ou jusqu'au (1)
Délivrée par M. le Préfet
de Police
Le 11 JANV 1929 192
LE PRÉFET,
Timbre de la Préfecture,
Signature du titulaire.
(1) Date d'expiration de la validité de la carte en cas de limitation de durée.
CARTE N° 15778

Nom Tucholsky
Prénoms : Kurt
Né le 9. 1. 1890
à Berlin
de Alex
né le décédé
à Greifswald
et de Doris Tucholsky
née le
à Posen
Profession : Journaliste
Nationalité : allemande
Mode d'acquisition de cette nationalité : filiation, mariage, naturalisation (rayer les mentions inutiles).
Situation de famille : célibataire, marié, veuf, divorcé (rayer les mentions inutiles).
— 3 —

Tucholskys Carte d'identité, 11. Januar 1929

Tucholsky, etwa 1929

Bert Brecht

Brecht ist ein Gehauter – und ich habe fast Furcht, mich an ihn zu verlieren. Er zwinkert – hat er uns hineingelegt? Ich glaube, er hat es ein paar Mal versucht, er ist wohl böse von Natur und ein bißchen tüksch und kann es nicht lassen.

»Bert Brechts Hauspostille«, 1928

Da sehe ich eben, was ich *nicht* kann. Ich weiß genau, wie er das gemacht hat, nur die entscheidenden Stellen kriegte ich nicht raus. Er hat geklaut, und zwar von Kipling sel. Witwe – er lügt, es ist alles gar nicht wahr – aber es ist großartig gemacht, daß ich sehr klein und still davor geworden bin.

Brief an Mary Tucholsky vom 26. August 1928

Emil Ludwig

Dies ist das stärkste Buch Emil Ludwigs – eine journalistische Leistung ersten Ranges. (…) Journalistisch deshalb, weil Geschehnisse plastisch wiedergegeben werden; hier wird historische Reportage gemacht, und mit den besten Mitteln. Dieses Werk verdient die Auflage von Domela und Remarque zusammen.

»Juli 14«, 1929

Warum ich Ihnen das schreibe –? Aus dem kameradschaftlichen Gefühl der Zusammengehörigkeit einer Kaste gegenüber, der Heinrich Mann und Sie und noch ein paar die Wahrheit gesagt haben.

Brief an Emil Ludwig vom 5. Mai 1928

Walter Mehring

Mehring hat in seinen Versen einen völlig neuen Ton in die Literatur eingeführt; das ist an manchen Ecken vom Französischen beeinflußt, aber das erklärt den Ton nicht. Diese Verse sind seltsam irreal, gläsern, manchmal würgt einem eine Papierwendung, die ganz bewußt gesetzt ist, den Hals zu; manchmal reißt der Rhythmus – dieser Dichter kann noch den Herzschlag seiner Leser beeinflussen, wenn er will.

»Auf dem Nachttisch«, 1929

Roda Roda

Wobei denn immer mal wieder zu bemerken wäre, wie unrecht man Rodan damit tut, wenn man ihn etwas gering-
schätzig auf »nur Anekdoten« festnageln wollte. Nur? Der
Mann hat der Anekdote unsrer Zeit ihre Form gegeben;
niemand – auch ich nicht – könnte so exakt-salopp erzählen,
wenn er uns das nicht gezeigt hätte. Sein Deutsch ist
musterhaft, sein Stilgefühl unbeirrbar; er ist ein Wunder an
Erzählertechnik. (…) Dazu Ansätze von Weisheit, wie sie
nur die Nähe des Orients erzeugen kann, vom Unwert der
Zeit, vom Unwert des Ruhms… »Auf den Nachttisch«, 1930

Erich Maria Remarque

Auf Remarque als Kämpfer können wir nicht zählen, seit er
sich von dem Kammerjäger Goebbels so leicht hat besiegen
lassen. Da hat nun schon mal einer von uns so einen großen
Erfolg, daß er auf alles husten kann – und dann stellt er sich
nicht heraus. Schade. Bleibt abzuwarten, ob man auf den
Dichter Remarque in Zukunft wird zählen können. Will
er die Bessern unter seinen Lesern befriedigen, so mache er
sich mit Pickel, Seil und Axt auf, hinauf zu höhern Gip-
feln (…) »Der neue Remarque«, 1931

Annette Kolb

Wenn ich an Deutschland denke, bin ich zwar nicht um den
Schlaf gebracht, aber es freut einen nicht mehr. Wenn es
nicht in die Hölle kommt, so nur, weil es ein paar bezau-
bernde Schriftsteller gehabt hat. Darunter meine allerbeste
und geliebte und gute und ewigjunge (…)
Brief an Annette Kolb vom 29. Februar 1932

Was ist im Innern einer Zwiebel-?

von Theobald Tiger

Nun nimmt wohlbald der Bauer Geld aus der Schatullen
und macht sich auf mit seiner Kuh zum Bullen -
mit seiner Kuh.

Nun wirft wohl diese Kuh ein Kälbchen sonder Schaden,
und dieses Kälbchen legt dort einen runden Fladen -
das Kälbchen
von der Kuh.

Nun wächst aus diesem Fladen und der Ackerkrume
wohl bald die schönste rote Bauernblume -
aus dem Fladen
von dem Kälbchen
von der Kuh.

Nun hüpft wohl bald ein Stubenmädchen in dem Grase,
pflückt Blumen einen Strauss und stellt ihn im Hotel in eine Vase
die Blumen
aus dem Fladen
von dem Kälbchen
von der Kuh.

In diesem so geschmückten Raum, denn sieh: er hat ihn
ja vorbestellt - steigt froh der heitre Hochzeitsreisende auf seine
Gattin-
im Zimmer 28
mit den Blumen
aus dem Fladen
von dem Kälbchen
von der Kuh.

Typoskript »Was ist im Innern einer Zwiebel-?« mit Korrekturen
Tucholskys

Ihre Rundfunkerlebnisse haben mich recht vergnügt. Ich
habe das auch ein paar Mal gemacht, anfangs ist es eine
kleine Sensation, nachher nicht mehr. Ich eigne mich nicht
gut dazu – meine Stimme ist zu hoch und nicht angenehm.

Brief an Marierose Fuchs vom 4. Juli 1931

Im März 1929 unternahm Kurt Tucholsky eine Vortragsreise durch
Hamburg, Berlin, Köln, Frankfurt. In Köln las er am 22. März im Westdeutschen Rundfunk aus seinen Büchern.

-2-

anfangs anonymen
Und hier empfängt sie einen ~~xxxgxxx~~Knaben,

sie trägt ihn aus, gebärt - er ist vo grossen Gaben -

von ~~diesen~~ Hochzeitsreisenden
~~gezeugt im Raum~~ Zimmer 28
    mit den Blumen
    aus dem Fladen
    von dem Kälbchen
    von der Kuh.

Der Knabe refft heran, erbt einen ganzen Batzen

und gründet sich ein ~~klein Fabriklein für Kälbchen~~

    der Sohn
    von ~~diesen~~ Hochzeitsreisenden
    ~~gezeugt im Raum~~ Zimmer 28
    mit den Blumen
    aus dem Fladen
    von dem Kälbchen
    von der Kuh.

Nun schneuzt sich breit sein erster Vorarbeiter,

wischt sich den Bart und pinselt ~~munter~~ weiter -

    in der Fabrik
    des Sohnes
    von ~~diesen~~ Hochzeitsreisenden
    ~~gezeugt im Raum~~ Zimmer 28
    mit den Blumen
    aus dem Fladen
    von dem Kälbchen
    von der Kuh.

Der Vorarbeiter hat sein Bett lackiert. Nun ~~xxx~~ nimmt er einen
                                           Schluck.

In diesem Bett tue ich den letzten Atemzug.

In Läggesta, 1929

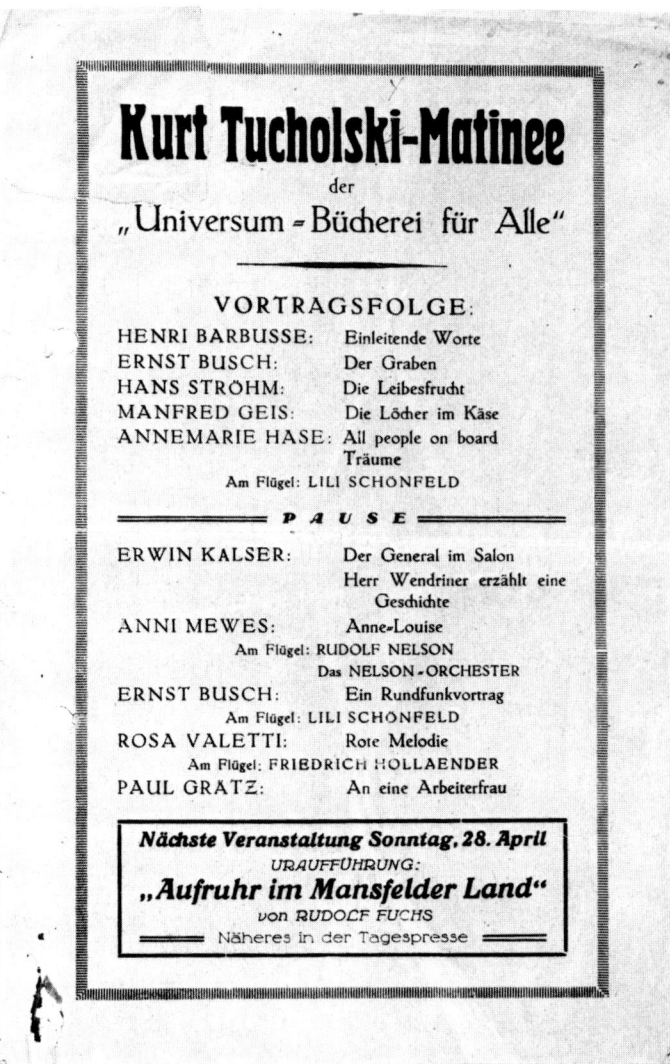

Tucholsky-Matinee in der Piscator-Bühne am 24. März 1929

Ernst Busch, 1932

Wenn Sie glauben, lieber Busch, daß es besser ist – meinen Segen haben Sie.

Ende der 20er Jahre

Hanns Eisler, etwa 1929

Hanns Eisler komponierte für Ernst Busch die Musik zu vielen Texten von Tucholsky.

Ich danke immer dem lieben Gott, daß ich kein Talent fürs Theater habe – es wäre mir unmöglich, auch nur zwei Stunden mit diesen Menschen zusammenzuarbeiten. Nicht nur wegen der pekuniären Unzuverlässigkeit – aber diese Atmosphäre von Betrug, Hysterie, Wahnwitz, Weiberkram – also ich nicht. Mein Leben verläuft anders. Jeder seins.

Brief an Walter Mehring vom 23. März 1929

**KURT TUCHOLSKY
DAS LÄCHELN
DER MONA LISA**

»Das Lächeln der Mona Lisa«, 1929

Das Buch wird heißen »Das Lächeln der Mona Lisa«
und kriegt einen Umschlag von Blix, der hat mal vor dem
Kriege eine Mona Lisa hingelegt, daß ihm Mark Twain
einen Brief dazu geschrieben hat, ein unglaublich schlam-
piges Weibsbild, die grient von einem Ohr zum andern.
Man muß lachen, wenn man das Bild nur ansieht. Gewidmet wird es also Courtelinen, es kriegt ein Motto von
Renard und ein Einleitungsgedicht an eben die Mona Lisa,
weil daß sie so grinst.

Brief an Mary Tucholsky vom 17. August 1928

»Das Lächeln der Mona Lisa« erschien bei Ernst Rowohlt in Berlin

Das Lächeln der Mona Lisa

Ich kann den Blick nicht von dir wenden.
Denn über deinem Mann vom Dienst
hangst du mit sanft verschränkten Händen
        und grienst.

Was hast du nur-?
        Das Abenteuer,
als man dich stahl, kanns doch nicht sein...
Da warst du allen lieb und teuer,
kaum warst du fort, fings an zu schrein...
    Erst warst du Schülern zur Dressur gut,
    dann nahm dich einer aus dem Glas,
    und plötzlich warst du ein Kulturgut -
        ja, lassen wir das.

Du bist berühmt wie jener Turm in Pisa;
dein Lächeln gilt für Ironie.
Ja, warum lacht die Mona Lisa?
Lacht sie über uns, wegen uns, trotz uns, mit uns, gegen
        uns -
    oder wie-?

Du lehrst uns still, was zu geschehn hat.
Weil uns das Bildnis, Lieschen, zeigt:
    Wer viel on dieser Welt gesehn hat-:
    der lachet,
        legt die Hände auf den Bauch
            und schweigt.

Typoskript des Einleitungsgedichts »Das Lächeln der Mona Lisa« mit Korrekturen Tucholskys

Mit Lisa Matthias in Läggesta, Sommer 1929

Tucholsky hielt sich Anfang Mai bis Mitte Oktober 1929 in Schweden auf. In Fjälltorp Läggesta am Ufer des Mälarsees gegenüber Schloß Gripsholm beendete er sein Buch »Deutschland, Deutschland über alles« und begann mit den Vorarbeiten zu dem Roman »Schloß Gripsholm«. Im Oktober mietete er die »Villa Nedsjölund« in Hindås bei Göteborg an, die er im Februar 1930 bezog.

Hierorts nichts Neues. Ich arbeite so vor mich hin; ferne sey es von mir, einen Roman zu schreiben – ich weiß keinen. (…) Bis zum Herbst bleibe ich hier, dann vielleicht mit Kallchen und Jakopp an die Mosel; wir wollen uns einen (vierten) Esel mieten, der soll die Rucksäcke tragen. Im Oktober vier oder fünf Wochen Berlin; dann Tournée.

Brief an Mary Tucholsky vom 16. Juni 1929

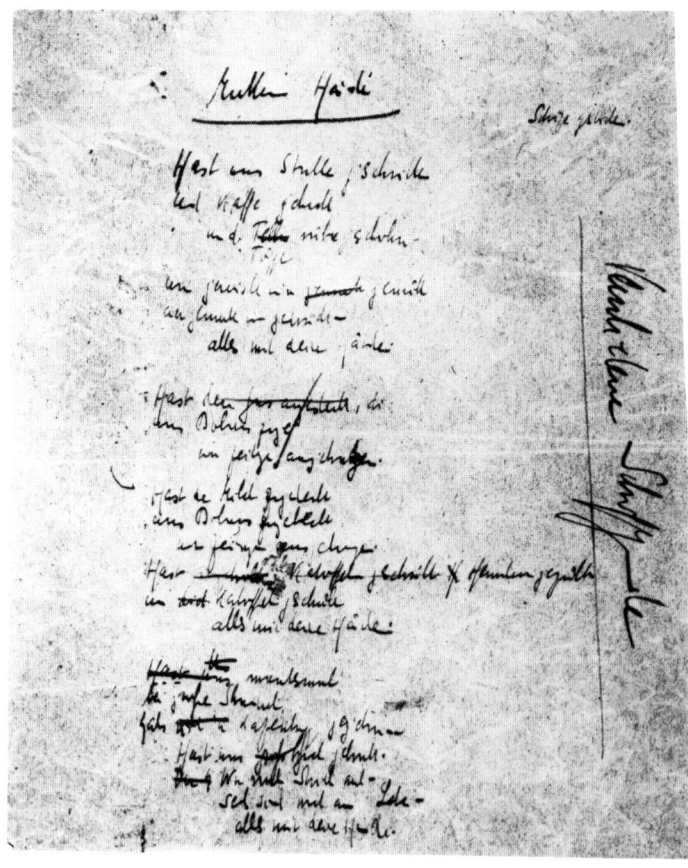

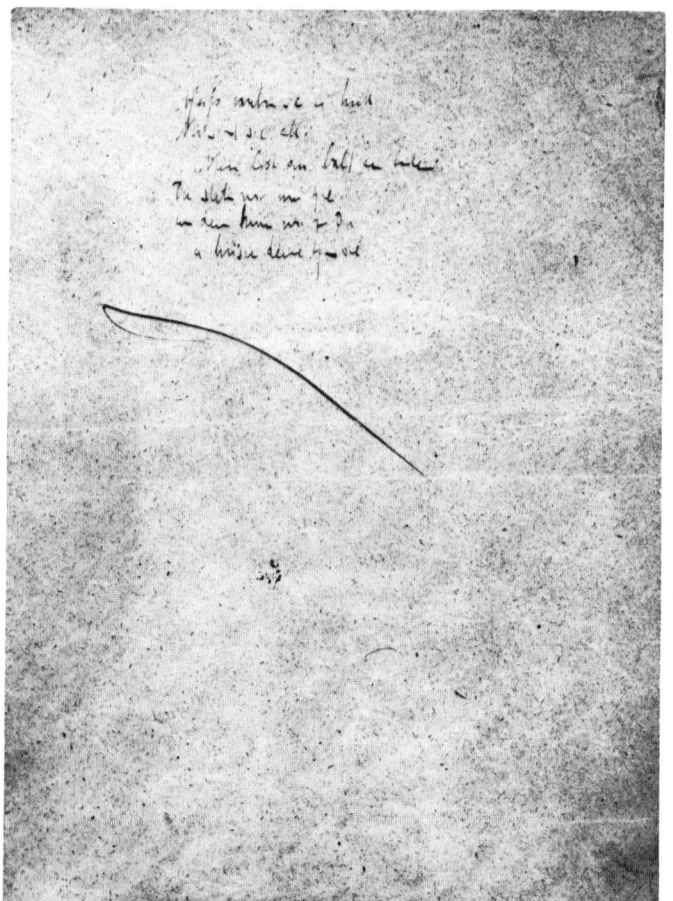

Manuskript des Gedichts »Mutterns Hände«

Das Gedicht schrieb Tucholsky für eine Arbeiterfrau, es erschien 1929
in der »Arbeiter-Illustrierten Zeitung«.

Mutterns Hände

Hast uns Stulln jeschnitten
un Kaffe jekocht
    un de Töppe rübajeschohm –
und jewischt und jenäht
un jemacht un jedreht…
    alles mit deine Hände.

Hast de Milch zujedeckt,
uns Bobongs zujesteckt
    un Zeitungen ausjetragen –
hast die Hemden jezählt
und Kartoffeln jeschält…
    alles mit deine Hände.

Hast uns manches Mal
bei jroßen Schkandal
    auch 'n Katzenkopp jejeben.
Hast uns hochjebracht.
Wir wahn Sticker acht,
sechse sind noch am Leben…
    Alles mit deine Hände.

Heiß war se un kalt.
Nu sind se alt.
    Nu bist du bald am Ende.
Da stehn wa nu hier,
und denn komm wir bei dir
    und küssen deine Hände.

Ich sitze hier oben in der Stille und arbeite – darunter auch
Chansons. Ich habe noch kaum etwas herausgeschickt … ich
weiß nicht einmal, ob ichs überhaupt tun soll, Selbstamuse-
ment ist auch ganz schön. Ich muß Ihnen eine Beichte ab-
legen:
    Vom Cabaret habe ich mich – wie vom Theater – fast
ganz zurückgezogen und zwar aus einem ganz bestimmten
Grunde. (…) Es ist vor allem dies:
    Ich gebe einen Text heraus. Ich höre ihn, sagen wir: leise,
gedehnt, ganz zart, fein. (…) Und denn komm ick hin: und
da steht einer und hat sich vielleicht eine Ritterrüstung
angezogen und bläst den Text durch ein Megaphon … ich
muß schon sagen… Und *darum* mag ich kaum noch.
    Brief an Kate Kühl vom 16. September 1929

»Deutschland, Deutschland über alles«, 1929

Am 6. August 1929 erschien »Deutschland, Deutschland über alles.
Ein Bilderbuch von Kurt Tucholsky und vielen Fotografen. Montiert
von John Heartfield« im Neuen Deutschen Verlag in Berlin.

Rechts natürlich Geheul und ruf nach dem Staatsanwalt –
»Literarische Welt« sehr gut, viele andere gut. Bisher *eine*
ernsthafte Ablehnung, die sich links gibt. Meinungen der
Leute, die ich zu hören bekomme, ebenfalls geteilt – manche
mit dem leisen Gefühl des Unbehagens … das kommt daher, daß man sich gut geschriebene scharfe Artikel viel eher
gefallen läßt, als Fotos, die immer alles gleich in Stücke
schlagen.   Brief an Mary Tucholsky vom 30. August 1929

Und das Buch ist als künstlerische Leistung klobig.
Und schwach. Und viel zu milde.
          Brief an Walter Hasenclever vom 25. Juli 1933

152

»Deutschland, Deutschland über alles«

Ich lasse mir von jedem Kritiker sagen, wie es ihm gefallen hat. Hier aber ist etwas andres, hier ist jene schleichende, trockne, giftig-gefährliche Reaktion am Werk, die in diesem ganz leicht anachronistischen Buch nicht zu finden ist –: man kann sie nämlich nicht fotografieren. (...) Im übrigen muß der Hieb doch wohl gesessen haben. Der Vorfall bestärkt mich in meiner Haltung:

Für die Unterdrückten, gegen diese vermufften deutschen Spießer, ist jedes Mittel recht, keines zu scharf und alle zu schade. Es wird weitergekämpft.

»Das Buchhändler-Börsenblatt«, 1929

Es kommt darauf an, die Fotografie – und nur diese – noch ganz anders zu verwenden: als Unterstreichung des Textes, als witzige Gegenüberstellung, als Ornament, als Bekräftigung – das Bild soll nicht mehr Selbstzweck sein. Man lehre den Leser, mit unsern Augen zu sehen, und das Foto wird nicht nur sprechen: es wird schreien.

»Auf dem Nachttisch«, 1930

»Deutschland, Deutschland über alles«,
ukrainische Ausgabe, 1931

Herbert Ihering

Herbert Ihering, einer der ersten Mitarbeiter der »Schaubühne«, hatte
im »Berliner Börsen-Courier« und im »Tagebuch« Polemiken gegen das
Buch veröffentlicht, auf die ihm Tucholsky antwortete.

Lehnt einer diese deutsche Welt, so wie sie da ist, in Bausch
und Bogen ab und tut er das noch in einer ästhetisch unbe-
friedigenden Form, dann steht er jenseits der »seriösen«
Leute. (…) Immer, wenn ich schreibe, denke ich an das Leid
der Anonymen, an den Proletarier, den Angestellten, den
Arbeiter, an ein Leid, von dem ich durch Stichproben weiß.
Das wissen Sie auch – Sie müssen das wissen, und ich will
lieber den Vorwurf auf mir sitzen lassen, künstlerisch nicht
befriedigt oder aus Empörung über das Ziel hinausgeschos-
sen zu haben, als ein Indolenter zu sein. Und glauben Sie
mir –: wenn ich immer dasselbe schreibe, tue ich das bewußt.
Es ist vielleicht langweilig, Jahr um Jahr Salvarsankuren zu
machen; Kamillentee wäre vielleicht abwechslungsreicher –
aber man muß das wohl. Auch die Spirochäten bleiben ewig
dieselben.   Brief an Herbert Ihering vom 18. Oktober 1929

Mich hat die Frage des Judentums niemals sehr bewegt. (…)
Die Leute, die in mir den Juden treffen wollen, schießen zunächst daneben. Mein Herzschlag geht nicht schneller, wenn
mir jemand »Saujud« nachschreit; mir ist das so fern, wie
wenn er sagte: »Du Kerl fängst mit einem T an – was kann
da an dir schon gutes sein.« Ich sage nicht, daß ich damit
recht habe; ich stelle dieses Gefühl fest, und nicht einmal öffentlich.   Brief an Hans Reichmann vom 4. Mai 1929

Karikatur »So sieht er aus« in der »Flamme« vom 12. September 1929

Tiere sehen dich an

63

»Deutschland, Deutschland über alles«

John Heartfield, 1927

Das Blatt »Tiere sehen dich an« ist nicht von mir. Es stammt von dem Bildermann John Heartfield, der das Buch ausgestattet hat.

Herr Heartfield hatte, was vereinbart war, auch selbständig einige Bilder mit Unterschriften montiert, wie man sagt – und als ich die Druckbogen bekam, war noch nicht alles fertig. Dann hielt ich das fertige Buch in der Hand, sah jene Seite und bekam einen Klaps vor den Magen. (…) Das ist nicht meine Satire. Es ist mir zu klobig; ich habe mit Ihnen nicht das leiseste Mitgefühl für die dargestellten Typen, die mir in ihrer Wirksamkeit hassenswert erscheinen – aber ich hätte das nie so formuliert. Die Beleidigung der Tiere schmeckt mir nicht, und das *trifft* es auch nicht: unter »tierisch« verstehe ich in solchem Zusammenhang etwas Dumpfes, Animalisches – also etwa einen brutalen Henker … nicht diese da.

Brief an Jakob Wassermann vom 1. März 1931

Zeichnung von Ottomar Starke in der »Literarischen Welt«, 1929

Nun kommt dazu, daß es unsereiner, der Satiriker, der Demagoge, unendlich schwer hat. An Mauerwände kann man keine Pastelle malen. Ich muß also den breiten Pinsel nehmen.　　　Brief an Marierose Fuchs vom 16. September 1929

Im November und Dezember 1929 unternahm Kurt Tucholsky eine Vortragsreise durch Deutschland; er sprach unter anderem in Köln, Frankfurt, Mainz, Mannheim, Wiesbaden, Dresden, Breslau, Hamburg.

In Wiesbaden haben sie Steine auf den Auto geschmissen und einen Mann verhauen, der so aussah wie ich, und die Polizei hat die Leute verhauen (…)
　　　Brief an Mary Tucholsky vom 27. November 1929

Wirklich übel war nur Wiesbaden; und wenn heute abend nichts passiert, dann war es alles halb so schlimm. Hier sind aber keine Wahlen gewesen wie sonst überall … ich glaube, daß es hier einigermaßen abgehen wird. Im übrigen: für *wen* ich das eigentlich mache … das weiß ich nach dieser Reise weniger als je. Es ist trostlos. Allerdings bezieht sich das auf die Bürgerschaft – vor Arbeitern habe ich nicht gesprochen. Das ist dann vielleicht anders.
　　　Brief an Mary Tucholsky vom 2. Dezember 1929

Arbeitslose vor der Redaktion
des »Berliner Lokalanzeigers«,
1929

Das Eckzimmer im zweiten Stock bewohnte Tucholsky um die Jahreswende 1929/1930. Von dort reiste er in Begleitung von Lisa Matthias
nach Hindås in Schweden.

Ich sitze hier und klappere leise vor mich hin. Drunten im
Tale gen Italien hin bellen die Hündlein, Hasenkleffers Dis-
kant ist deutlich herauszuhören. Was macht der kleine
Napoléon-Biograph? Leonhard, wie ist Paris? Aperitieft
Ihr? Geht Ihr noch tanzen? Bei die Mädchen? Hör' ich doch
noch im Geiste die Gonokokken bellen ... das war eine
schöne Zeit ...   Brief an Rudolf Leonhard vom 27. Dezember 1929

Villa »Via Tesserate« in Lugano, 1930

Tucholskys Wohnhaus »Villa Nedsjölund« in Hindås bei Göteborg, 1930

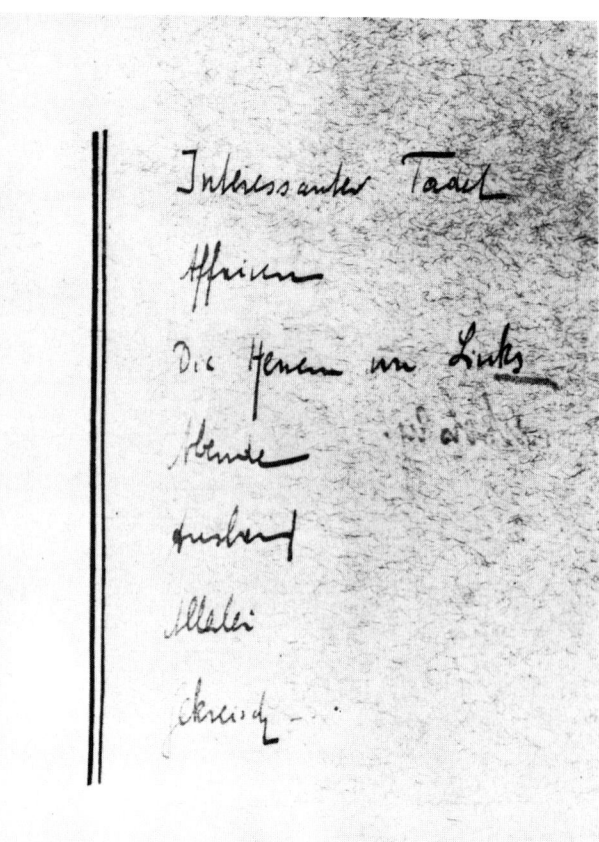

Von Tucholsky angelegte Sammelmappe für Zeitungsausschnitte, 1930

Es gibt eben noch etwas *darüber* – Eros, was weiß ich … und *das* bestimmt die Beziehungen zwischen den Menschen endgültig, weil eben dies – im Gegensatz zum Dogma – nicht von Menschen gemacht ist. Das ist da.

Brief an Marierose Fuchs vom 18. Februar 1930

Er heißt doch nun so wie ich. *Wenn* sie Ihm nun deshalb an den Kanthaken gehen? Wenn Er das für nötig und richtig hält, bin ich gern bereit, Ihm einen Brief zu schreiben mit falschem Datum, wo drin steht, wir hätten uns wegen der Politik getrennt, ich sei links und Er sei rechts. Na, nu lacht Er. Ich lach ja auch. Aber schließlich: Er wohnt da allein, trägt diesen Namen, es ist in Deutschland bei Gott kein Ding unmöglich.   Brief an Mary Tucholsky vom 18. März 1930

Lisa Matthias auf ihrem Wagen in Berlin, etwa 1930

Tucholsky in Brissago/Tessin, 1930

Mit Steffa Bernhard

Tucholsky verbrachte im Sommer einige Monate in der Schweiz, in dem Sanatorium Sonnmatt bei Luzern, in Ascona, Bellinzona und in Brissago.

Männer, die sich um ihre Gesundheit haben, sind ein restlos komischer Anblick. Es ist auch schon besser. Ich bin – viel zu spät – in einen Salatkasten gegangen, und hier haben sie mich – bei Luzern – ein wenig aufgemöbelt.

Brief an Marierose Fuchs vom 28. Juli 1930

In Brissago, August 1930

Zeichnung von A. Paul Weber, 1930

Ein Land »ändert« sich nicht – das gibt es nicht. Nur die Formen ändern sich, in denen sich das Leben äußert.

Das deutsche zum Beispiel so, daß der Deutsche fast gar kein Gefühl für den Nebenmann hat. Dieser betrübende Mangel an Kultur, ein Begriff, den die Deutschen gern mit Wasserklosetts verwechseln, der völlige Mangel an Lebensform ... das ist bleibend.

Brief an K. W. Körner vom 14. August 1930

Jubiläumsausgabe der »Weltbühne« vom 9. September 1930

Tucholsky, etwa 1929

Wieso machen Sie runde Augen, wenn ich ablehne, Leute zu erziehen? Ich meinte das natürlich *privat* – nichts ist mir schauerlicher als jene Gattung ewiger Schulmeister, die da herumgehen und den andern zeigen, wie sie es machen müssen.   Brief an Marierose Fuchs vom 21. November 1930

Dank für alle Ihre freundlichen Worte zu unserm »Jubeltage«. Das war eine schöne Schinderei, das alles zusammenzukleben. Ja – der kleine Mann ... sein Bild hängt mir gegenüber. Ich kann sehr schwer über ihn schreiben und werde es für die Öffentlichkeit gewiß für lange Zeit nicht mehr tun. Das ist alles noch viel zu affektbeladen. Natürlich habe ich nie alles über ihn gesagt – nicht, als ob es dort wüste Geheimnisse zu verschweigen gäbe – aber diese Beziehung war sehr seltsam. Immerhin: ihr werdet nimmer seinesgleichen sehn. Wenigstens nicht unsere Generation.

Brief an Marierose Fuchs vom 11. Oktober 1930

Tucholsky, 1931

Wohnhaus in Hindås, etwa 1931

Sag es keinem weiter: weil mich das ganze nicht mehr interessiert. Ich habe es satt. Was Du ja aus meinem permanen-
ten Schweigen zu einigen dicken Aktualitäten gesehen haben
wirst. Ich werde keinen »Verrat« begehen – ich habe weder
die Absicht, katholisch zu werden, noch zu Goebbels zu gehen oder sonst etwas Fulminantes zu machen – ich habe es
satt. Du glaubst nicht, wie das Land von außen aussieht: ein
Haufen neurasthenischer Irrer, die samt und sonders, jeder
für sich, unrecht haben. So etwas von Mißverständnissen,
von Nebeneinanderher, von Aneinandervorbeireden …
nein, mein Lieber, dazu bin ich nicht auf der Welt. Ich richte
ja auch nichts aus. Mein Weg führte unbedingt in das Lieb-
knechtschicksal – (…) Schlügen sie mich heute tot: was
wäre dann? Dann kriegte ich einen Nekrolog, und den kann
ich mir auch alleine schreiben. Es lohnt nicht. (…) Das
klingt sehr resigniert – ist es aber gar nicht. Ich bin Schriftsteller – kein Parteiführer. (…) – Wo ich mit meinem Herzen stehe, weißt Du – aber mit meinem Verstand – das
kannst Du nicht verlangen. Trott von Gefangenen im Hof –
so ist mein Leben nicht.

Brief an Fritz Tucholsky vom 18. Januar 1931

Schloß Gripsholm am Mälarsee

»Schloß Gripsholm«
Die Geschichte eines Sommerurlaubs
Angelegt: 1.10.30
erster Entwurf beendet: 17.12.30
Abgeschlossen: 31.12.30
ohne Fahnen-Korrekturen

»Schloß Gripsholm« erschien im Mai 1931 bei Ernst Rowohlt in Berlin.

In den langen Wintermonaten, in denen ich mich mit
»Gripsholm« beschäftigt habe, hat mir nichts soviel Mühe
gemacht, wie diesen *Ton* des wahren Erlebnisses zu finden.
Außer einem etwas vagen Modell zum Karlchen und der
Tatsache, daß es wirklich ein Schloß Gripsholm gibt, in dem
ich nie gewohnt habe, ist so ziemlich alles in dieser Geschichte erfunden: vom Briefwechsel mit Rowohlt an bis zur
(leider! leider!) Lydia, die es nun aber gar nicht gibt.

Brief an Alfred Stern vom 6. Mai 1931

»Gripsholm«: nein, viel Substanz hat das nicht. Mir scheint
es nun ein Hauptvorzug einer Omelette soufflée zu sein,
möglichst wenig Substanz zu haben, und Rinderbraten
stand nicht auf der Speisekarte. Leichtigkeit, das ist im
Deutschen ein Vorwurf für den Autor. Tief ... tief mußte
sein.

Brief an Marierose Fuchs vom 13. Juni 1931

Die Kritik über das Bänkelbuch ist dumm. Was die Leute so
über mich zusammenschreiben! Gegen »Gripsholm« hat
einer (einer) etwas wirklich Vernünftiges geschrieben (...)
Ich hätte nie geglaubt, daß das kleine Buch die Leute so auf-
bringen könnte.

Brief an Marierose Fuchs vom 2. August 1931

Von Tucholsky angelegte Manuskriptmappe

Juni 31					Juli 31				
Titel	Verf.	Abg.	Korr.	Ersch	Titel	Verf.	Abg.	Korr.	Ersch
Banen, Barten	I. Wr.	29.3.	✓	✓	D. Herend	K. H.	6.5.	✓	✓
Braen auf d. Weg	T. Tg.	29.2.	(✓)	✓	D. Seligkheit	I. Wr.	–	✓	✓
Alminge	I. Wr.	14.5.	✓	✓	D. hennele Lage	I. Wr.	6.5.	✓	✓
D. Milsser	T. Tg.	12.7.	✓	✓	So wlnslichen... Amerin	P. P.	–	✓	✓
Cn. M. Volbsnhlleha	I. Wr.	12.7.	✓	✓	A. d. Guellihr	T. Tg.	23.4.	✓	✓
Wan enbrihen doc?	Ick.	6.5.	✓	✓	And en Unleißyh!	I. Wr.	11.4.	✓	✓
D. unnirhaluk dof.	P. P.	24.5.	✓	✓	Zyznhnes	I. Wr.	–	✓	✓
Hdninengspnile	K. H.	"	✓	✓	Minible mil d. Orhen	I. Wr.	24.5.	✓	✓
Wir znlkhusle	I. Wr.	23.4.	✓	✓	D. Schönlike	T. Tg.	24.5.	✓	✓
Tg. Tisk sprih	K. T.	23.4.	✓	✓	Morwem en gu!	Tg. T.	–	✓	✓

Seite aus Tucholskys Notizbuch mit Eintragungen seiner Arbeiten für die »Weltbühne«, Juni/Juli 1931

Das, worum mir manchmal so bange ist, ist die Wirkung meiner Arbeit. Hat sie eine? (Ich meine nicht den Erfolg; er läßt mich kalt.) Aber mir erscheint es manchmal als so entsetzlich wirkungslos: da schreibt man und arbeitet man – und was ereignet sich nun realiter in der Verwaltung? Bekommt man diese üblen und verquälten, quälenden invertierten Anstaltsweiber fort? Gehen die Sadisten? Werden die Bürokraten entlassen…? Das bedrückt mich mitunter.

Brief an Franz Hammer vom 5. Mai 1931

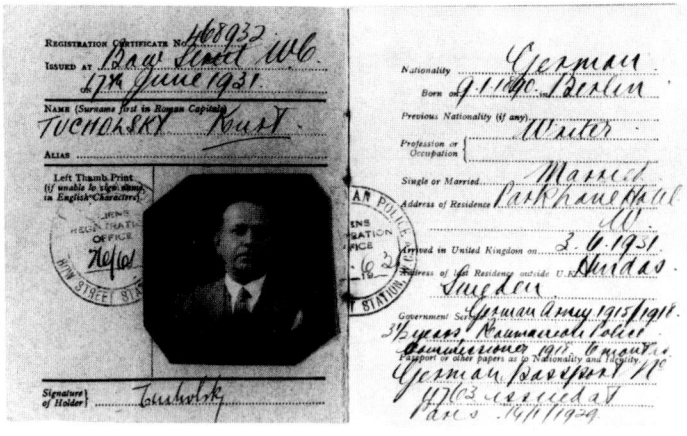

Einreisevisum für England, Juni 1931

Kurt Tucholsky verbrachte den Sommer in Ashford, Kent, wo er an einem Filmdrehbuch für den Schauspieler Emil Jannings arbeitete. Das Manuskript des Drehbuches ist verschollen.

Ich habe mir ein kleines Häusgen in Südengland genommen, und da sitze ich nun seit drei Tagen und habe alles ausgepackt und jetzt gehts los. Was Ihre Ferien angeht, so werfen Sie sie nicht mit meinen Arbeitstagen zusammen. Ich weiß, wie nett das gemeint ist, (...) aber wenn ich zu tun habe, bin ich ganz in mich zurückgezogen, ziemlich unausstehlich, und das ist nichts Rechtes.

Brief an Marierose Fuchs vom 4. Juli 1931

Das Häuschen hier habe ich bis zum 15. Oktober gemietet – man kann hier himmlisch arbeiten, Klavier und alles ganz richtig und ganz totenstill. Das wärs. Wenn es für jenne furchtbar eilig ist, ich habe auch ein Telefon, das heißt Charing 61.   Brief an Emil Jannings und Gussy Holl vom 17. August 1931

Der bewachte Kriegsschauplatz

Im nächsten letzten Krieg wird das ja anders sein... Aber der vorige Kriegsschauplatz war polizeilich abgesperrt, das vergißt man so häufig. Nämlich:

Hinter dem Gewirr der Ackergräben, in denen die Arbeiter und Angestellten sich abschossen, während ihre Chefs daran gut verdienten, stand und ritt ununterbrochen, auf allen Kriegsschauplätzen, eine Kette von Feldgendarmen. Sehr beliebt sind die Herren nicht gewesen; vorn waren sie nicht zu sehen, und hinten taten sie sich dicke. Der Soldat mochte sie nicht; sie erinnerten ihn an jenen bürgerlichen Drill, den er in falscher Hoffnung gegen den militärischen eingetauscht hatte.

Die Feldgendarmen sperrten den Kriegsschauplatz nicht nur von hinten nach vorn ab, das wäre ja noch verständlich gewesen; sie paßten keineswegs nur auf, daß niemand von den Zivilisten in einen Tod lief, der nicht für sie bestimmt war. Der Kriegsschauplatz war auch von vorn nach hinten abgesperrt.

„Von welchem Truppenteil sind Sie?" fragte der Gendarm, wenn er auf einen einzelnen Soldaten stieß, der versprengt war. „Sie",

sagte er. Sonst war der Soldat „du" und in der Menge „ihr" — hier aber verwandelte er sich plötzlich in ein steuerzahlendes Subjekt, das der bürgerlichen Obrigkeit untertan war. Der Feldgendarm wachte darüber, daß vorn richtig gestorben wurde.

Für viele war das gar nicht nötig. Die Hammel trappelten mit der Herde mit, meist wußten sie gar keine Wege und Möglichkeiten, um nach hinten zu kommen, und was hätten sie da auch tun sollen! Sie wären ja doch geklappt worden, und dann: Untersuchungshaft, Kriegsgericht, Zuchthaus, oder, das schlimmste von allem: Strafkompagnie. In diesen deutschen Strafkompagnien sind Grausamkeiten vorgekommen, deren Schilderung, spielten sie in der französischen Fremdenlegion, gut und gern einen ganzen Verlag ernähren könnte. Manche Nationen jagten ihre Zwangsabonnenten auch mit den Maschinengewehren in die Maschinengewehre.

So kämpften sie.

Da gab es vier Jahre lang ganze Quadratmeilen Landes, auf denen war der Mord obligatorisch, während er eine halbe Stunde davon entfernt ebenso

streng verboten war. Sagte ich: Mord? Natürlich Mord. Soldaten sind Mörder.

Es ist ungemein bezeichnend, daß sich neulich ein sicherlich anständig empfindender protestantischer Geistlicher gegen den Vorwurf gewehrt hat, die Soldaten Mörder genannt zu haben, denn in seinen Kreisen gilt das als Vorwurf. Und die Hetze gegen den Professor Gumbel fußt darauf, daß er einmal die Abdeckerei des Krieges „das Feld der Unehre" genannt hat. Ich weiß nicht, ob die randalierenden Studenten in Heidelberg lesen können. Wenn ja: vielleicht bemühen sie sich einmal in eine ihrer Bibliotheken und schlagen dort jene Exhortatio Benedikts XV. nach, der den Krieg „ein entehrendes Gemetzel" genannt hat und das mitten im Kriege! Die Exhortatio ist in dieser Nummer nachzulesen.

Die Gendarmen aller Länder hätten und haben Deserteure niedergeschossen. Sie mordeten also, weil einer sich weigerte, weiterhin zu morden. Und sperrten den Kriegsschauplatz ab, denn Ordnung muß sein, Ruhe, Ordnung und die Zivilisation der christlichen Staaten.

Ignaz Wrobel

»Der bewachte Kriegsschauplatz« in der »Weltbühne« vom 4. August 1931

Der Satz »Soldaten sind Mörder« war für Reichswehrminister Groener Anlaß, gegen Kurt Tucholsky und Carl von Ossietzky Klage wegen Beleidigung der Reichswehr zu erheben.

Nie vergessen: Es waren die Herren Theodor Wolff, Georg Bernhard und die »Frankfurter Zeitung« im schönen Verein mit der SPD, die diese Mistkerle wie Geßler und Groener, die Vertreter übler, kaum kontrollierbarer Hintermänner, überhaupt so groß gemacht haben.

Brief an Rudolf Leonhard vom 28. November 1931

Walter Hasenclever, Juni 1930

Mit Inger Mellin in Hindås, 1931

Wir kochen hier eine Komödie »Christoph Columbus«, und das macht viel, viel Arbeit, weil es doch sauber und mit der Hand genäht sein muß. Der Mitarbeiter ist Hasenclever. (…) Na, da wollen wir mal. Ich muß dem andern sein Gedichtetes nachsehn, es ist noch nicht ganz heraus, wer der Faulere von beiden ist. (…) Drücken Sie ein bißchen den großen Zeh; wie ernst es ist, können Sie daraus sehen, daß wir hier Männerkloster spielen und nur mit der Schreibmaschine liebäugeln. Das Leben ist hart.

Brief an Marierose Fuchs vom 19. November 1931

Er, der andere Verrückte, fährt übermorgen ab. Er war weitaus verrückter als ich, hat sich aber viel verständiger benommen. Er ist wirklich ein netter und anständiger Mann, ich habe ihn sehr gern. Und hat ehm Humor, Mensch, det is so selten.

Brief an Rudolf Leonhard vom 13. Januar 1932

Bemerkungen

Im Gefängnis begreift man

„Ja, liebe Genossen und Genossinnen, hier im Gefängnis begreift man besser als draußen, wie notwendig die Rote Hilfe ist... Aber die Ihr draußen seid, Ihr habt noch die Freiheit — und mancher kann nicht sagen, wie lange noch... Euch möchte ich bitten..."

Da möchte ich mitbitten.

Die zitierten Sätze stammen aus dem rührenden Brief eines Arbeiters, Georg Keisinger; die „Rote Hilfe" hat ihn veröffentlicht.

Über meinem Schreibtisch hängt ein Bild. Drei Sträflinge sind darauf zu sehn. Und darunter steht: „Wir erwarten, daß ihr für uns kämpft, wie wir für euch gekämpft haben."

Sechstausend sprechen heute so — mehr als sechstausend. Ich halte es einfach für eine Dankesschuld an diese Männer und Frauen, daß wir helfen, so gut wir können. Hier hilft vor allem Geld.

Die Rote Hilfe stellt den Leuten Anwälte, wenn es noch nicht zu spät ist. Sie sendet ihnen Liebesgaben ins Gefängnis. Sie hilft den Familien weiter, die von diesen juristischen Verwaltungsmaßnahmen am schlimmsten getroffen werden. Über manches wäre vielleicht zu streiten. Aber ich meine, man sollte aus einer Solidarität helfen, die da bekundet:

Was ein deutscher Richter an sogenannten entehrenden Strafen verhängt, ist für uns nicht einmal eine Ehre — es ist gleichgültig. Gleichgültig seine Meinung über Landesverrat; gleichgültig seine feinen Unterschiede zwischen Überzeugungsattentätern und gemeinen Verbrechern —: was hier ausgefochten wird, ist ein Teil jenes großen Kampfes, der heute quer durch die Völker geht. Und zum Kriegführen gehört Geld.

Reich sind wir alle zusammen nicht. Aber hier zehn Mark und da zehn Mark, es summiert sich. Und es macht die besten Vorkämpfer unsrer Sache stark. Die Geber sind in Freiheit. Wie lange noch, hat der Arbeiter gefragt. Er hat ganz recht: wie lange noch? Bis zur nächsten Notverordnung?

Man kann für etwas geben. Man kann aber auch gegen etwas geben. Gebt bitte Mann für Mann und Frau für Frau ein paar Mark gegen diese Richter und für unsre Gesinnungsfreunde!

Die Postschecknummer der Roten Hilfe ist: Berlin 109 676.

Kurt Tucholsky

»Im Gefängnis begreift man« in der »Weltbühne« vom 15. Dezember 1931

Der Aufruf veranlaßte den Generalstaatsanwalt beim Landgericht I in Berlin, ein Ermittlungsverfahren gegen Tucholsky und Ossietzky einzuleiten wegen unerlaubten Sammelns. Das Verfahren wurde nach Vernehmung und Einlassungen Ossietzkys eingestellt.

Wir erwarten, daß Ihr für uns kämpft, wie wir für Euch gekämpft haben.

»Drei Sträflinge«, 1920

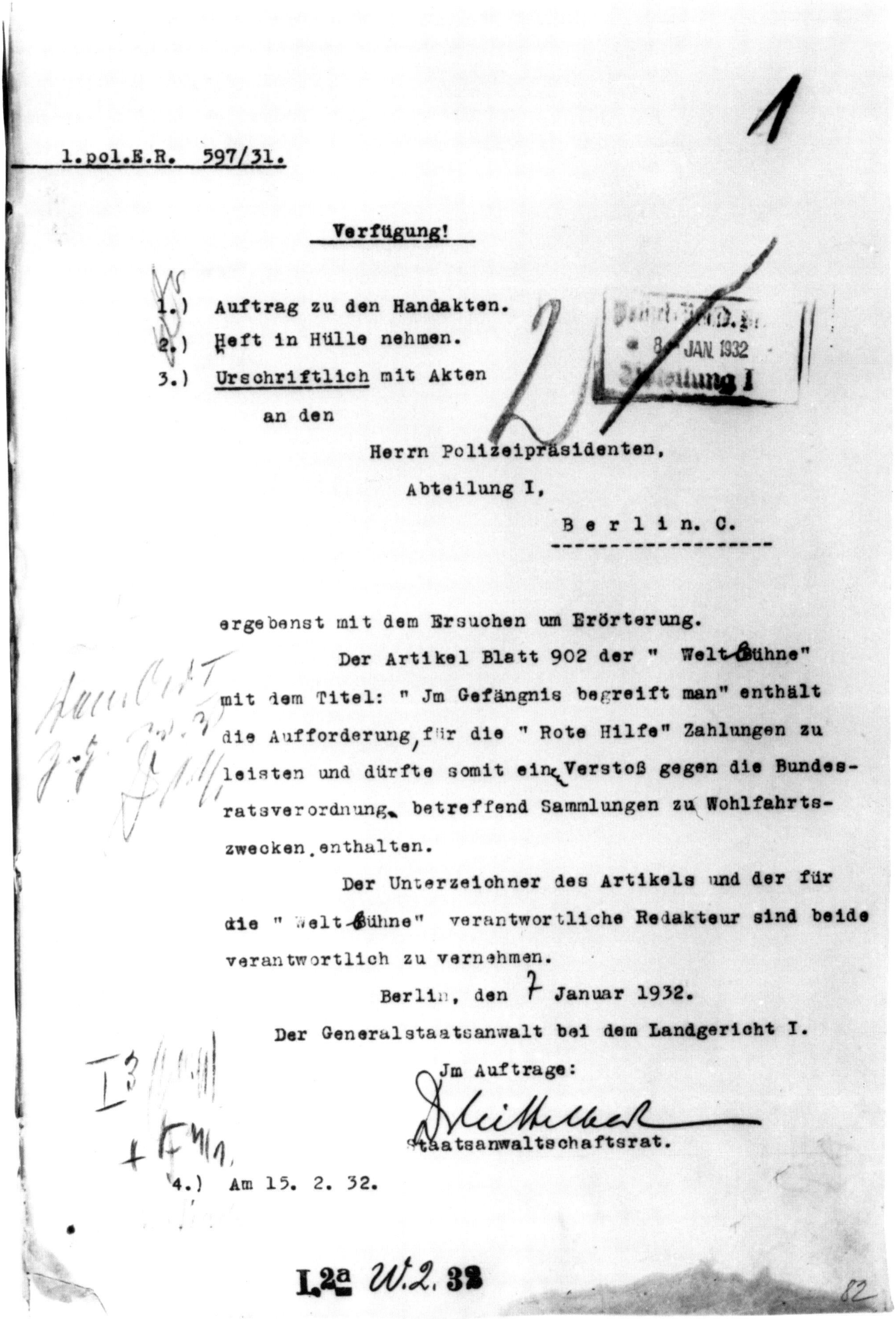

l.pol.E.R.   597/31.

Verfügung!

1.) Auftrag zu den Handakten.

2.) Heft in Hülle nehmen.

3.) Urschriftlich mit Akten

an den

Herrn Polizeipräsidenten,

Abteilung I,

B e r l i n. C.

----

ergebenst mit dem Ersuchen um Erörterung.

Der Artikel Blatt 902 der " Welt-Bühne"

mit dem Titel: " Jm Gefängnis begreift man" enthält

die Aufforderung, für die " Rote Hilfe" Zahlungen zu

leisten und dürfte somit ein Verstoß gegen die Bundes-

ratsverordnung, betreffend Sammlungen zu Wohlfahrts-

zwecken enthalten.

Der Unterzeichner des Artikels und der für

die " Welt-Bühne" verantwortliche Redakteur sind beide

verantwortlich zu vernehmen.

Berlin, den 7 Januar 1932.

Der Generalstaatsanwalt bei dem Landgericht I.

Jm Auftrage:

Staatsanwaltschaftsrat.

4.) Am 15. 2. 32.

L.2a W.2.32

Ermittlungsakte der Staatsanwaltschaft, 7. Januar 1932

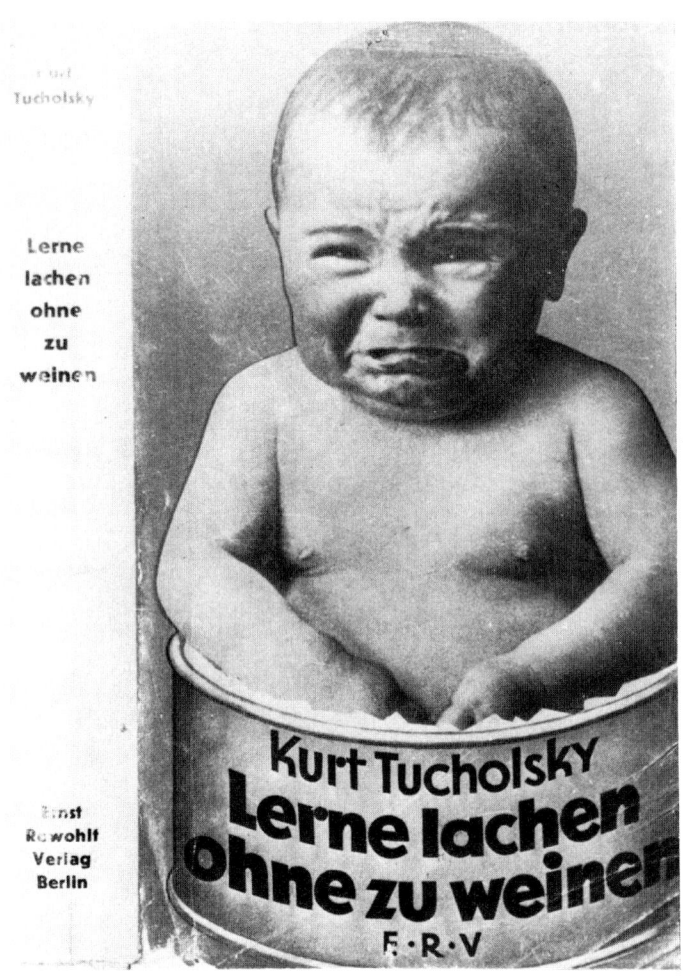

»Lerne lachen ohne zu weinen«, 1931

Der dritte Sammelband Tucholskys erschien bei Ernst Rowohlt in
Berlin.

Ich habe mit Ossn telephonisch gesprochen. Er war sehr
ruhig und gefaßt – er ist meines Erachtens viel zu anständig
gewesen, das wird sich nicht rentieren. Ich hätte das Schweigegebot gebrochen, und ich wäre geflohen. Nur keinen falschen Stolz… (…) Es ist eine Gemeinheit, die man kaum
kommentieren kann, höchstens mit Fußtritten. Dieses Pack
hat die Gelegenheit benutzt: der Junge sitzt für meine große
Schnauze mit, das ist kein Zweifel. Sie haben sich gerächt,
mit Justiz hat das alles nichts zu tun.

Brief an Rudolf Leonhard vom 28. November 1931

Carl von Ossietzky wurde am 23. November 1931 im »Weltbühnen-
Prozeß« vom IV. Strafsenat des Reichsgerichts wegen »publizistischen
Landesverrats« zu 18 Monaten Gefängnis verurteilt.

1932–1935 »Aufgehörter Dichter«. Hindås

Wahlveranstaltung mit Joseph Goebbels, Berlin 1932

Es ist einfach nicht wahr, daß der Mann das kleinere Übel ist
– das Übel ist beinah genau so groß. Außerdem ist es wohl
dieser Nation vorbehalten, Wahlen zu veranstalten, um ein
Übel zu wählen. Anderswo wählt man das, was einem –
relativ – gut erscheint.

Brief an Carl von Ossietzky vom 12. März 1932

Paul von Hindenburg wurde im April 1932 als Reichspräsident wieder-
gewählt.

Ich kann mir denken, wie es da zugeht. Deshalb komme ich
auch nicht zu dem Prozeß. Oss wäre übrigens auch angeklagt worden, wenn ich käme – die Anklage ging ursprüng-
lich gegen beide.

Da Juden immer was mit der Nase haben, habe ich es.
Seit 6 Monaten.   Brief an Mary Tucholsky vom 6. März 1932

Wären Sie *für* mich angeklagt, so käme ich sofort. Da Sie
neben mir angeklagt sind und sicherlich nicht schärfer ange-
faßt werden, weil ich nicht da bin –: so halte ich das alles für
überflüssig: die Reise – das dammlige Gequatsche – dieses
dumme Gezeter mit Typen, denen ich ganz entfremdet
bin … ich kann nicht mehr in die Schule gehen.

Brief an Carl von Ossietzky vom 12. März 1932

Wahlpropaganda der SS, 1932

Le Lavandou in Südfrankreich

Kurt Tucholsky hielt sich seit Anfang März 1932 bei
Walter Hasenclever und dem Verleger Kurt Wolff in Le Lavandou auf.

Bei Walter Hasenclever in Le Lavandou, Mai 1932   Von links: Kurt Wolff, Gerda Schairer, Tucholsky, Dr. Reinhold Schairer, Helene Wolff, Rudolf Leonhard, Jean de Montaignac.

In Le Lavandou, Reinhold Schairer, Tucholsky, Rudolf Leonhard,
Mai 1932

Was ich ganz und gar ablehne, ist: mir die Richtlinien für
mein ethisches Verhalten von preußischen Richtern vor-
schreiben zu lassen. Eben das ist ja der Fehler all unsrer
Leute: daß sie dem Faschismus entgegenhalten: »Aber wir
sind ja national!« und so fort. Keiner hat den Mut, zu erklären, daß die Kategorien für uns einfach keine Gültigkeit
haben. Und grade das will ich.

Brief an Carl von Ossietzky vom 12. März 1932

Nach außen bleibt ein Erdenrest zu tragen peinlich. Es hat so
etwas von Desertion, Ausland, im Stich lassen, der Kamerad
Oss im Gefängnis, denn sie werden ihn nicht einmal zu
Festung begnadigen – ein Grund mehr für mich, nicht zu
kommen, denn sie werden, haben sie mich einmal, mir alle
nur erdenklichen Geschichten machen. (…) Schadet es mir
mehr, wenn ich komme und also moralisch den großen
Mann mache, oder schadet es mir mehr, wenn ich nicht
komme, dafür aber meine Knochen gesund aus der Affäre
ziehe?

Die Überfallgefahren sind da – in der Redaktion und vor
allem auf dem Gericht – dagegen kann man sich nur sehr
schwer schützen, besonders nicht gegen Schüsse. Es besteht
ferner die Gefahr, daß sie mich bis zur Abwicklung des
ganzen Verfahrens durch alle Instanzen überhaupt nicht
mehr aus Deutschland herauslassen (…)

Brief an Mary Tucholsky vom 29. März 1932

Ich werde also nicht kommen. Ich bin fest davon überzeugt,
daß beides, ein Opfer oder eine Desertion, wenn man es so
nennen will, in vierzehn Tagen vergessen ist. Dann will ich
lieber den bequemern Weg wählen. Kommt dazu, daß ich
zutiefst überzeugt bin, daß auch nicht einer von denen, die
sich, drei Tage lang, das Maul zerreißen, wenn ich nicht
käme, auch nur einen Finger krumm machte, wenns schief
geht. Brief an Mary Tucholsky vom 10. April 1932

Die Anklage gegen Tucholsky wurde fallengelassen.

Am 10. Mai 1932 tritt Carl von Ossietzky im Berliner Gefängnis Tegel seine Haft an
In Begleitung der Rechtsanwälte Dr. Rudolf Olden (links) und Dr. Kurt Rosenfeld.

Wird auch in politicis sehr abblasen – das Spiel dürfte aus sein.   Brief an Mary Tucholsky vom 1. Mai 1932

Für Carl v. Ossietzky
General-Quittung von Kurt Tucholsky

Carl von Ossietzky geht für achtzehn Monate ins Gefängnis, weil sich die Regierung an der Weltbühne rächen will, rächen für alles, was hier seit Jahren gestanden hat. Ossietzky geht ins Gefängnis nicht nur für den Mitarbeiter, der den inkriminierten Artikel geschrieben hat — er geht ins Gefängnis für alle seine Mitarbeiter. Dieses Urteil ist die Quittung der Generale.

Der Hexenprozeß wurde unter sehr erschwerenden Umständen geführt.

Um Ossietzky zu verhindern, beizeiten loszuschlagen, wurde die Anklage auch wegen militärischer Spionage erhoben, ein Delikt, das nicht vorgelegen hat; der einschlägige Paragraph bestimmt aber, daß wie bei einem Prozeß der westfälischen Feme oder wie in einem Verfahren der Inquisition die Öffentlichkeit nicht einmal von der Erhebung der Anklage etwas wissen darf. Ossietzky konnte sich also vor dem Prozeß überhaupt nicht zur Wehr setzen.

Der Prozeß fand hinter verschlossenen Türen statt. Die Angeklagten hatten vor der Öffentlichkeit nichts zu befürchten — die Regierung alles. Die Angeklagten hatten ein gutes Gewissen. Die Regierung hatte das nicht.

Den Angeklagten und den Verteidigern wurde strenge Schweigepflicht auferlegt; es durfte nichts über das, was Gegenstand der Verhandlung gewesen war, veröffentlicht werden — auch nicht nach dem Urteilsspruch. Es ist eine Frage der Taktik und des Temperaments, ob man das befolgt.

Ossietzky hat alle diese Schweigebote nicht nur befolgt — er hat sich in gradezu heroischer Weise hinter die Sache ge-

»Für Carl v. Osssietzky« in der »Weltbühne« vom 17. Mai 1932

Carl von Ossietzky vor dem Landgericht III in Berlin, 1. Juli 1932

Während des Beleidigungsprozesses »Soldaten sind Mörder«
mit den Rechtsanwälten Dr. Alfred Apfel (links) und Dr. Rudolf
Olden. Carl von Ossietzky wurde freigesprochen.

Also: der Prozeß.

Er ist am 1. Juli. Es tröpfeln Briefe – ich müßte doch und
so. Oss ist im Gefängnis; die gefühlsmäßige Stimmung
scheint so zu sein, daß die Leute denken, er müßte nun auch
noch *für mich* sitzen – während er in Wahrheit neben mir
sitzt – ganz gleich, ob ich komme oder nicht.

Brief an Mary Tucholsky vom 13. Mai 1932

August 32					September 32				
Titel	Verf.	Abg.		kom. Ersch.	Titel	Verf.	Abg.	k.o.v.	Ersch.
		Urlaub							

Tucholskys Notizbuch mit seiner letzten Eintragung

Ich halte es für ganz und gar unrichtig, humoristische Stoffe stets auch in der Ausstattung von vornherein als »humoristisch«, also als nicht ernsthaft zu charakterisieren. Diese zwei Humore heben sich leicht auf; auch wird ein solches Stück sehr leicht zum Bierulk degradiert. Der leichte und satirische Stil des »Columbus« liegt in der Gesamtauffassung, es ist nicht nötig, ihn anders auszustatten als jedes andere Stück auch, also normal, einfach, ohne Prunk, aber ja nicht betont naiv.   An Felix Bloch Erben vom September 1932

Ich platze vor Stolz. Nicht, weil der Klumbumbus aufgeführt wird. Aber daß die Musik zu den in ihm vorkommenden Liedern aufgeführt wird ... eine Musik, die ich persönlich hinkomponiert habe ... also das erfüllt mich mit bodenlosem Stolzä. Ich kann drei (3) Akkorde auf dem Klavier, davon ist einer zweifelhaft.

Brief an Hedwig Müller vom 17. September 1932

»Christoph Kolumbus«, Uraufführung im Leipziger Schauspielhaus, 24. September 1932

Hat gehört, daß mit Paulchen nach Leipzig gefahren ist und dankt Ihm vielmals für Sein Interesse. (…) Hasenclever hat sich bei der Sache sehr anständig benommen, so viel Takt und Kameradschaft ist selten. Sicherlich war die Aufführung nicht an allem schuld, und ich denke, daß es nicht zu viel geschadet hat.　　　Brief an Mary Tucholsky vom 1. Oktober 1932

Es war sicher eine versäumte Gelegenheit, das ist wahr. Und außerdem bin ich niemals ein Dramatiker, auch dann nicht, wenn ich gut bei Satz bin. Mich interessiert Theater nicht – wir hatten uns das Wort gegeben, nicht auf die Proben zu gehn, und ich glaube nicht, daß wir das Entscheidende gerettet hätten.

　　　Sela.　　　Brief an Mary Tucholsky vom 22. Oktober 1932

Was Sie über die Schluderei in der deutschen Sprache schreiben, ist mir aus dem Herzen geschrieben. Bei jedem Franzosen, bei jedem Engländer ist es leicht möglich zu sagen, er spräche ein gutes Französisch oder ein gutes Englisch. Wer spricht gutes Deutsch –? Man mag gar nicht mehr hinhören, alles ist wie aus dem Warenhaus, und alle sagen dasselbe. Und wie sie nun erst schreiben –! Bei mir steht es damit faul: ich arbeite lange, bis es so klingt… Fontane hat das einmal »bummlig« genannt, und Gott weiß, wie er sich damit geplagt hat.   Brief an Hermann Hesse vom 24. Oktober 1932

Bei mir klärt sich erst jetzt – nach 13 Monaten – eine schwarze Wolke. Alles, was ich in diesem Jahr gemacht habe, stand unter einem scheußlichen Druck, der vom Siebbein herkam. Das hab ich aber viel zu spät gemerkt, ich habe mir erst jetzt die Nase aufschlagen lassen, schön war es nicht, aber ich fange an, Land zu sehn.

Brief an Mary Tucholsky vom 22. Oktober 1932

Im Juli 1932 begann Tucholskys längster Aufenthalt in der Schweiz, der bis Anfang September 1933 dauerte. Im September 1932 suchte Tucholsky für mehrere Wochen ein Sanatorium in Wien auf. Ab Oktober 1932 wohnte er in Zürich, Florhofgasse 1, bei der Schweizer Ärztin Dr. Hedwig Müller.

Tucholsky, 1932

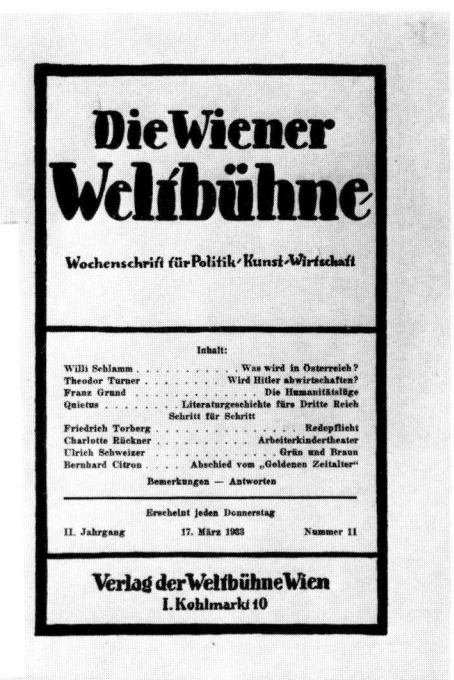

»Die Wiener Weltbühne«, 17. März 1933

»Die Wiener Weltbühne« erschien seit dem Frühjahr 1932 unter der
Leitung von Willi Schlamm.

Die Wiener Ausgabe der »Weltbühne« wird wohl nichts
werden, denn ich kann mir nicht denken, daß mit diesen
Arbeitsmethoden überhaupt irgend etwas zu erzielen ist. Es
ist grauslich. Ich mische mich da nicht ein, dazu sind mir
meine Nerven zu schade, maßen es nicht bezahlt wird. Hier
gehen nicht einmal die Uhren richtig, so viel Schlamperei,
Unprofiliertheit, vages Herumgerede…
                    Brief an Hedwig Müller vom 12. September 1932

Was da so brüllt, sind die Zuschauer eines Fußballmatches
in der Nähe. Wofür sich die Leute so begeistern können,
wie? Der Goebbels spricht heute abend in Wien, ich gehe
aber nicht hin.   Brief an Hedwig Müller vom 18. September 1932

Reichstagsbrand, 27. Februar 1933

Sie wissen ja selbst, was los ist. Die in Deutschland wissens zum Teil noch nicht. Noch am Laternenpfahl zappelnd sind alle stinknational und passen Sie auf: nach den sehr bösen Monaten, die nun kommen werden (Standrecht, ein bis zwei Todesurteile, sinnloser und unterdrückter Putschversuch von Arbeitern, noch ein oder zwei »Reichstagsbrände«) wird Totenstille eintreten. L'Ordre règne à Varsovie. Und dann wird sich die Klammer im Laufe der Jahre langsam lockern, und dann wird das Schlimmste vom Schlimmen kommen: »Ich weiß gar nicht was Sie wollen, so schlimm ist es doch gar nicht!« Und dann wird die Tatsache, daß ihre Rassegenossen nicht vom Trottoir heruntermüssen, wenn ich vorbeireite, als Liberalismus gelten. (diktiert, als ich noch keine Details wußte)

Brief an Walter Hasenclever vom 28. Februar 1933

Ernst Torgler, Ossietzky und Ludwig Renn werden der ausländischen Presse vorgeführt, März 1933

Carl von Ossietzky, der im Dezember 1932 aufgrund einer Amnestie entlassen worden war, wurde einen Tag nach dem Reichstagsbrand verhaftet. Die Aufnahme erschien am 31. März 1933 in der »Berliner Illustrirten Zeitung«.

Zürich, Florhofgasse 1

Die Züricher Anschrift wurde Tucholskys Deckadresse. Von seinem Wohnsitz in Hindås wußte auch sein Bruder nichts.

Krankheit geht so, Dank der Nachfrage. Ich mache noch eine Inhalationskur, die besonders billig ist, man muß sehr viel Geduld haben. Nochmals, gehe ich so, schwach und schwer gehandicapt, unter Leute, dann mache ich mir alles kaputt. Lieber abwarten, anderswo wachsen jetzt auch keine goldenen Blümlein. Ich hoffe aber doch sehr, daß wir uns denn noch einmal in Mitteleuropa in die Arme sinken werden.   Brief an Walter Hasenclever vom 4. März 1933

Dank für die Warnung. Keine Sorge: es ist schon früher nicht leicht gewesen, an mich heranzukommen – jetzt ist es beinah unmöglich. Ich bin sehr reserviert, und was mir nicht gefällt, gedeiht nicht lange bei mir. Da ist nichts zu befürchten.   Brief an Fritz Tucholsky vom 5. August 1933

»Die Weltbühne«, 7. März 1933

Die Nr. 10 vom 7. März 1933 war die letzte Ausgabe der »Weltbühne«.

Daß ich so wenig wie Sie umgelernt habe, wissen Sie. Aber auf keinen Fall kann man in unserm Alter etwas Sinnloses tun, und das da wäre sinnlos. Man muß die Lage so sehn wie sie ist: unsere Sache hat verloren. Dann hat man als anständiger Mann abzutreten. Deshalb können Sie Stücke schreiben, deshalb kann ich ein Buch schreiben – aber das da ist aus. (…) Ich plane also zunächst gar nichts. Gäbe es irgendwo eine Gruppe *junger* Menschen, die antifaschistisch sind, so wollte ich wohl mittun. Aber mit der alten Equipe – niemals. Brief an Walter Hasenclever vom 11. April 1933

Das tschechische Bericht bezog sich auf eine telefonische Fahndungsmeldung der Polizeidirektion in Plauen.

Polizeibericht der Grenzkontrolle in Cheb, 5. März 1933

Kurz: ich lebe in keinerlei Panik. Und mein Pessimismus setzt genau da ein, wo der der andern aufhört, etwa zu dem Zeitpunkt, wo das Zentrum mitmacht. (…) Man kann für eine Majorität kämpfen, die von einer tyrannischen Minorität unterdrückt wird. Man kann aber nicht einem Volk das Gegenteil von dem predigen, was es in seiner Mehrheit will (…) Viele sind nur gegen die Methoden Hitlers, nicht gegen den Kern seiner »Lehre«. Und wenn es die Opposition nicht von innen her geschafft hat, so werden wir es nie schaffen, wenn in Paris ein paar Käsblätter erscheinen. (…) In Treue fest

>Ihr alter Mitkolumbus
>Edgar, formalz Adof.
>Verfasser broschierter und gebundener Werke.
>Ehemal. Mitglied der deutschen Republik
>aufgehörter Dichter
>Brief an Walter Hasenclever vom 4. März 1933

Vorgestern haben wir hier einen Radio installiert und Adof gehört. Lieber Max, das war sehr merkwürdig. Also erst Göring, ein böses, altes blutrünstiges Weib, das kreischte und die Leute richtig zum Mord aufstachelte. Sehr erschreckend und ekelhaft. Dann Göbbeles mit den loichtenden Augen, der zum Vollik sprach, dann Heil und Gebrüll, Kommandos und Musik, riesige Pause, der Führer hat das Wort. Immerhin, da sollte nun also der sprechen, welcher … ich ging ein paar Meter vom Apparat weg und ich gestehe, ich hörte mit dem ganzen Körper hin. Und dann geschah etwas sehr Merkwürdiges.

Dann war nämlich gar nichts. Die Stimme ist nicht gar so unsympathisch wie man denken sollte – sie riecht nur etwas nach Hosenboden, nach Mann, unappetitlich, aber sonst gehts. Manchmal überbrüllt er sich, dann kotzt er. Aber sonst: nichts, nichts, nichts. Keine Spannung, keine Höhepunkte, er packt mich nicht, ich bin doch schließlich viel zu sehr Artist, um nicht noch selbst in solchem Burschen das Künstlerische zu bewundern, wenn es da wäre. Nichts. Kein Humor, keine Wärme, kein Feuer, nichts. Er sagt auch nichts als die dümmsten Banalitäten, Konklusionen, die gar keine sind – nichts. Brief an Walter Hasenclever vom 4. März 1933

Adolf Hitler, 1933

Dieser ausgezeichnete Stilist, dieser in der Zivilcourage un-
übertroffene Mann, hat eine merkwürdig lethargische Art,
die ich nicht verstanden habe, und die ihn wohl auch vielen
Leuten, die ihn bewundern, entfremdet. Es ist sehr schade
um ihn. Denn dieses Opfer ist völlig sinnlos. Mir hat das
mein Instinkt immer gesagt: Märtyrer ohne Wirkung, das
ist etwas Sinnloses. Ich glaube keinesfalls, daß sie ihm etwas
tun, er ist in der Haft eher sicherer als draußen. Nur bei
einem wenn auch mißglückten Attentat auf Adof kann
etwas passieren, dann würde die SA die Gefängnisse stür-
men und von den Wärtern an nichts gehindert werden.
Sonst aber kommt er nach zwei, drei Wochen, denke ich,
heraus. (Wenn nicht Konzentrationslager gemacht werden!)

Brief an Walter Hasenclever vom 4. März 1933

Bericht über Oss sehr übel, sein Gesundheitszustand soll
schlecht sein, jemand hat ihn dort in der Krankenabteilung
gesehn. Der Tagesplan schlimmstes Militär. Auf dem Trans-
port von Spandau nach Sonnenburg SA; die Gefangenen-
wärter, die sich für die Gefangenen einsetzten, wurden mit
ihnen verhauen. Dabei soll Oss verletzt sein. Näheres nicht
zu ermitteln. Es ist mir gelungen, für das Kind Ossens eine
Freistelle zu bekomen; wir wollen sehn, ob es gelingt, es
herauszubekommen.

Brief an Walter Hasenclever vom 18. Juni 1933

Carl von Ossietzky im KZ Sonnenburg

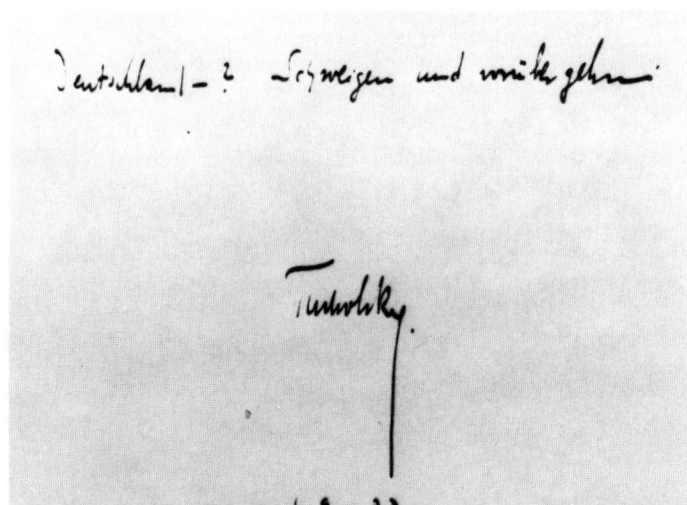

Berlin 1933

»Deutschland –? Schweigen und vorübergehen«,
Eintragung Tucholskys in einem Gästebuch, 1933 in der Schweiz

Wo sollten wir denn antreten – unsere Verträge sind offiziell gebrochen, Geld darf nicht heraus, meine Bücher werden, wie ich hier erfahre, nicht mehr ins Ausland ausgeliefert – es ist auf Vernichtung abgesehn. (…) Ich für mein Teil gehöre nicht mehr dazu. Aus ist aus. Ich werde nie mehr zurückfinden. Brief an Walter Hasenclever vom April 1933

Ich habe diese Leute aus tiefstem Herzensgrunde gehaßt, ich habe sie gefürchtet, mir war ihr Geruch fatal, dieser Typus pinselblonder Frauen (nicht unsere netten Berlinerinnen), alles das war mir gräßlich. Ich habe aus dem Bauch geschrieben. Heute hasse ich sie nicht mehr. (…) Mit genau derselben Unerbittlichkeit, mit genau derselben Kraft und Stärke, mit der man in Deutschland unsere gemeinsamen Freunde drillt, einsperrt, erniedrigt, sie das Horst Wessel Gebrüll singen läßt, plagt und verhungern läßt – mit genau derselben ruhigen Unerbittlichkeit lehne ich es ab, mit irgendeinem Deutschen am Tisch zu sitzen, der mir nicht ganz hasenrein ist. Brief an Walter Hasenclever vom 20. April 1933

Walter Hasenclever, etwa 1933

Ich will immer noch gesund werden, noch habe ich es nicht aufgegeben. Damit mag ich Sie nicht langweilen. Werde ich es, kann ich mir ein episches Werk vorstellen – irgend jemand wird das drucken, irgend jemand es lesen –, eine publizistische Wirkung auf einen ganzen Volkskörper in Deutschland haben wir nicht mehr. Mitarbeit an fremden Blättern in Frankreich nur, wenn man mir erlaubt, mit voller Schärfe alles zu sagen. Und ich weiß nicht einmal, ob ich von dieser Erlaubnis Gebrauch machte. Man kann nicht schreiben, wo man nur noch verachtet. (…) Schweden ist meine Riviera – mehr nicht. Dänemark habe ich immer nicht gewollt, wegen zu nah an Deutschland. Nun haben sie den Krakeel. Ob ich in Schweden bleibe, hängt von ganz äußerlichen Dingen ab. In diesen kleinen Staaten bildet sich auch manche Front des Mittelstandes – und ich sitze in Schweden in einer besonders übeln Ecke.

Brief an Walter Hasenclever vom 20. April 1933

Bücherverbrennung auf dem Opernplatz in Berlin, 10. Mai 1933

Unsere Bücher sind also verbrannt. Im Buchhändlerbörsen-blatt ist eine große Proskriptionsliste für in vierzehn Tagen angekündigt. Dieser Tage stand an der Spitze des Blattes im Fettdruck: »Folgende Schriftsteller sind dem deutschen In-teresse abträglich. Der Vorstand des Börsenvereins erwartet, daß kein deutscher Buchhändler ihre Werke verkauft. Näm-lich: Feuchtwanger – Glaeser – Holitscher – Kerr – Kisch – Ludwig – Heinrich Mann – Ottwalt – Plivier – Remarque – Ihr getreuer Edgar – und Arnold Zweig.« In Frankfurt haben sie unsere Bücher auf einem *Ochsenkarren* zum Richt-platz geschleift. Wie ein Trachtenverein von Oberlehrern.

Brief an Walter Hasenclever vom 17. Mai 1933

»Die neue Weltbühne«, 11. Mai 1933

Über »Weltbühne« Ihrer Meinung. Ich finde den *Ton* meist anständig, die Motive sicherlich auch – aber wie steril ist das alles! Und dann ist da auch keiner, der die Dessous der Bewegung in Deutschland auch nur ahnt.

Brief an Walter Hasenclever vom 18. Juni 1933

»Weltbühne« sieht in der Tat frischer aus. Aber viel Neues erfahre ich von ihr auch nicht. Ich lese regelmäßig den »Temps«, neben den andern französischen und englischen Blättern, die mir erreichbar sind: da steht das alles, gebilde-ter, schärfer und viel besser formuliert.

Brief an Heinz Pol vom 4. Juli 1933

»Die neue Weltbühne« erschien ab 14. April 1933 in Prag unter der Chefredaktion von Willi Schlamm.

Einlieferung Paul Löbes ins Konzentrationslager Dürrgog bei Breslau, 1933

Nein, ich schreibe noch gar nichts – langsam fühle ich manchmal, daß es geht, dann wieder geht es gar nicht, ich will keine schwankenden Arbeiten herausgehen lassen. Schreiben ist, wie mir scheint, Kraftüberschuß. Und der ist noch nicht da.   Brief an Walter Hasenclever vom 8. August 1933

Daß es mir etwas besser geht, wage ich nicht hinzuschreiben – aus Furcht. Es schwankt noch sehr, ich kann nicht rauchen, die erste Pfeife wird feierlich angezeigt. Aber dann... Ich kann mir das noch gar nicht denken. Seit »Kolumbus« habe ich keinen guten Tag gehabt.

Brief an Walter Hasenclever vom 25. August 1933

Da sitzt doch der alte Otto Braun unten in Lugano und züchtet Tomaten. Gut. Der hat eine Frau, die ist auch in Lugano. Die hat ein Vertiko und andere Möbel, und das Vertiko ist noch in Deutschland. Jetzt ist doch diese Frau Ministerpräsident wirklich und wahrhaftig nach Deutschland gemacht, weil man doch die guten Möbel nicht... Also das ist wahr. Zurückgekommen ist weder sie noch das Vertiko, und ich frage mich, ob sie jetzt wohl beide beieinander sein werden. Und genau so war denn auch die gesamte Politik dieser Partei.   Brief an Walter Hasenclever vom 17. August 1933

Ich glaube nicht, daß Hitler kippt. Warum auch? Europa sieht, wie gelähmt, zu, wie der neue Krieg vorbereitet wird – die Kriegsindustrie hat zu tun, Herr Daladier ist taktvoll, das Foreign Office eiskalt, und so kommen die drei Jahre zustande, die jener braucht, um loszulegen.

Brief an Walter Hasenclever vom 17. August 1933

Mary Tucholsky

Von Mary bin ich geschieden. Da ich weiß, mit welcher kameradschaftlichen Diskretion Sie solche Sache zu behandeln pflegen: das ist kein Geheimnis. Im Gegenteil. Ich halte es für gut, wenn die Leute wissen, daß da nichts mehr ist – eben, damit sie nun nicht mehr belastet ist. Sie hat nun viel mehr Chancen im Geschäft. Die Sache ist selbstverständlich in aller Freundschaft vor sich gegangen. Sie ist ein tadelloser und anständiger Mensch, ich tue da mein Möglichstes.   Brief an Walter Hasenclever vom 25. August 1933

Am 21. August 1933 wurde die Ehe geschieden, zwei Tage später wurde Kurt Tucholsky aus Deutschland ausgebürgert.

Schadenersatzforderungen haben keine Aussicht: übrigens fände ich es leicht komisch, wenn zum Beispiel ich das täte. Ist mir denn Unrecht geschehn? Krieg ist Krieg – ich halte alle Maßnahmen, die gegen mich gerichtet sind, für revolutionär erlaubt. Es ist nur schade, daß wir sie nicht angewandt haben. Ganz etwas anders ist es mit den Lagern und den Judenverfolgungen, sowie mit der ekelhaften Demütigung gegen Leute, die einmal anderer Gesinnung gewesen sind. (…) Wegen der Staatsangehörigkeit werde ich nichts unternehmen. Ich bin eher froh darüber. Es wird mir Laufereien machen – aber in der Sache selbst ist nichts zu sagen. Es klärt.   Brief an Fritz Tucholsky vom 31. August 1933

Deutscher Reichsanzeiger
und
Preußischer Staatsanzeiger.

Erscheint an jedem Wochentag abends. **Bezugspreis** durch die Post monatlich 2,30 ℛ.ℳ. einschließlich 0,48 ℛ.ℳ. Zeitungsgebühr, aber ohne Bestellgeld; für Selbstabholer bei der Geschäftsstelle 1,90 ℛ.ℳ. monatlich. Alle Postanstalten nehmen Bestellungen an, in Berlin für Selbstabholer die Geschäftsstelle SW 48, Wilhelmstraße 32. Einzelne Nummern kosten 30 ₰, einzelne Beilagen 10 ₰. Sie werden nur gegen Barzahlung oder vorherige Einsendung des Betrages einschließlich des Portos abgegeben. Fernsprecher: F 5 Bergmann 7573.

Anzeigenpreis für den Raum einer fünfgespaltenen Petitzeile 1,10 ℛ.ℳ., einer dreigespaltenen Einheitszeile 1,85 ℛ.ℳ. Anzeigen nimmt an die Geschäftsstelle Berlin SW 48, Wilhelmstraße 32. Alle Druckaufträge sind auf **einseitig** beschriebenem Papier völlig druckreif einzusenden, insbesondere ist darin auch anzugeben, welche Worte etwa durch **Fettdruck** (einmal unterstrichen) oder durch **Sperrdruck** (besonderer Vermerk am Rande) hervorgehoben werden sollen. **Befristete Anzeigen** müssen **3 Tage** vor dem Einrückungstermin bei der Geschäftsstelle eingegangen sein.

Nr. 198. Reichsbankgirokonto. Berlin, Freitag, den 25. August, abends. Postscheckkonto: Berlin 41821. **1933**

Inhalt des amtlichen Teiles.

Deutsches Reich.

Bekanntmachung des Reichsministers des Innern, betreffend Aberkennung der deutschen Staatsangehörigkeit.
Verordnung über die Umrechnung fremder Währungen bei der Berechnung der Wechselsteuer. Vom 23. August 1933.
Bekanntmachung über den Londoner Goldpreis.
Bekanntmachung über allgemeine Erhöhung des Jahreskornbrennrechts.
Filmverbot.

Preußen.

Bekanntmachung des Polizeipräsidenten in Berlin, Abteilung IV, betreffend Beschlagnahme eines Bilderbuches.
Aufhebung eines Zeitungsverbots.
Bekanntmachung des Regierungspräsidenten in Frankfurt, Oder, betreffend die Einziehung von Grundstücken zugunsten des Landes Preußen.

Amtliches.

Deutsches Reich.

Bekanntmachung.

Auf Grund des § 2 des Gesetzes über den Widerruf von Einbürgerungen und die Aberkennung der deutschen Staatsangehörigkeit vom 14. Juli 1933 (RGBl. I S. 480) erkläre ich im Einvernehmen mit dem Reichsminister des Auswärtigen folgende Reichsangehörige der deutschen Staatsangehörigkeit für verlustig, weil sie durch ein Verhalten, das gegen die Pflicht zur Treue gegen Reich und Volk verstößt, die deutschen Belange geschädigt haben:

Dr. Apfel, Alfred, geb. am 12. März 1882;
Bernhard, Georg, geb. am 20. Oktober 1875;
Dr. Breitscheid, Rudolf, geb. am 2. November 1874;
Eppstein, Eugen, geb. am 25. Juni 1878;
Falk, Alfred, geb. am 4. Februar 1896;
Feuchtwanger, Lion, geb. am 7. Juli 1884;
Dr. Foerster, Friedrich Wilhelm, geb. am 2. Juni 1869;
v. Gerlach, Helmuth, geb. am 2. Februar 1866;
Gohlke, Elfriede, gen. Ruth Fischer, geb. am 11. Dezember 1895;
Großmann, Kurt, geb. am 21. Mai 1897;
Grzesinski, Albert, geb. am 28. Juli 1879;
Gumbel, Emil, geb. am 18. Juli 1891;
Hansmann, Wilhelm, geb. am 29. Oktober 1886;
Heckert, Friedrich, geb. am 28. März 1884;
Hölz, Max, geb. am 14. Oktober 1889;
Dr. Kerr, Alfred, geb. am 25. Dezember 1867;
Lehmann-Rußbüldt, Otto, geb. am 1. Januar 1873;
Mann, Heinrich, geb. am 27. März 1871;
Maslowski, Peter, geb. am 25. April 1893;
Münzenberg, Wilhelm, geb. am 14. August 1889;
Neumann, Heinz Werner, geb. am 6. Juli 1902;
Pieck, Wilhelm, geb. am 3. Januar 1876;
Salomon, Berthold, gen. Jacob, geb. am 12. Dezember 1898;
Scheidemann, Philipp, geb. am 26. Juli 1865;
Schwarzschild, Leopold, geb. am 8. Dezember 1891;
Sievers, Max, geb. am 11. Juli 1887;
Stampfer, Friedrich, geb. am 8. September 1874;
Toller, Ernst, geb. am 1. Dezember 1893;
Dr. Tucholsky, Kurt, geb. am 9. Januar 1890;
Weiß, Bernhard, geb. am 30. Juli 1880;
Weißmann, Robert, geb. am 3. Juni 1869;
Wels, Otto, geb. am 19. September 1873;
Dr. Werthauer, Johann, geb. am 20. Januar 1866.

Das Vermögen dieser Personen wird hiermit beschlagnahmt.

Die Entscheidung darüber, inwieweit der Verlust der deutschen Staatsangehörigkeit auf Familienangehörige ausgedehnt wird, bleibt vorbehalten.

Berlin, den 23. August 1933.

Der Reichsminister des Innern.
J. V.: Pfundtner.

Verordnung
über die Umrechnung fremder Währungen bei der Berechnung der Wechselsteuer.
Vom 23. August 1933.

Auf Grund von §§ 8 Abs. 2, § 25 des Wechselsteuergesetzes vom 12. Juli 1930 wird folgendes bestimmt:

§ 1.

Der Umrechnung der in einer anderen als der Reichswährung ausgedrückten Wechselsummen sind bei der Berechnung der Wechselsteuer für die nachstehenden Währungen die dabei angegebenen Mittelwerte zugrunde zu legen:

Land		Einheit	ℛℳ
Aegypten		1 Pfund	14,30
Argentinien		1 Papierpeso (= 0,44 Goldpeso)	0,90
Belgien		1 Belga (= 5 belg. Francs)	0,58
Brasilien		1 Milreis	0,24
Britisch-Hongkong		1 Dollar	1,—
Britisch-Ostindien		1 Rupie	1,10
Britisch-Straits-Settlements		1 Dollar	1,70
Bulgarien		1 Lew	0,03
Canada		1 Dollar	2,90
Chile		1 Peso	0,25
Dänemark		1 Krone	0,65
Danzig		1 Gulden	0,80
Estland		1 Krone	0,70
Finnland		1 Mark	0,06
Frankreich		1 Franc	0,16
Griechenland		1 Drachme	0,025
Großbritannien		1 Pfund Sterling	13,90
Holland		1 Gulden	1,70
Italien		1 Lira	0,22
Japan		1 Yen	0,85
Jugoslawien		1 Dinar	0,05
Lettland		1 Lat	0,75
Litauen		1 Litas	0,42
Luxemburg		1 Franc	0,12
Mexiko		1 Peso	0,85
Norwegen		1 Krone	0,68
Oesterreich		1 Schilling	0,48
Peru		1 Sol	0,65
Polen		1 Zloty	0,47
Portugal		1 Escudo	0,13
Rumänien		1 Leu	0,025
Schweden		1 Krone	0,72
Schweiz		1 Franc	0,80
Spanien		1 Peseta	0,35
Tschechoslowakei		1 Krone	0,125
Türkei		1 Pfund	2,—
Ungarn		1 Pengö	0,73
Union der Sozialistischen Sowjetrepubliken		1 neuer Rubel (¹⁄₁₀ Tscherwonez)	2,16
Uruguay		1 Peso	1,45
Vereinigte Staaten von Amerika		1 Dollar	3,10

§ 2.

Andere als die in § 1 bezeichneten Währungen werden nach Maßgabe des § 4 Abs. 2 der Ausführungsbestimmungen zum Wechselsteuergesetz vom 20. November 1930 (Reichsministerialbl. S. 651) umgerechnet.

§ 3.

Die Verordnung über die Umrechnung fremder Währungen bei der Berechnung der Wechselsteuer vom 1. Juni 1933 (Reichsministerialbl. S. 302) wird aufgehoben.

§ 4.

Diese Verordnung tritt am 1. September 1933 in Kraft.

Berlin, den 23. August 1933.

Der Reichsminister der Finanzen.
J. V.: Hedding.

Bekanntmachung
über den Londoner Goldpreis gemäß § 1 der Verordnung vom 10. Oktober 1931 zur Aenderung der Wertberechnung von Hypotheken und sonstigen Ansprüchen, die auf Feingold (Goldmark) lauten (RGBl. I S. 569).

Der Londoner Goldpreis beträgt am 25. August 1933 für eine Unze Feingold . . . . = 126 sh 2 d, in deutsche Währung nach dem Berliner Mittelkurs für ein englisches Pfund vom 25. August 1933 mit ℛℳ 13,765 umgerechnet . . . = ℛℳ 86,8342, für ein Gramm Feingold demnach . . . . = pence 48,6762, in deutsche Währung umgerechnet . . . . = ℛℳ 2,79173.

Berlin, den 25. August 1933.

Statistische Abteilung der Reichsbank.
Speer.

Bekanntmachung
über allgemeine Erhöhung des Jahreskornbrennrechts.

Auf Grund der mir durch den Beirat in der Sitzung am 24. September 1932 erteilten Ermächtigung bestimme ich unter Abänderung der Ziffer 16 meiner Bekanntmachung vom 26. September 1932 — V 7102 — 2807 II a — folgendes:

Innerhalb des Jahreskornbrennrechts wird mit rückwirkender Kraft für das Betriebsjahr 1932/33 das besondere Jahresbrennrecht für die Herstellung von Kornbranntwein (Jahreskornbrennrecht) mit der in § 82 des Branntwein-

monopolgesetzes vorgesehenen Wirkung auf 25 Hundertteile des regelmäßigen für die Verarbeitung von Korn geltenden Brennrechts erhöht.

Berlin, den 24. August 1933.

Reichsmonopolverwaltung für Branntwein.
Nebeling.

Filmverbot.

Die öffentliche Vorführung des Bildstreifens: "Red Dust (Die gelbe Hölle)", 9 Akte — 2297 m, Antragsteller: Metro-Goldwyn Mayer Film A. G., Berlin, Hersteller: Metro-Goldwyn Mayer, Amerika, ist am 22. August 1933 unter Prüfnummer 34 333 verboten worden.

Berlin, den 24. August 1933.

Der Leiter der Filmprüfstelle.
Zimmermann.

Preußen.

Bekanntmachung.

Auf Grund des § 7 der Verordnung des Herrn Reichspräsidenten zum Schutze des deutschen Volkes vom 4. Februar 1933 habe ich das Bilderbuch "Edle Nacktheit", 20 photographische Aufnahmen von Lotte Herrlich, 1. Band, verlegt vom Eurora-Verlag, Dresden-Weinböhla, in Po... wegen Gefährdung von Sitte und Anstand beschlagnahmt.

Berlin, den 21. August 1933.

Der Polizeipräsident in Berlin.
J. A.: Vorwerk.

Bekanntmachung.

Das am 17. August 1933 auf Grund des § 9 Abf. 1 Ziffer 5 und 7 der Verordnung des Reichspräsidenten zum Schutze des deutschen Volkes vom 4. Februar 1933 (RGBl. Nr. 8 S. 35 ff.) ausgesprochene Verbot der in Berlin erscheinenden periodischen Druckschrift "Jüdische Rundschau" wird mit sofortiger Wirkung aufgehoben.

Berlin, den 24. August 1933.

Geheimes Staatspolizeiamt.
J. V.: Voß.

Bekanntmachung.

Auf Grund des § 1 des Gesetzes über die Einziehung kommunistischen Vermögens vom 26. Mai 1933 (RGBl. I S. 293) in Verbindung mit dem Gesetz über die Einziehung volks- und staatsfeindlichen Vermögens vom 14. Juli 1933 (RGBl. I S. 479) und der Preuß. Ausführungsverordnung vom 31. Mai 1933 (Gesetzsamml. S. 207) wird das Eigentum an den Grundstücken

Band II Blatt 152 / Band I Blatt 4 im Grundbuch von Cottbus Spremberger Vorstadt,
Band IV Blatt 140 / Band V Blatt 152 im Grundbuch von Klettwitz, Eigentümerin: "Märkische Volksstimme G. m. b. H.", Cottbus,
Band II Blatt 72 im Grundbuch von Forst, Amtsbezirk Stadtkreis Forst, Eigentümerin: "Lausitzer Volkszeitung und Verlagsbuchhandlung G. m. b. H." in Forst,
Band XII Blatt 158 im Grundbuch von Frankfurt (Oder) Stadt, Eigentümerin: "Frankfurter Verlagsgesellschaft m. b. H." in Frankfurt (Oder),
Band III Blatt 84 im Grundbuch von Landsberg a. d. W. Mühl. Vorst., Kreis Landsberg a. d. W., Eigentümerin: "G. m. b. H. Neumarkisches Volksblatt" in Landsberg a. d. W.,

dadurch zugunsten des Preußischen Staates, vertreten durch den Preußischen Minister des Innern in Berlin, eingezogen, daß die Grundstücke der dem Preuß. Staat als Aktionär allein gehörigen Konzentrations-Aktien-Gesellschaft in Berlin SW 68, Lindenstraße 3, übereignet werden.

Frankfurt (Oder), den 17. August 1933.

Der Regierungspräsident.
J. A.: Martinius.

Nichtamtliches.

Aus der Preußischen Verwaltung.
Wiederherstellung aufgelöster Landkreise.

Das Gesetz über die Wiederherstellung aufgelöster Landkreise tritt am 1. 10. 1933 in Kraft. Sämtliche beteiligten Behörden

---

Volksverräter

ausgestoßen aus der deutschen Volksgemeinschaft!

Auf Grund des § 2 des Gesetzes über den Widerruf von Einbürgerungen und die Aberkennung der deutschen Staatsangehörigkeit vom 14. Juli 1933 hat der Reichsminister des Innern im Einvernehmen mit dem Reichsminister des Auswärtigen durch eine im „Reichsanzeiger" veröffentlichte Bekanntmachung vom 23. August 1933 zunächst folgende im Ausland befindliche Reichsangehörigen der deutschen Staatsangehörigkeit für verlustig erklärt, weil sie durch ein Verhalten, das gegen die Pflicht zur Treue gegen Reich und Volk verstößt, die deutschen Belange geschädigt haben:

Philipp Scheidemann   Otto Wels   Wilhelm Pieck   Dr. Robert Weißmann   Dr. Rudolf Breitscheid   Heinz Werner Neumann

Albert Grzesinski   Bernhard Weiß   Dr. Joh. Werthauer   Dr. Alfred Apfel   Friedrich Stampfer   Ruth Fischer

Dr. Friedr. W. Foerster   Emil Gumbel   Helmuth v. Gerlach   Leopold Schwarzschild   Dr. Kurt Tucholski   Max Hölz

Willi Münzenberg   Ernst Toller   Georg Bernhard   Alfred Kerr   Heinrich Mann   Lion Feuchtwanger

»Illustrierter Beobachter«, August 1933

Wir werden eine ganze Strähne Selbstmorde erleben. Viele Juden *glauben* es nicht, was ihnen geschehn ist – sie haben keine Phantasie.

Brief an Walter Hasenclever vom 14. September 1933

Ich war gestern vollkommen betrunken, wie das erste Mal. (...) Auf einmal verstehe ich wieder alles. Die Frauen haben richtige Gesichter, und nicht diese fahlen Eierkuchen; ich verstehe den Rhythmus, in dem die Autos angeschwirrt kommen, den brin de causette mit der Frau im Tabac, und die weiß, was das soll: nichts. Es sind richtige Menschen. (...) Ich habe hier so vielen Jammer durregemacht ... und man möchte sich auf den Asphalt hinknien und ihn küssen – so ist das hier. Es ist eine Landschaft. Ein Meer. Ich bin besoffen wie im ersten Mai 24.

Brief an Hedwig Müller vom 8. September 1933

Tucholsky während der Schiffsüberfahrt von Belgien nach Schweden, September 1933

Auf der Rückreise aus Zürich nach Hindås hielt Tucholsky sich einige Tage in Paris auf.

Tucholskys Arbeitszimmer in Hindås

Hierorts ist viel Leserei, ein bißchen Besuch, Massage und gradezu großes Massenelend, wenn ich rauche. Dann ist überhaupt alles aus. (…) Morgens ist mir im Kopf ganz dumm. Heine hat auch Jodkali genommen (nein, ich bilde mir gar nichts ein, ich bilde mich nur) und es hat auch ihm nicht geholfen. Brief an Hedwig Müller vom 21. Oktober 1933

Blick auf den See, aus Tucholskys Arbeitszimmer fotografiert, 1933

Sehr geehrtes Frollein Doktor,
bitte erlauben Sie einem f r ü h e r e n Kollegen von Ihnen,
Ihnen seine herzlichsten Grüße ergebenst zu übermitteln.
Ich sage: früheren – denn ich darf mich leider nicht mehr zu
den Kreisen der Kakademiker zählen. Die Couillons haben
sich ausgedacht, allen ihnen nicht genehmen Elementen die
Titel zu entziehen. Ich finde das himmlisch. Weißt Du noch,
wie ich Dich gefragt habe, ob ich das zurückschicken soll?
(...) Nun also machen *sie* es, und bin entsetzlich bedrückt,
denn das wirst Du ja verstehen: in allem Jammer hat mich
doch das Diplom immer noch hoch gehalten... Ich hänge es
aufs Klô, wenn Du kommst, daß Du es siehst.

Brief an Hedwig Müller vom 17. November 1933

An Geld verdienen glaube ich nicht. Vielleicht ist das
Schwäche – meinetwegen. Aber mich freut es nicht mehr.
Wenn diese Art zu leben, richtig ist, dann habe ich unrecht
– die Zeit hat immer »recht«, nämlich für eben diese Zeit
selber. Das ist kein Trost, sondern eine Erkenntnis. Und mit
der könnte man leben – aber nicht von ihr, und wovon
sollte man –? Im Dreck quälen mag ich mich nicht (...)

Brief an Hedwig Müller vom 25. November 1933

Bemerkungen

Emigranten

In Paris gibt es viele davon. Bei allem Mitgefühl: sie sind fast immer von einer leisen Komik umwittert. Italiener, Spanier, weiße Russen – alle sitzen hier und warten, daß ihr gesetzwidriges, akutes, momentanes Regime nun aber ganz bestimmt in diesen Tagen endlich zusammenbreche. Es bricht aber nicht.

An Voraussagen fehlts nicht. Die Bolschewisten können sich nicht mehr halten; Primo de Rivera, für den Unamuno jede Woche zwei neue Schimpfwörter ersinnt, purzelt selbstverständlich spätestens bis Montag ein Uhr, das syphilitische Schwein; bei Mussolini handelt sichs nur noch um Minuten. Ernst bei Seite: sie sind in ihrem Jammer ganz heiter — Alle zusammen.

Man darf sie nicht etwa sämtlich in einem Topf kochen. Die halbe Million italienischer Arbeiter, die zur Zeit in Frankreich ist, setzt sich meistens aus Antifascisten zusammen, und das weißgekreidete „A Mussolini la Morte'" mit dem Totengebein darunter, das ich jeden Tag vor dem Bahntunnel zu sehen bekomme, ist durchaus ernst. Man hat diese Leute verjagt, terrorisiert, aus dem Lande herausnationalisiert — wahrscheinlich waren es keine „guten Italiener". Die Spanier, die für meinen Geschmack ein klein wenig mehr von sich hermachen, als ihrer Affäre zu Grunde liegt, und die in allen Diskussionen so tun, als habe jenseits der Pyrenäen vor dem dicken General ein wirklich parlamentarisch regiertes Land nach und mit europäischen Begriffen bestanden, können nicht zurück, und nachdem die französische Neugier nachgelassen hat, langweilen sie sich ein bißchen und ihre Zuhörer übrigens auch. Die weißen Russen fangen an, legendär zu werden.

Und alle Diese sind zu beklagen, Einige zu unterstützen und zu bejahen — nur: wenn du einen Propheten suchst, geh nicht zu ihnen. Der Wunsch ist hier der illegitime Vater des Gedankens . . . So einfach läuft die Weltgeschichte doch nicht. Und es ist ja begreiflich, was sie zu ihren Weissagungen veranlaßt: nur wenige Menschen können sich vorstellen, daß es ohne sie geht. Ich nicht mehr dabei . . .? Die Welt stürzt zusammen! Sie wandelt aber still weiterhin ihren Plan.

Wenn man dieses Treiben betrachtet, so muß man an andre Emigranten denken. Die Prophezeiungen der Zimmerwalder Russen aus den Jahren 1915 bis 1917 liegen gedruckt vor, die Nummern der Zeitschriften mit der Datumsangabe sind noch erhalten . . . Das ist doch ein andres Format. Gradezu erschütternd sind diese Aufsätze. Darin steht Alles, Alles: das imperialistische Kriegsziel, der Zusammenbruch der Mittemächte und Rußlands, die Möglichkeiten und Ziele einer Arbeiterregierung — und das zu einer Zeit, wo diese Behauptungen überall auf Standgerichte stießen und auf keinen Politiker, der sie auch nur in den Kreis seiner Erwägungen gezogen hatte.

Verärgerte Bürgerliche sind noch keine Revolutionäre.

Ignaz Wrobel

»Emigranten« in der »Weltbühne« vom 18. August 1925

Der Artikel lag einem der »Q-Tagebücher« an Hedwig Müller bei.

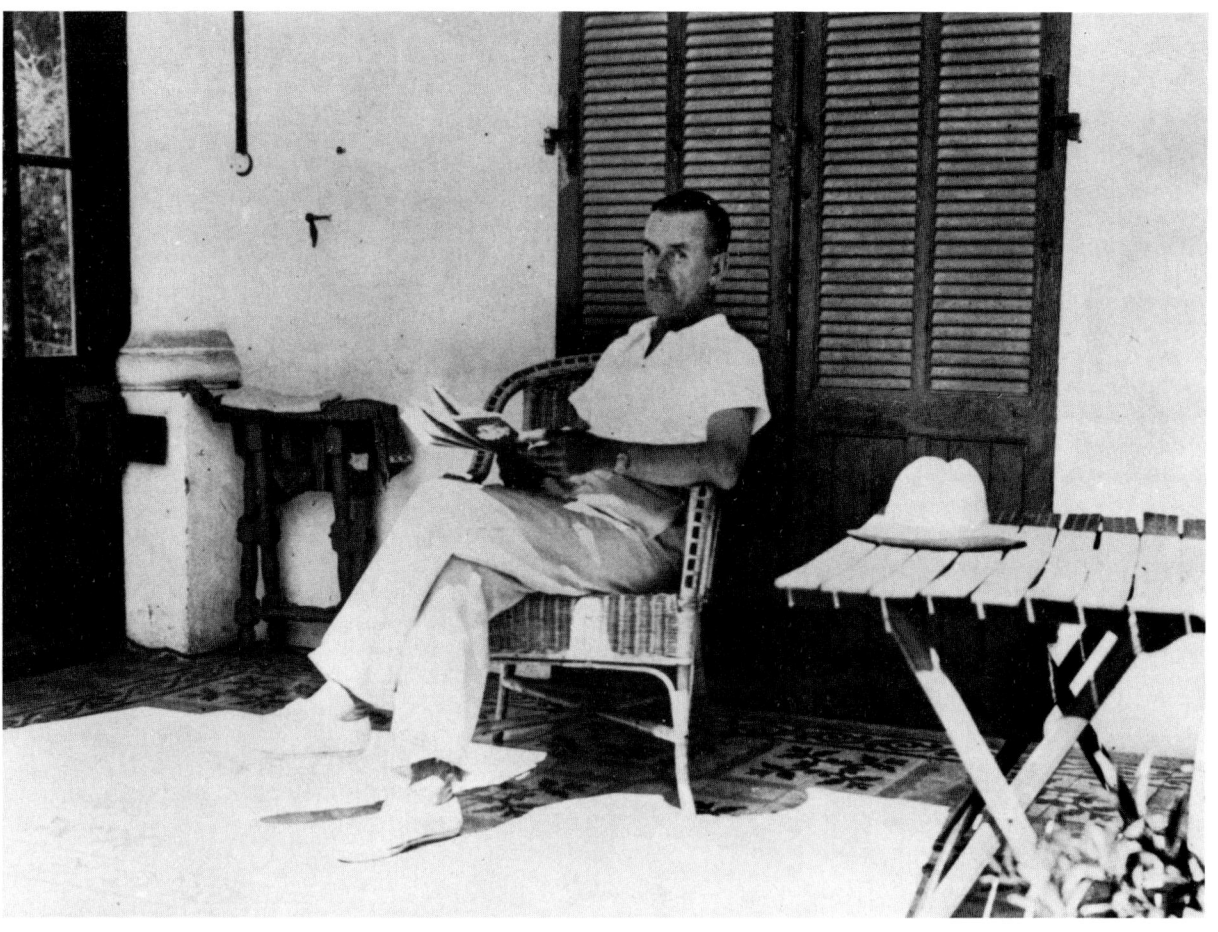

Thomas Mann in Sanary-sur-Mer, 1933

Lion Feuchtwanger

Feuchtwangers »Oppenheims« werden ein gutes Werk tun.
Künstlerisch ist es ganz schlecht – strohig, aus Pappe. Ich
halte den Mann für sinnlos überschätzt. Das ist gut genug
für Engländer. Seine Haltung ist leider tausendmal anständiger als die Thomas Manns. Von Döblin nicht zu reden.

Brief an Walter Hasenclever vom 14. Dezember 1933

DR. IUR. KURT TUCHOLSKY   Hindås; 22-1-34

        Kurt T u c h o l sk y wurde am 9. Januar 1890 als Sohn des
Kaufmanns Alex Tucholsky und seiner Ehefrau, Doris, geborene Tucholski,
in Berlin geboren. Er besuchte Gymnasien in Stettin und in Berlin und
bestand im Jahre 1909 die Reifeprüfung. Er studierte in Berlin und in Genf
Jura und promovierte im Jahre 1914 in Jena cum laude mit einer Arbeit
über Hypothekenrecht.

        Im April 1915 wurde T. zum Heeresdienst eingezogen; er war
3 1/2 Jahre Soldat (die Papiere über seine Militärzeit liegen bei).
Zuletzt ist T. Feldpolizeikommissar bei der Politischen Polizei in Rumänien
gewesen.

        Nach dem Kriege war T. unter Theodor Wolff, dem Chefredakteur
des "Berliner Tageblatt" Leiter der humoristischen Beilage dieses Blattes,
des "Ulk", vom Dezember 1918 bis zum April 1920.

        Während der Inflation, als ein schriftstellerischer Verdienst
in Deutschland nicht möglich gewesen ist, nahm T. eine Anstellung als
Privatsekretär des früheren Finanzministers Hugo Simon an (in der Bank
Bett Simon & Co in Berlin).

        Im Jahre 1924 ging T. als fester Mitarbeiter der Berliner
Wochenschrift "Die Weltbühne" und der "Vossischen Zeitung" nach Paris, wo
er sich bis zum Jahre 1929 aufhielt. Er ist dort Mitglied der "Associa-
tion Syndicale de la Presse etrangère" gewesen. Seine Carte
d' identité liegt bei.

        Nachdem T. bereits als Tourist längere Sommeraufenthalte in
Schweden genommen hatte (1928 in Kivik, Skåne, und 5 Monate im Jahre 1929

HINDÅS
TEL. No. 29   Vita Dr. Tucholsky
                                                              2.

bei Mariefred), mietete er im Sommer 1929 eine Villa in Hindås, um
sich ständig in Schweden niederzulassen. (Der Mietvertrag liegt bei).
Er bezog das Haus, das er ab 1. Oktober 1929 gemietet hat, im Januar
1930 und wohnt dort ununterbrochen bis heute. Er hat sich in Schweden
schriftstellerisch oder politisch niemals betätigt. Zahlreiche Reisen,
die zu seiner Information und zur Hebung eines hartnäckigen Halsleidens
dienten, führten ihn nach Frankreich, nach England (Papier anliegend),
nach Oesterreich und nach der Schweiz. Sein fester Wohnsitz ist seit
Januar 1930 Hindås gewesen, wo er seinen gesamten Hausstand und seine
Bibliothek hat.

        T. hat im Jahre 1920 in Berlin Fräulein Dr. El med. Else
Weil geheiratet; die Ehe ist am 14. Februar 1924 rechtskräftig geschieden. Am 30. August hat T. Fräulein Mary Gerhold geheiratet; die Ehe ist
am 21. August 1933 rechtskräftig geschieden. T. hat keine Kinder sowie
keine unterstützungsberechtigten Verwandten, die seinen Aufenthalt in
Schweden gesetzlich teilen können.

                                //

        Tucholsky hat zu den bestbezahlten deutschen Journalisten
gehört. Seit dem Jahre 1931 hat er so gut wie nichts publiciert. Seine
in Deutschland befindlichen Vermögenswerte sind laut Bekanntmachung im
Deutschen Reichsanzeiger vom 25. August 1933 beschlagnahmt worden;
(Verlagsrechte, Honorare pp.) T. hat ein Konto bei der Skandinaviska
Kredit A.B. in Göteborg, seit er in Schweden ist, und ein Konto bei
der Schweizerischen Kredit - Anstalt in Zürich, um über Geld auf Reisen
verfügen zu können. Er hat keinerlei Schuldverpflichtungen, wie auch

Tucholskys Lebenslauf, 22. Januar 1934

die Göteborger Firmen bezeugen können, bei denen er die Einrichtung
seiner Wohnung vorgenommen hat und bei denen er seinen Hausbedarf deckt.

Dass T. Angebote von Verlagen und Zeitschriften zur Zeit
abgewiesen hat, hängt mit seiner literarischen Entwicklung zusammen.

//

Tucholsky hat seine literarische Tätigkeit mit einer kleinen
Geschichte "Rheinsberg. Ein Bilderbuch für Verliebte" begonnen, das
im Jahre 1912 in Berlin erschienen ist und heute im 120. Tausend
vorliegt. An Büchern hat er bis heute ferner erscheinen lassen:

          Der Zeitsparer. 1913. Vergriffen
          Fromme Gesänge. 1920. Vergriffen
          Träumerein an preussischen Kaminen 1920. Vergriffen
          Ein Pyrenäenbuch. 1927. 11. Auflage
          Mit 5 PS. 1925   26. Auflage
          Das Lächeln der Mona Lisa 1928. 26.Auflage
          Deutschland, Deutschland über alles! 1929 50. Auflage
          Schloss Gripsholm. Eine Sommergeschichte 1931 50.A.
          Lerne lachen ohne zu weinen 1931 20. Auflage.

Das Deutschland-Buch ist im Neuen Deutschen Verlag in Berlin erschienen;
Rheinsberg bei der Singer A.G. in Berlin - alle andern Werke bei Ernst
Rowohlt in Berlin.

Im Jahre 1913 hat Tucholsky seine feste Mitarbeit an der Berliner
Wochenschrift "Die Weltbühne" begonnen, die damals noch "Die Schaubühne"
hiess; diese Mitarbeit erstreckte sich bis zum Jahre 1931. Dem im Jahre
1926 verstorbenen Herausgeber des Blattes, Siegfried Jacobsohn, ver-
dankt Tucholsky alles, was er geworden ist. Nach dem Tode Jacobsohns
hat er das Blatt kurze Zeit selber herausgegeben, um es dann seinem
Gesinnungsfreunde Carl von Ossietzky abzutreten.

T. hat sich ferner als freier Mitarbeiter für den socialdemokratischen "Vorwärts" in Berlin, für die socialdemokratische "Freiheit",
den "Simplicissimus" und die "Arbeiter - Illustrierte" betätigt; er hat
gelegentlich im Verlage Ullstein am "Uhu", an der "Berliner Illustrirten
Zeitung" und an der "Dame" mitgearbeitet.

Neben der literarischen Arbeit hat sich T. vom Jahre 1913 bis
zum Jahre 1930 als Pacifist schärfster Richtung in Deutschland betätigt.
Seine Betätigung in dieser Richtung bewegte sich im Rahmen der Gesetze -
er ist nicht bestraft. T. hat in Deutschland und in Frankreich durch zahlreiche Vorträge für die deutsch- französische Verständigung zu wirken
versucht; er hat gegen die Kriegshetzerei gearbeitet, wo er nur konnte:
mit feinen und leisen Mitteln in der Kunst und mit den gröbsten für die
Massen. In diesem Kampfe ist es ihm um die Wirkung zu tun gewesen, und
diese Wirkung ist bei Freund und Feind gleich stark gewesen. Da die
öffentliche Meinung, wenn die Geschäfte nicht gut gehn, gern alles, was
ihr nicht passt, als "bolschewistisch" ansieht, so wurde T. mitunter als
Kommunist bezeichnet. Das ist unrichtig: er war nach dem Kriege Mitglied
der unabhängigen socialdemokratischen Partei, und nach der Verschmelzung
mit der socialdemokratischen Partei Mitglied der S.P.D. Andern Parteien
hat er nicht angehört.

Solange sich T. an Deutschland gebunden fühlte, hat er als
Deutscher und in Deutschland das, was er dort für nicht gut hielt,
scharf kritisiert. Seine publicistische Tätigkeit hat im Jahre 1931,
also lange v o r der Machtergreifung der Nationalsocialisten, ihr
vorläufiges Ende gefunden. Trotzdem wurde ihm 2 Jahre später die deutsche

Tucholskys deutscher Reisepaß wurde am 14. Januar 1934 ungültig.
Tucholsky galt damit in Schweden als staatenlos. Am 22. Januar
beantragte er die schwedische Einbürgerung.
Der Antrag wurde abgelehnt.
Am 29. Januar beantrage Tucholsky einen Ausländerpaß.

Es ist ganz und gar ausgeschlossen, die alte Rolle weiterzu-
drehen. Erstens will ich es nicht und kann ich es nicht – und
dann: ja, haben denn diese ganzen Kerle auch nicht für
einen Sechser Selbstbesinnung? Man kann unterliegen, das
ist gewiß keine Schande. Aber man muß sich doch fragen:
Warum ist das so gekommen? Haben wir nicht vielleicht
dicke Fehler gemacht! Es mag ein gutes Zeichen sein, unentwegt, trotz aller Niederlagen, an der alten Anschauung fest-
zuhalten – aber dies hier ist keine Stärke. Es ist Sturheit,
Stumpfsinn, dummtrotzige Eitelkeit. Ich sehe an keiner
Stelle irgendwelche Zeichen von innerer Einkehr (…)
Natürlich schreiben die blöden Linksblätter sofort von
»Faschismus«, wenn sich einer erlaubt, nachzudenken und
mitzuteilen, daß die alten Formeln ihren Sinn verloren
haben.   Brief an Fritz Tucholsky vom 21. Januar 1934

Staatsangehörigkeit aberkannt. Die Aberkennung erfolgte wegen der
pacifistischen Tätigkeit Tucholskys; sie hat ihren Grund ferner in einem
Angriff, den T. im Jahre 1931 in Versen gegen einen der Führer der
Nationalsocialisten gerichtet hat. Die Aberkennung geschah unter An-
griffen des deutschen Propagandaministeriums auf Tucholsky, die jedes
Mass, das unter civilisierten Menschen üblich ist, überschritten haben.
Eine Antwort auf diese Angriffe ist von seiten Tucholskys nicht erfolgt.

Die Aberkennung der Staatsangehörigkeit beruft sich auf ein
Reichsgesetz vom 14. Juli 1933. T. hat sich weder seit diesem Tage
noch überhaupt zur Machtergreifung durch die Nationalsocialisten öffentlich geäussert. Die Aberkennung der Staatsangehörigkeit, die als Strafe
gedacht ist, stellt also einen Rechtsbruch dar, einen Bruch des obersten
Grundsatzes aller Strafjustiz: nulla poena sine lege.

//

Dr. Tucholsky ist im Begriff, seine schwedischen Sprachkennt-
nisse zu vervollkommnen. Er hat den Wunsch, die schwedische Staatsangehörigkeit zu erwerben, falls dies zulässig ist.

Tucholsky.

Deutschland, etwa 1934

Also ist es dumm, das arme getäuschte Deutschland zu bedauern, und es ist Unfug, dem Ausland einreden zu wollen, das sei alles gar nicht so – Deutschland sei vielmehr … ja, was? Wer? Kisch? Die emigrierten Juden? Ich? Sie? Nein, nein, es hat schon seine Richtigkeit: die da zu Hause sind janz richtig, und man muß es ablaufen lassen. Nebeneditionen gibt es nicht.   Brief an Walter Hasenclever vom 5. Januar 1934

Tucholsky, etwa 1933

Hindås Schweden
6-2-34

Herrn
Wickham Steed
London

Sehr geehrter Herr,

bitte erlauben Sie mir, Ihnen für Ihr Eintreten für meinen Freund Carl von Ossietzky zu danken. Wir haben in den letzten Jahren die "Weltbühne" zusammen herausgegeben, und daher nehme ich mir die Freiheit, Ihre Ausführungen in einem wichtigen Punkte zu ergänzen.

Ich habe dieser Wochenschrift zwanzig Jahre meines Lebens gegeben, wie ich glaube, ist meine Arbeit dort nicht ganz nutzlos gewesen. Auf mein Anraten hat der verstorbene Herausgeber des Blattes, S. Jacobsohn, Herrn von Ossietzky berufen - nach Jacobsohns Tode habe ich einige Zeit lang das Blatt ediert und es dann an Ossietzky abgegeben. Ich kenne ihn und die Verhältnisse also genau.

Es ist alles so, wie Sie es gesagt haben.

Wir, seine Freunde, und besonders ich, haben die ganze Zeit hindurch geschwiegen, um sein Schicksal nicht zu verschlimmern - sicherlich hätte er jedes Eingreifen von uns büssen müssen.

Und hier ist nun die Hauptsache, die mich so schmerzt: der Mann sitzt für uns alle, die wir dort mitgearbeitet haben! Sie rächen sich an ihm, für uns.

Ich habe die übeln Schimpfereien und die Schmutzspritzer, die gegen mich gerichtet sind, kaum verfolgt - ich weiss aber, dass die Wut der

Nazis masslos ab ist, mich nicht gekriegt zu haben. (Ich habe Deutschland schon vor 10 Jahren verlassen.) Immer und immer wieder kocht das auf, immer und immer wieder tönt das Gehul zu mir herüber - und ich weiss: das muss er büssen.

Ich möchte damit die Rolle unseres bedeutendsten politischen Publicisten, der er ist, nicht verkleinern. Er hat - gerade noch in allerletzter Zeit vor der Hitlerei - ein paar bitterböse und wundervoll scharfe Artikel gegen diese Pest geschrieben. Er hat, wie Sie in Ihrem Artikel gesagt haben, das Land trotzdem nicht verlassen. Sie strafen ihn also auch für seinen eigenen Mut, natürlich. Aber die ohnmächtige Wut, sich nicht auch an allen Mitarbeitern des Blattes (Hellmuth von Gerlach, an mir u.a.) rächen zu können, verschärft das Schicksal unseres Freundes.

Auf Anraten meiner politischen Freunde und meinem eigenen Instinkt folgend, habe ich öffentlich nichts für C.v.O. gesagt - wahrscheinlich hätten ihm seine Wärter den Artikel zu fressen gegeben. Ich habe also geschwiegen, so schwer mir das gefallen ist. Einsprüche von Pacifisten oder von Radikalen werden keinen Erfolg haben.

Bei der Unterstützung aber, die die Politik Hitlers durch MacDonald findet, wiegt die englische Stimme in Deutschland schwer. Wird von London aus gedrückt, so kann es sein, dass sie ihn herauslassen. Ich bitte Sie von Herzen darum, sehr geehrter Herr, in diesem Sinne zu wirken; mir ist das verwehrt. Und wenn es möglich wäre, ihn aus dem Lande zu bekommen so wäre das gut; denn ich fürchte, dass irgend welche enttäuschten und von Hitler betrogenen S.A.-Leute sonst eine Privatjustiz an dem "Befreiten" ausüben.

Mit Dank für alles, was Sie an meinem Kameraden getan haben.

bin ich mit dem Ausdruck meiner Hochachtung
Ihr sehr ergebener

Tucholskys Brief an den Chefredakteur der Londoner »Times«, Henry Wickham Steed, 6. Februar 1934

Dagegen entdecke ich täglich einen Zentimeter Frankreich mehr, ich kenne ja so wenig – und das ist sehr schön. Schade, das hätte einem alles mit 19 passieren sollen.

Brief an Hedwig Müller vom 7. März 1934

Ich hatte einen riesigen Brief an Clever gebaut und habe ihn wieder zerrissen. Es ist alles viel zu früh. Das Alte mag ich nun nicht mehr schreiben – es ist ja ein bißchen kindisch, immer wieder auzudrücken, daß es einen nichts mehr angeht – und das Neue ist in mir keineswegs fertig.

Brief an Hedwig Müller vom 9. April 1934

Ich läse viel und belerne mich, weil ich mit Dir der Meinung bin, daß es unfruchtbar und albern ist, einfach zu schimpfen. Das ist gegen die Natur.

Brief an Hedwig Müller vom 19. April 1934

Hedwig Müller, etwa 1934

Tucholsky, 1934

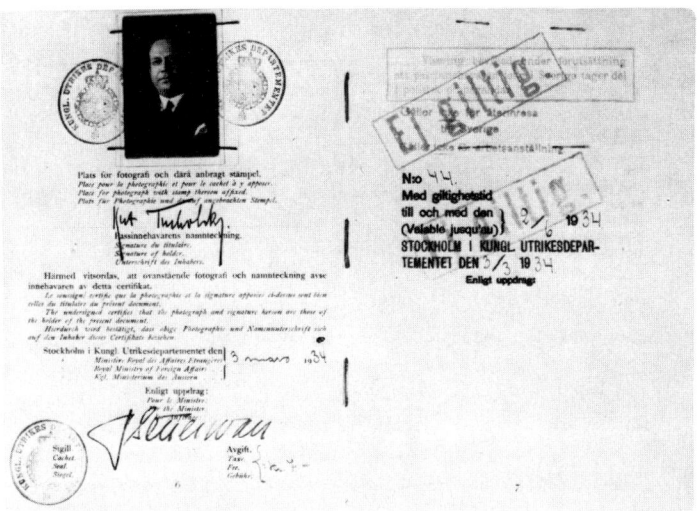

Tucholskys schwedischer Fremdenpaß, ausgestellt am 3. März 1934

Liebe Fremdenpaßnuuna,
hätten hätt ich ihn, aber nach alle dem Getue haben sie sich
aufgerungen, ihn mir für drei (3) Monate auszustellen. Und
ohne das Rückvisum. Das muß ich mir wahrscheinlich auf
den Hebriden abholen. Nun, also den kriegen sie zurück –
und das wird noch etwas dauern. Immerhin: es hätte schlimmer kommen können.

Nein, Nuna, Du denkst immer, ich will nicht kommen –
es ist aber ganz was anders: ich verstecke mich, weil ich
Angst habe. So wehrlos kann man nicht mal unter die wilden und besoffenen Dienstmänner Eures Bahnhofs.

Brief an Hedwig Müller vom 7. März 1934

Liebe Visumsnuuna,
da schrieben nun also die Belgier, sie müßten erst ihren
König fragen. Das ist auch richtig – denn schließlich kann
jeder schwedische Taschendieb so hereinfahren, aber denk
mal, wenn … es ist gar nicht auszudenken. Ich sehe mir das
in meiner stillen Art noch eine Weile an – werfen sie mir
aber zu viel Knüppel zwischen die Beine, dann blase ich
ihnen was und bleibe zu Hause. Schließlich lasse ich mich
für mein Geld nicht ärgern.

Brief an Hedwig Müller vom 24. April 1934

Du weißt ja, was hier los ist: dieses bedrückende Gefühl der
Rechtlosigkeit, der Ausnahmestellung, diese Solidarität der
Bürokratien, das alberne Getue, diese Dummdreistigkeit,
einem gnädig zu »erlauben«, Geld auszugeben, als Gnade,
unter allen Umständen aber das Geldverdienen zu verbie-
ten, dabei noch frech, und teuer und umständlich –

Brief an Hedwig Müller vom 26. April 1934

Kurt Tucholsky erhielt am 3. März 1934 einen Fremdenpaß, mit dem er
sich in Schweden aufhalten und mit er ins Ausland reisen konnte. Eine
Arbeitserlaubnis und die Möglichkeit politischer Betätigung war damit
nicht verbunden.

Nach einem mehrwöchigen Aufenthalt in dem französischen Schwefelbad Challes-les-Eaux reiste Tucholsky Mitte Juni 1934 nach Zürich. Anfang Juli bis Ende September hielt er sich in dem schwedischen Seebad
Lysekil auf, wo ihn Hedwig Müller im August 1934 besuchte.

Diese Landschaft hier ist ein kleiner Satz aus der Symphonie
bei Maloja, und die kleine Besitzung des Mannes wiederum
ein lichter Fleck mit Laubbäumen. Wenn ich an den
schwammigen Tessin denke: hier sagt alles zu mir Ja.

Brief an Hedwig Müller vom 4. Juli 1934

Wenn mir mal, wie gestern abend, ein bißchen besser ist,
dann merke ich erst, in welcher Hölle ich seit drei Jahren
lebe. Geht es auch nur eine Winzigkeit besser, dann asso-
ziiere ich ganz anders, es läuft von allen Seiten auf mich zu,
alles bekommt Farbe, wird wichtig (relativ) – und dann
versinkt wieder alles in diesen grauen Brei. Schön.

Brief an Hedwig Müller vom 13. Juli 1934

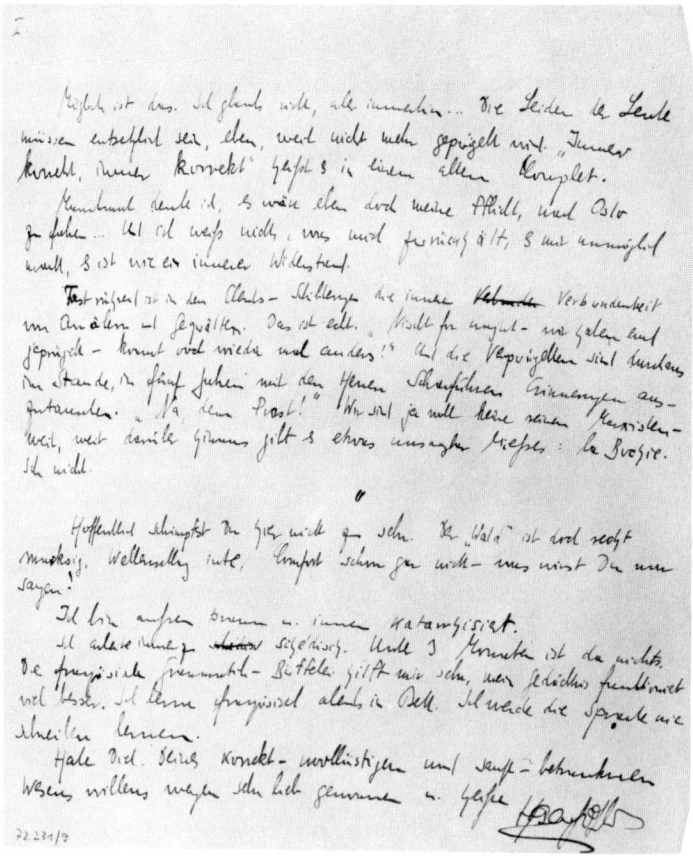

Brief an Hedwig Müller vom 25. Juli 1934

Diese sinnlose Organwut, die ich wieder verspüre, ist nicht neurasthenisch, das ist nicht wahr, es ist etwas Fremdes in mir, wogegen sich der Körper zu wehren sucht, aber er kann es nicht. Meine mit Verlaub zu sagen Seele ist ganz brav, wie sie immer war, leicht meschugge, aber daher kommt es nicht. In meinem Kopf ist etwas, was da nicht hineingehört.　　　Brief an Hedwig Müller vom 17. September 1934

Liebe Nasennuuuuna,
anbei *1*
Hierorts nichts; verstopft, kein Geruch, lärmempfindlich, nicht sehr schön.

Wetter: bedeckt. Ich auch.

In 3 Wochen bist Du schon da und sagst, was Ächzte so sagen. Gut.

Die letzten Nummern vom Blättchen sind alle mit einem Mal gekommen – das ist recht trostlos. Kleine Leute. Dieses Mißverhältnis zwischen Tun und Macht … nein, so geht es gar nicht. Das beste ist noch der Satz von Pallenberg über Hitler: »Er sieht aus wie ein Heiratsschwindler.« Aber sonst … Gott weiß bekanntlich alles, aber die Kommunisten wissen alles besser. Das ist ja dummes Zeug. In der Saar werden zum Beispiel Tausende für Deutschland stimmen, weil sie vor der sozialistisch-kommunistischen Einheitsfront Angst haben. Die Welt geht eben nicht wie eine Mathematik-Aufgabe auf. Ich meine so.

Entweder man macht ein Blatt auf geistiger Grundlage – dann »L'O.N.« Oder anders – aber jedenfalls: Programm, Dogma, klar, Erforschung der geistigen Grundlagen. Oder man pfeift darauf, sagt: »Ach was, wir wollen unmittelbar *wirken*…« und legt los. Aber dies ist nichts, und das wirkt nicht, das kann nicht wirken. Dazu ist es viel zu schlecht geschrieben, und wiederum zu »gebüldet«. Es ist überhaupt gar nichts.

Gut sind immer nur die Schilderungen des Tatsächlichen. Stürzt H. über den Winter, dann trauen sich vielleicht die Norweger.

Möglich ist das. Ich glaubs nicht, aber immerhin… Die Leiden der Leute müssen entsetzlich sein, eben, weil nicht mehr geprügelt wird. »Immer korrekt, immer korrekt«, heißt es in einem alten Couplet.

Manchmal denke ich, es wäre eben doch meine Pflicht, nach Oslo zu fahren… Und ich weiß nicht, was mich zurückhält, es mir unmöglich macht, es ist wie ein innerer Widerstand.

Fast rührend ist in den Elends-Schilderungen die innere Verbundenheit von Quälern und Gequälten. Das ist echt. »Nischt for unjut – wir haben euch geprügelt – kommt ooch wieda mal anders!« Und die Verprügelten sind durchaus im Stande, in fünf Jahren mit den Herren Scharführern Erinnerungen auszutauschen. »Na, denn Prost!« Wir sind ja woll keine reinen Marxisten – weit, weit darüber hinaus gibt es etwas unsagbar Mieses: la Bochie. Ich nicht.
　　　　　　　　　　//
Hoffentlich schimpfst Du hier nicht zu sehr. Der »Wald« ist doch recht murksig. Wellenschlag (…), Comfort schon gar nicht – was wirst Du nun sagen!

Ich bin außen braun u. innen katarrhisiert.

Ich arbeite immerzu schédisch. Unter 3 Monaten ist da nichts. Die französische Grammatik – Büffelei. Hilft mir sehr, mein Gedächtnis funktioniert viel besser. Ich lerne französisch abends im Bett. Ich werde die Sprache nie schreiben lernen.

Habe Dich Deines korrekt-wollüstigen und sanft-betrunkenen Wesens willens wegen sehr lieb gewonnen u. heiße
　　　　　　　　　　　　　　Hasenfritz

Joseph Goebbels, etwa 1934

Joebbels

Wat wärst du ohne deine Möbelpacker!
Die stehn, bezahlt un treu, so um dir rum.
Dahinter du: een arma Lauseknacker,
een Baritong fort Jachtenpublikum.
    Die Weiber – hach – die bibbern dir entjejen
    un möchten sich am liebsten uffn Boden lejen!
    Du machst un tust un jippst da an…
      Josef, du bist'n kleener Mann.

Mit dein Klumpfuß – seh mal, bein andern
da sacht ick nischt; det kann ja jeda ham.
Du wißt als Recke durch de Jejend wandern
un paßt in keen Schützenjrahm?
    In Sportpalast sowie in deine Presse,
    da haste eine mächtich jroße Fresse.
    Riskierst du wat? – De Schnauze vornean.
      Josef, du bist'n kleener Mann.

Du bist mit irgendwat zu kurz gekomm.
Nu rächste dir, nu lechste los.
Dir hamm se woll zu früh aus Nest jenomm!
Du bist keen Heros, det markierste bloß.
    Du hast 'n Buckel, Mensch – du bist nich richtich!
    Du bist bloß laut – sonst biste jahnich wichtig!
    Keen Schütze – een Porzellanzerschmeißer,
    keen Führer biste – bloß 'n Reißer,
      Josef,
          du bist een jroßer Mann –!

»Joebbels« in der »Weltbühne«, 1931

Ich höre, daß der kleine Goebbels, dem ich seinen Klumpfuß unter die Nase gehalten habe, sich gar nicht genug tun
kann: im Radio und in den Blättern hat er es immer wieder
mit mir.   Brief an Walter Hasenclever vom 20. April 1933

Der »Angriff« protestiert – jetzt – gegen den Verkauf meiner
Bücher u. Polgars u. andrer. Ich denke, wir sind alle ver-
brannt –? Man versteht es nicht. Ich habe nach wie vor das
Gefühl: brüllen lassen; wann polemisiert wird, bestimme ich
und nicht jener. Mein Gott, muß ich ihn getroffen haben!
Ein Gedicht, vor drei Jahren, und immer noch!

Brief an Hedwig Müller vom 25. Juli 1934

Telegramm von Michel Koltzov aus Moskau, 1. August 1934

bitte einverständnis und ankunft an der grenze telegraphieren stop alle
kosten für aufenthalt und reise ab grenze der udssr gehen natürlich zu
lasten des komitees = für das komitee michel koltzov

Habe mit leisen Gewissensbissen und noch einem andern
Gefühl die Blättchenberichte aus Rußland von dem Kongreß gelesen. Also gut: ich bin müde, krank, faul, zu dick
und nur sehr schwer dazu zu bekommen, nun auch für eine
Sache Opfer zu bringen. Immerhin kann man mir keine
Sympathie für das Monopolkapital vorwerfen. Also, warum,
warum in aller Welt will ich da nicht heran-? Die Berichte
hatten alle so etwas Rosenrotes, das mir sehr zuwider ist –
(…) Ich käme mir so dämlich vor, wenn ich da mitmachte.
Manchmal sagt eine Stimme in mir: Du solltest – – aber
wenn ich dann sehe, was aus denen geworden ist und wird,
die nun also mittun, dann schüttele ich beruhigt mein
Haupt. Nein, das ist nichts. Die Aufbauarbeit will ich gewiß
nicht leugnen, aber so – aber mit diesem Tamtam –

Brief an Hedwig Müller vom 21. September 1934

Hindås

Ferner habe ich mir in 1 Anfall von Größenwahn eine Biographie Hamsuns gekauft. (…) geht daraus hervor, daß der
Mann sich in seinen Büchern völlig auslebt. Er ist August
und alles miteinander. Was dann noch bleibt, ist ein kleiner
Provinzschriftsteller, etwas borniert, ganz uninteressant –
manchmal beinah dumm. (…) Wie er seine Bücher schreibt,
ist mir unerklärlich. Ich glaube, er zieht sie mit Mondstrah-
len aus einem Weiher. Geschrieben ist das nicht. Oder er
brütet sie aus. Er ist ein Wunder.

Brief an Hedwig Müller vom 17. März 1934

Anbei ein Pröbchen aus meiner schwersten und schmerz-
lichsten Enttäuschung der letzten Jahre. (…) Ein solches
Maß von tierisch-dumpfer Dummheit, von Niedrigkeit und
Uninformiertheit, von Rundfunkgehirn … also, lieber Max,
Sie haben ja, wie ich denke, auch schon einmal einer gelieb-
ten Frau nachgetrauert, und Sie wissen, daß man dann ja im
Grunde sich selbst nachtrauert. Die ganze Liebe, die ich in
diesen Mann seit zwanzig Jahren gelegt habe, ist fort. (…)
Ich habe seine Bilder von den Wänden genommen, ich mag
ihn nicht mehr sehen, und seine Bücher kann ich nun für
lange Zeit nicht mehr lesen.

Brief an Walter Hasenclever vom 7. Oktober 1934

Der norwegische Schriftsteller Knut Hamsun hatte sich in einem
Artikel zu den deutschen Faschisten bekannt.

Konzentrationslager, etwa 1934

Was wäre mit uns beiden geschehen, wenn sie uns gekriegt hätten? Wir haben beide genug Phantasie, um uns das genau vorzustellen. Standrechtliche Erschießung? Man kann nicht verlangen, daß ich dazu Beifall klatsche, aber das wäre schließlich eine Maßnahme, über die man diskutieren kann. Aber sehen Sie sich, mein Lieber, in einem solchen Lager? Ich mich sehr genau. Und nun meine ich:

Wer das bejaht, der faßt mich, entschuldigen Sie schon, an die Menschenwürde.

Brief an Walter Hasenclever vom 7. Oktober 1934

Kundgebung der »Hitler-Jugend«, etwa 1934

Und ich für meinen kleinen Teil, dessen Reichweite ich sehr genau kenne, sie ist nämlich heute null, ich für meinen Teil also lehne jeden, aber auch jeden ohne Ausnahme radikal ab, der das bejaht, der dort mitmacht, ja, schon den, der dort leben kann. (…) Das, was dort geschieht, entspricht zum Teil den tiefsten Instinkten des deutschen Volkes. (…) Es ist ein Irrtum, zu glauben, daß die politische Form, unter der ein Volk lebt, die Quintessenz seines innersten Wesens ist – das ist sehr selten. Sie ist nur der Ausdruck dafür, was es erträgt. Und schlüpfen die inneren, anonymen Kräfte einer Nation in diese Form, dann lebt diese Form eben, dann ist sie organisch angewachsen, dann ist dazu nichts mehr zu sagen.

Brief an Walter Hasenclever vom 7. Oktober 1934

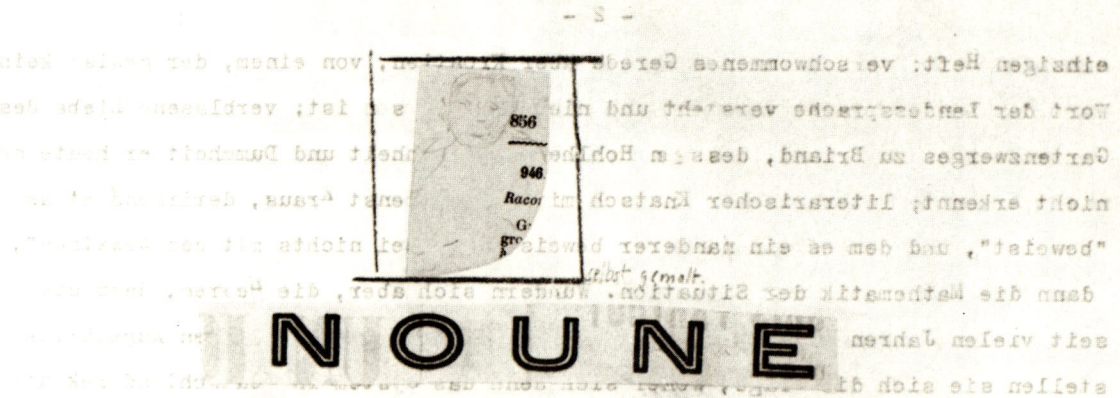

NOUNE

Gestern soll in der Stadt ein kommunistischer Aufzug gewesen, abends.
Sie marschierten in geschlossenen Reihen, wild entschlossen dazu, mit roten
Fahnen und Fackeln, die ter lohten dieselben, und es sah sehr feierlich und gefährlich aus, um so mehr, als alle die Hand zur Faust geballt hatten. Wenn man aber
näher trat, so sah man auf einem Schild, das sie trugen, diese Inschrift:

WIR WOLLEN GRATIS UMSTEIGEN VOM AUTOBUS ZUR TRAM !

Und wenn sie jetzt nicht ausbricht, dann ist der Sache nicht zuhelfen.

Die M. erzählt, ihr Bruder habe anlässlich Zondeks gesagt: "Das ist das
einzig richtige. Hier sollen auch gar keine Juden mehr nach Schwedenkommen, das
steigert nur den Atnisemitismus, und die Juden sollen sichüberhaupt n in nichts
eindrängen..." Air connu. Nun, dass solch ein Hosenhändler die privilegierte
Stellung des Schutzjuden den andern gegenüber ausspielt, selbst aber nicht daran
denkt, wegzugehen, das haben wir ja schon mal erlebt. Was mich an diesen Leuten
so tief empört, ist die Conéssion: Ja, wir sind ein Dreck und müssen uns ver-
kriechen. Sie haben so gar keine Würde, so gar kein Gefühl für echte Gleichbe-
rechtigung... Die Leute haben so oft von mir geschrieben, ich sei nichts als das.
Nun, ich habe dergleichen nie empfunden. Ich werde mit dem Leben nicht fertig,
aber das hat damit nichts zu tun. Pack.

Letzte Seite aus dem »Q-Tagebuch« vom 24. Oktober 1934

Ich kann schriftstellern und damit wenig Geld verdienen, ich kann schlecht und recht Bücher verkaufen, aber es muß flutschen, es muß mit aller Kraft gemacht werden, und nicht so tranig, so jammervoll, wie jetzt alles ist. Es gibt da ein Gefühl im Körper, das sitzt viel tiefer als alles Gerede der Ärzte: fällt diese Aufschwellung von mir, ist das Lebensgefühl anders. (…) Nun weiß ich, daß ein tatenloses Herumbrüten nicht auszuhalten ist, ich flüchte mich also in diese Kinderbücher. Aber ich lebe nicht. (…) - mir wird mein Leben gestohlen von irgend etwas, das auf mir liegt wie eine graue Decke. (…) Was ich nicht will, ist, eine so nette Sache an meiner Unzulänglichkeit kaputtgehn zu lassen. Und sie ginge kaputt. (…) Ich überzeuge keinen, es fehlt etwas, es ist etwas nicht da, was früher da gewesen ist, ungleich, nicht immer funktionierend, aber es war da.

Brief an Hedwig Müller vom 27. Oktober 1934

Walter Hasenclever, etwa 1934

Sie haben neulich gefragt, warum ich solche Briefe, wie ich sie an Sie schreibe, hier nicht publiziere. Nun, erstens ist mein Mitteilungsbedürfnis gleich null, und zweitens: Sie überschätzen Schweden. Ich wüßte nicht, wer das hier drukken sollte. (…) Sie sind satt hier und von einer recht aufdringlichen Bescheidenheit.

Brief an Walter Hasenclever vom 15. Dezember 1934

Mit den Rußlandfreunden ist nicht zu rechten. Mystisch wie die ersten Christen und orthodox wie die alten Juden leben sie ihrer Doktrin; sie wissen es ganz genau, was »richtig« ist, und sie haben schon längst gesiegt, die andern wissen es nur noch nicht.   Brief an Walter Hasenclever vom 15. Dezember 1934

Habe beim Buchhändler ein Weißbuch gesehen, über die Erschießungen im Juni. Darin ein schreckliches Bildnis Mühsams, mit total blau geschlagenem Auge, wie ein Christus auf einem Schweißtuch. Viel schlimmer die Fressen der Manitous. Ich habe es mir nicht gekauft, es geht einen nichts mehr an. Wozu das alles, wofür? für wen? Die armen Hunde. Nichts, nichts macht auf die Leute Eindruck.

Brief an Hedwig Müller vom 29. Dezember 1934

Hitler in Nürnberg, 1934

Hedwig Müller, etwa 1935

(…) aber komme ich jemals aus dieser Kanalröhre heraus,
in der ich seit vier Jahren klemme: zu lachen haben die
Leute dann nichts mit mir. Man ändert sich ja nicht, aber
nun ist die kalte Seite bei mir ganz nach außen gestülpt,
lauter Stacheln. Das ist nicht schön. Das ist bei Dir viel
humaner. Bleib nur so, wie Du bist – Du bist wirklich gütig.
Ich hingegen leider nüt.

Brief an Hedwig Müller vom 9. März 1935

Habe ich Ihnen geschrieben, daß Karl Valentin gesagt hat,
donnernd: »Heil…« und dann ganz leise und verlegen: »Wie
heißt er doch gleich?«–

Brief an Walter Hasenclever vom 10. Februar 1935

2.

Zu denken , dass in Minsk oder Neo-Georgjewsk eine Krankenkasse aufgebaut wird, "also wissen Sie, die Panjes werden staunen, sonwas haben sie noch nie
gesehn" - erstklassig, mit Wasserspülung hm hinten und vorn - und richtige Fahrdämme,
und alles klappt, und herrlich - das ist das Ideal des Vorstadtdrogisten.

Je mehr es die Seele hrausbrüllt - um so seelenloser ist es in
Wahrheit. In einem kleinen französischen Kaninchenzüchter steckt mehr Seele als
in dem Getue da. Und das hat Europagefördert. und hier ist jeder einzelne Staat
ein gerüttelt Mass an Schuld: die Schweden, die ums Verrecken nicht boykottieren;
RaFrankreich, das schläft und viel zu sehr mit sich beschäftigt ist; England, das
die Sache - the too white nations - fördert ; die Schweiz, die sich in der Saar-
Abstimmung entsprechend benommen hat und die, wie die Katholiken, nur einen Feind
kennt: Russland - sie alle fördern das. Und ein Teil von ihnen weiss es auch.
Der Papst ist nicht gutgläubig, Minger Vielleicht, aber der zählt ja nicht - und
der einzelne Pfahlbürger in der Schweiz weiss nichts. Woher auch? Aus seinen
Zeitungen?

Ich habe den Eindruck, hier zu stören.

//

Das soll uns nicht hindern, der Zukunft Hasis (der ja nicht Peter
heisst, also ich will michdarüber nicht verbreitern, ich ja nicht) mutig ins Auge
zu blicken:

"Even as a boy he was never like the other children."

Eine Seite eines unvollständig erhaltenen »Q-Tagebuchs«

Und seltsamerweise kann man das mit Haß nicht bekämpfen, auch nicht mit dem Haß, der aus der Liebe kommt.
Man kann es nur mit Liebe bekämpfen, wenigstens etwas.
Ich sage das, obgleich ich diese Liebe nicht verspüre – ich
bin erstarrt. Aber ich weiß es – wenn es etwas gibt, wovor
auch noch die gemeinsten Polizeiverbrecher die Knüppel
sinken lassen, dann ist es nicht vor einem neuen Knüppel,
sondern vor den gekreuzten Armen eines Heiligen. Aber es
weht sie nur an; ist er fortgegangen, prügeln sie weiter,
immer feste im Takt der Nationalhymne, sublimierte Verbrecher, die die Gesellschaft für sich eingespannt hat – und
wirklich befreit und geläutert ist nur der Heilige. Es hat
eben nur einen vollkommenen Christen gegeben. Ein bißchen wenig. // Gute Nacht.   »Q-Tagebuch«, 26. Februar 1935

KURT TUCHOLSKY   G thenburg; 29-3-35

An den

Bundesrat der Schweizerischen Eijgenossenschaft
        B e r n

Bitte erlauben Sie mir, Ihnen zu dem Fall Berthold
J a c o b etwas mitzuteilen.

Ob und inwieweit hier die schweizerischen Souveränitäts-
rechte verletzt sind, das zu entscheiden ist lediglich Sache der
eidgenössischen Behörden. Wenn jedoch der schweizerische Bundesrat
sich dieser Sache und damit des Mannes annimmt, so gestatten Sie
jemandem, der ihn fünfzehn Jahre gekannt hat, zu sagen: Sie nehmen
sich eines braven Mannes an.

Als Kommissar der politischen Polizei habe ich während
des Krieges das kennen gelernt, was das politische Vokabular mit
etwas verschämtem Ausdruck "Vertrauensleute" oder "Agenten" nennt.
Diese Leute verhökern gewöhnlich Nachrichten wie alte Hosen, oder
sie tun das, was die französische Sprache "porter sur deux épaules"
nennt: sie verraten einen Teil an den andern.

Von diesem Menschenschlag ist Berthold Jacob himmelweit
getrennt. Er ist kein Spion.

Als Redakteur der "Weltbühne" in Berlin, die ich mit
meinem Freunde Carl von Ossietzky herausgegeben habe, hatte ich
Gelegenheit, mit Jacob zusammenzuarbeiten. Wie es in politischen
Bewegungen zu gehen pflegt: es kennt da einer den andern recht
genau; man weiss, was man von einander zu halten hat, und solche

Tucholskys Brief an den Schweizerischen Bundesrat, 29. März 1935

Berthold Jacob wurde im März 1935 von den Nazis aus der Schweiz nach Deutschland entführt. Auf Druck der Schweizer Regierung und einer internationalen Kampagne lieferten die Deutschen Jacob im September 1935 an die Schweiz zurück, die ihn sofort nach Frankreich abschob. Die Aufnahme zeigt Berthold Jacob am Tage seiner Ankunft in Straßburg.

Der Fall Jacob gewinnt nunmehr eine Ausdehnung, daß ich doch glaube, auch etwas tun zu müssen. Bitte lies den beiliegenden offnen Brief durch, (…) aber an Deinem Urteil ist mir mehr gelegen. Wenn Du auch nur in einer Herzensfalte glaubst: er schade, oder ich mache mich mausig, dann wirf ihn fort – Du brauchst mir das gar nicht lange zu motivieren, denn ich spiele ja nicht mehr mit.

Brief an Hedwig Müller vom 28. März 1935

Reputationen täuschen selten. Berthold Jacob mag Fehler gehabt haben und hat Widersacher gehabt – über eines hat es nur e i n e Stimme gegeben: über seine saubere Zuverlässigkeit und über seine Bravour.

Dieser körperlich unansehnliche kleine Mann hat eine Art Tapferkeit, die ihn da angreifen liess, wo andere aufhörten – und, wenn er das furchtbare Unglück haben sollte, vor ein deutsches Gericht zu kommen, so wissen seine Gesinnungsfreunde alle: der hält den Kopf hoch, solange er noch stehen kann.

Mit dieser Tapferkeit verbindet Berthold Jacob eine völlige Uninteressiertheit – sein politischer Kampf und Geldgewinn, diese beiden Begriffe liegen bei ihm nicht nebeneinander. Er hat diesen Kampf uneigennützig für eine Sache geführt, an die er geglaubt hat – pekuniäre Interessen haben, wie ich aus jahrelanger Zusammenarbeit bezeugen kann, keine Rolle dabei gespielt.

Ich habe mich seit drei Jahren von der Politik und der Publizistik zurückgezogen und bin an dieser Sache in keiner Form interessiert. Ich halte für Freundespflicht, dem schweizerischen Bundesrat nach bestem Wissen und Gewissen zu sagen:

Berthold Jacob ist ein tapfrer und sauberer Mann.

//

Um einer etwaigen deutschen Postzensur zu entgehen, lasse ich dieses Schreiben in der Schweiz expedieren.

Ich habe es für richtig gehalten, meinen Brief nicht der Presse zu übergeben, da mir an politischem Kampf nichts liegt, sondern ihn direkt an die Stelle zurichten, die das Schicksal eines unglücklichen und unerschrockenen Mannes in Händen hält.

Berthold Jacob, September 1935

Fritz Tucholsky in den USA, 1935

Der Bruder emigrierte im Herbst 1935 aus Prag in die USA.

Es tut mir verdammt leid, daß ich Dir nicht behilflich sein kann – noch vor zwei Jahren wäre es gegangen.

Ich glaube, daß Du es drüben nicht leicht haben wirst, und trotzdem halte ich es für das einzig wahre. (…) Präpariere genau Zeitungen, immer eine nach der andern, bis Du sie wie Wasser lesen kannst. Dann wird es noch ein halbes Jahr dauern, bis Du die Kerle verstehst, die ja alles durch die Kiefer murmeln. Das ist aber die Vorbedingung. Du mußt auch genau sehen, ob New York oder sonst eine ganz große Stadt das Glück ist, ich weiß das nicht und kann das von hier auch nicht übersehen. Es kann auch eine Provinzstadt sein. Vor allem: eine Position, *feste* Postitionen gibt es drüben nicht, aber zunächst irgendeine. Du hast hier nichts verloren (…)   Brief an Fritz Tucholsky vom 15. April 1935

Die Russen haben es übrigens nötig, jemandem Vorwürfe zu machen: sie pumpen Deutschland an. Lächelnd wird man erwidern, wie es bei Andersen immer heißt: »Das ist ja eben gerade das Feine an ihnen.« Ach nein, das ist eine blanke Schufterei, und wenn sie einen wieder zu einem Kongreß einladen, müßte man erwidern: »Offenbar ein Mißverständ-

nis. Ich bin Antifaschist, und ich muß befürchten, auf dem Kongreß ihre Geschäftsfreunde zu finden.«
Brief an Fritz Tucholsky vom 15. April 1935

Ich schreibe dieses hier hauptsächlich, um sozusagen jeistig bei Dir zu kuscheln. Und ich bitte Dich inständigst und herzlich, zu glauben, daß ich nicht hier sitze und schäume –
»Q-Tagebuch«, 24. April 1935

Ich weiß, daß ich das nicht tun soll – aber ich danke Dir doch sehr herzlich, daß Du Dich meiner annimmst. Grinse nicht. Ja, ich weiß alles. Ich bin ein Bürger, in diese Sache. Anbei ein Schuldschein.
Brief an Hedwig Müller vom 15. Mai 1935

Es geht mir nicht sehr gut – ich habe in diesem Winter 5 (fünf) Operationen gehabt, im ganzen waren es acht. Eine Besserung ist da – ich fange an zu riechen, was ich seit vier Jahren nicht gekonnt habe, der Kopfdruck ist weg. (…) Vorläufig gibt es noch kleine Verwachsungen, die mich unendlich plagen. Die Operationen selbst machen mir nichts mehr, es ist jetzt so, daß ich sagen kann: »Ach, warten Sie doch mal eben – ich gehe nur mal rauf, mir die Nase schneiden zu lassen.« Wie beim Friseur.
Brief an Fritz Tucholsky vom 28. Mai 1935

Wenn Du in New York bist, kannst Du George Grosz, den Maler, aufsuchen und von mir grüßen. Ich habe seine Adresse nicht, aber die Kunsthändler wissen sie oder der »New Yorker«, eine Zeitschrift. Er ist ein anständiger Kerl.
Brief an Fritz Tucholsky vom 28. Mai 1935

Es wird Dir dabei wie mir gehen: es sind nicht bloß die Schwierigkeiten, die einen so ärgern, sondern man fühlt sich so gedemütigt, machtlos, man spürt die Albernheit, die rein kapitalistische Tücke, die hinter alledem steckt. Hat man kein Geld und kann man ihnen publizistisch nicht so schaden, daß sie das unangenehm vermerken, also *Angst* haben, dann ist gar nichts zu machen.
Brief an Fritz Tucholsky vom 3. Juni 1935

George Grosz, New York 1934

Carl von Ossietzky im Konzentrationslager, etwa 1935

Ossietzky war kein Freund von großen Worten und hat
selten so schöne Ansprachen gehalten wie, sagen wir, Herr
Henderson – er hat aber wie Nobel das von einem zu krö-
nenden Friedenskämpfer verlangt, in der idealsten Weise für
den Frieden gekämpft. (…) – Der Mann, der da in Papen-
burg auf der Pritsche liegt und krank ist, wie die letzten
schlimmen Nachrichten besagen, leidet für uns alle, die wir
diesen Kampf mitgekämpft haben – ich halte es deshalb für
meine Pflicht, für meinen Freund und Gesinnungsfreund
alles zu tun, was nur möglich ist.

Brief an Mia Leche-Löfgren vom 8. September 1935

Herrn

Norman Angell

Oslo

Sehr geehrter Herr Angell,

ich höre, dass Sie morgen - Mittwoch - in Oslo sprechen. Als ehemaliger Friedenspreisträger sind Sie im Nobel-Comité vorschlagberechtigt; erlauben Sie mir daher bitte, Ihnen eine Mitteilung zu machen.

//

Wie Sie aus der beiliegenden Nummer der ehemaligen Berliner Wochenschrift "Die Weltbühne" sehen, habe ich mit Carl von Ossietzky gemeinschaftlich dieses Blatt herausgegeben.

Ich habe diesen Mann 14 Jahre gekannt, und ich darf sagen:

In dem mehrere Jahrzehnte umfassenden Kampf, den ich in Deutschland als Pacifist geführt habe (was mich die Aberkennung der deutschen Staatsangehörigkeit gekostet hat), habe ich keinen tapfereren, keinen nobleren, keinen klareren Pacifisten gekannt als Carl von Ossietzky. Der Mann hat, wie Sie, den Krieg für einen wirtschaftlichen Nonsense gehalten, ethisch für eine Sünde, und er hat diesem Gedanken immer wieder in der wirkungsvollsten Form Ausdruck verliehen. Er hat durch seine Besonnenheit, durch seine Tapferkeit, durch sein Wissen uns alle begeistert; wir haben auf ihn gesehen, und er hat uns eine Fahne vorangetragen, mit der er in einen Kampf mit geistigen Waffen zog - gegen andere, die andere Waffen in Händen hatten.

Das beiliegende Material, das vielleicht schon in Ihrem Besitz ist, stammt von meinem Gesinnungsfreunde Herrn Hellmuth von Gerlach.

Carl von Ossietzky befindet sich seit dem Reichstagsbrand 1933 in der Gewalt der deutschen National-Sozialisten.

Das entsetzliche Leiden, das er dort durchmacht, und das er mit der vornehmen Charakterstärke trägt, die sein eigen ist, scheint mir allein noch keine Legitimation für einen Nobel-Preisträger - ich weiss, dass Ossietzky stets an seine Kameraden denkt, die dasselbe erleiden wie er. Aber er hat mehr aufzuweisen als ein Martyrium.

Er hat eine Leistung aufzuweisen.

Ich lege für ihn Zeugnis ab: Carl von Ossietzky ist der Vorkämpfer des militanten Pacifismus in Deutschland gewesen - ein Beispiel für uns alle, ein Vorbild, ein Führer gegen die "grosse Täuschung"-: gegen den Krieg.

Mit dem Ausdruck meiner respektvollen Hochachtung bin ich

Ihr sehr ergebener

Recommandée
2 Anlagen
Express

Tucholskys Brief an Friedensnobelpreisträger Norman Angell, 11. Juni 1935

Gertrude Meyer

Kurt Tucholsky lernte die aus einer jüdischen Familie in Göteborg
stammende Gertrude Meyer 1930 in Hindås kennen. Er war mit ihr,
die für ihn dolmetschte und arbeitete, bis zu seinem Tode befreundet.
Sie begleitete ihn im Sommer 1935 auf die Insel Gotland.

Ich sitze zur Zeit auf Gotland, welches in der Ostsee liegt
und mir demzufolge gut tut. Mensch, die Ostsee ist eben
anders – sogar die Herren Schweden (inkl. Mädchen!) sind
hier erträglicher als im Westen. Alle viel offner, netter,
freier, freundlicher – nicht so verkniffene Schnauzen und
dünne Lippen.   Brief an Walter Hasenclever vom Sommer 1935

Tucholsky auf Gotland, 1935

Schédisch: Es ist das erste Mal, daß ich merke, nicht ganz umsonst zu arbeiten. Ich arbeite täglich vier Stunden (…) Raten kann ich schon das meiste. Sprechen noch sehr schwach, Verständigung durchaus möglich, aber es ist noch immer nicht schwedisch. Aber es fängt an, es zu werden. Natürlich ist das nur die kleinste Voraussetzung – wollen sie nicht, dann wollen sie nicht. Immerhin: da es keine schöpferische Arbeit ist, so kann ich mich dazu zwingen, und das tue ich auch.
Brief an Hedwig Müller vom 15. August 1935

Beyzettel
für Dr. medicinae Nuna.
(…) Die Nase ist tadellos. Geruch könnte besser sein, Geschmack ganz wie in alten Tagen. Kein Kopfdruck mehr, nichts kommt mehr heraus, ich spüle nicht, denke gar nicht mehr daran, und Ehre sei Ebert in der Höhe. Ich bade bei jedem Wetter, gehe vormittags in den kurzen Hemden herum, die Du mir genäht hast, das ist alles in Butter.
An Hedwig Müller, 15. August 1935

XI. Internationaler Strafrechts- und Gefängniskongreß in Berlin,
18.–24. August 1935

Stärke ist ein relativer Begriff – deren Stärke ist die
Schwäche, die Charakterlosigkeit, die Leere der andern.
Da werden Kongresse gehalten, auf denen Franzosen den
Oberbonzen antelegraphieren; ein Lord, der sicherlich in
seinem Leben nichts Unrechtes tut, hält es für gut, den
Burschen, der den Justizmord gegen Lubbe arrangiert hat,
zum Ehrenpräsidenten vorzuschlagen; auf dem Kriminali-
stenkongreß werden die Teilnehmer mit frecher und aggres-
siver Propaganda überflutet – keiner, kein Schwede, kein
Schweizer, kein Franzose, keiner hat den Mut aufzustehen
und freundlich, aber bestimmt zu sagen: Nein. Nicht mit
uns. Das können sie nicht. Die andern aber können. Nämlich nicht zahlen und das große Maul haben. Und sie tun
recht, denn es gibt nur noch eines, das verächtlicher ist als
sie: das sind ihre sog. Gegner. Sie haben keine.

Brief an Hedwig Müller vom 27. August 1935

Dank für »Esprit«. Ich schrieb Dir ja schon, daß eine Nummer gekommen ist. Sie fordern immer und immer wieder
auf, man solle ihnen schreiben (obgleich die Schulaufgaben,
die sie der Klasse aufgeben, mir etwas dümmlich erscheinen) – aber soll ich? Soll ich es pseudonym tun? Das ginge
ja. Es juckt mich.

Brief an Hedwig Müller vom 13. September 1935

Die Nase halte ich für einen großen Sieg. Das kann man
sich nicht einbilden. Seit Du fort bist, habe ich nicht einmal
mehr daran gerührt, keine Spülung, kein Taschentuch, ich
denke überhaupt nicht mehr daran. Der Kopf ist ganz klar,
sinkt nie mehr vornüber, und vor allem: niemals hätte ich
vor einem Jahr 7 Stunden täglich arbeiten können.

Brief an Hedwig Müller vom 9. Oktober 1935

Hedwig Müller mit ihrer Schwester Gertrud Müller-Dunant (links) und ihrem Schwager Robert Dunant, Arosa 1948

Aber ich will mit allen Kräften versuchen, einzuholen, was ich versäumt habe, und vor allem, aufzuholen, was Du mir da gibst. Wenn ich alles, was in meinen gesunden Kräften steht, tue, dann drückt es mich gar nicht – das wäre ja dumm. So aber bedrückt es mich ungeheuer. (…) Wäre ich nur bei so viel Kraft, daß ich sagen kann: Gut, keine Produktion, aber wenigstens andere Arbeit wie alle andern Menschen auch – dann ginge es. Dann kann ich das hier betreiben, herunterkommen, und dann hast Du recht: man wird doch so sehn. Aber wenn ich so herunterkäme, dann müßte ich schon vorher »Terminus« sagen, und nicht erst auf dem Bahnhof. Mein Eifer, dieser Sache auf den Grund zu gehn, ist also nicht etwa die übliche Angst, Polypragmasie, Medizingläubigkeit, das ist alles ganz vorbei, soweit es dagewesen ist. Ich will wieder zu Kräften kommen, ich kann so nicht leben, und vor allem ökonomisch nicht. So ist das.

Brief an Hedwig Müller vom 13. Oktober 1935

Ich bin auch nicht verbittert. Nur, genau wie Du, gelangweilt, angeekelt – und über den großen Knacks meines Lebens komme ich nicht weg: daß ich mich in der menschlichen Natur so schwer getäuscht habe: ich hatte von Deutschland nie etwas andres erwartet, wohl aber von den andern. Und von denen auch wieder keinen Krieg, sondern eine klare und gesunde Abkehr von diesem Misthaufen, und vor allem: von den Pulverfässern, die darunter liegen. Darin habe ich mich getäuscht, und nun mag ich nicht mehr.

Brief an Hedwig Müller vom 3. Dezember 1935

Hindås

KURT TUCHOLSKY Hindås. 30-11-35.

Testament

Als Erben meines Vermögens sehe ich meine zweite, von mir geschiedene Frau Mary, geb. Gerold, ein.

Meine Mutter und, falls meine Geschwister Fritz und Ellen nach schwedischem Recht erbberechtigt sein sollten, auch diese — sehe ich auf ihren Pflichtteil, auf den ich sie zu verzichten bitte. Ich bitte das insbesondere meine Mutter.

Ich schulde Fräulein Dr. Hedwig Müller, Zürich die Summe von 10 000 (Zehntausend) Schweizer Franken, die aus meinem Nachlaß bezahlt werden sollen.

Fräulein Gertrude Meyer, Paris
Herr Dr. Erich Danehl in Leipzig
sollen als Legat aus meinem Nachlaß sich Bücher oder sonstiges wichtiges daraus auswählen.

Kurt Tucholsky.

Tucholskys Testament, 30. November 1935

49   17-12-35

Liebes **Vorweihnachtsnunchen**,

    mit der Ziehung war es eine grosse Flasche (Fiasko). Das betrübt mein Herz, denn ich habe dabei immer so eine Art ᔆchuldbewusstsein, weil ich Dir dazu geraten habe. Ach Gott. Anbei Liste und Verzeichnis - schick mir gelegentlich für März die andere Liste tillbaka.

    Ausser, dass die H Gatze herausgeschmissen worden ist, weiss ich nichts. Göteborg schmückt sich für den Weihnachtskauf - alles ist so dumm wie stets, Zeitungen fasse ich nur noch mit dem grössten Widerstreben an, und davor lese ich lieber Bichers und mache auch schédisch einbisschen weiter. Es ist nur alles so pappen, dassx es einen nicht lockt.

    Das Jeistige steht in den beiliegenden Blättern. Mir ist massig. Darüber noch Genaueres. Die Möbel kauft keiner, was mich betrübt, denn ich will sie gern los werden. Der neue Ffilm von Feyder "La kermesse" oder so, soll sehr gut sein. Hier läuft er noch nicht.

    Was tustu-? Ich tue bedauern, dass ich nicht Weihnachten mit Dir feiern kann, so, wie i c h es gern möchte, mit viel zu viel Geschenken und einem empörtem Gekai Gekreisch: "Fritzchen!" und güldenen Tellern und isjajanzejal und so. Aber der lb. Gott, Abteilung: Skandinavien und Loterie Nationale, willd as offenbar nicht. Dieses bedrückt mich.

    Nunchen, ich schenke Dir nichts zu Weihnachten, ich muss dann lachen. Sei mir nicht böse. Ich schicke dem Gögö nichts - ich habe mich erkundigt, Lieschen muss dann auf dem Zoll und mehr zahlen, als das Ganze wert ist. Bitte erkläre ihr das und vor allem ihm.

    Was tustu-? Aha. Und ich bin nicht dabei.

    Hier tue ich nichts, ich gedenke Deiner und denke mir meines.

    Daher heisse ich unentwegt

Deutschland, etwa 1935

Brief an Hedwig Müller, 17. Dezember 1935

Das, was da jetzt ist, das ist Deutschland. Die Uniform paßt ihnen – nur der Kragen ist ihnen zu hoch. Ich hasse sie nicht mehr, ich wünsche ihnen nichts Gutes und nichts Böses – sie sind nicht mehr in meinem Leben. (...) Für Deutschland kämpfen, das ist nicht Deine Aufgabe. Du würdest Dein Leben vertun, wie ich es getan habe. (Wofür war das alles?)

Brief an Fritz Tucholsky vom 5. Dezember 1935

Ich klage die Gesinnung der Juden an, und viel weiter gehend, die Gesinnung der sog. »deutschen Linken« und hier darf das Wort nebbich angewandt werden.

Man hat eine Niederlage erlitten. Man ist so verprügelt worden, wie seit langer Zeit keine Partei, die alle Trümpfe in der Hand hatte. Was ist nun zu tun –?

Nun ist mit eiserner Energie *Selbsteinkehr* am Platze. Nun muß, auf die lächerliche Gefahr hin, daß das ausgebeutet wird, eine Selbstkritik vorgenommen werden, gegen die Schwefellauge Seifenwasser ist. Nun muß – ich auch! ich auch! – gesagt werden: Das haben wir falsch gemacht, und das und das – und hier haben wir versagt. Und nicht nur: die andern haben … sondern: wir alle haben.

Brief an Arnold Zweig vom 15. Dezember 1935

50   17-12-35

Liebes Nunchen,

natürlich bin ich unruhig – ich habe Deinen unnumerierten
von 14.d.M. bekommen und wünsche Gögön und Lieschen alles Gute! und gute
Besserung! und er soll ja wieder baldgesund werden! Ich schreibe dieses ins
Appartmenthaus, damit Du alles zusammen hast –und bitte, bitte mach nicht
zu viel, ich verstehe das durchaus, dass Du da pflegst, aber steck Dich nicht
an und schöne Dich! Wirklich.

Kleine Kinder haben ja bald hohe Temperatur, aber Du musst
genau schreiben, wann es vorüber ist! Ja-?

Dafür hat der Osservatore Romano gesagt, der Weihnachts-
baum sei eine heidnische Sache – wer nur einmal Deutschland Weihnachten gesehn
hat, der weiss, wie ug dieser Schachzug ist. GOtt segne diesen Papst.

Ich habe heute Material aus Oslo bekommen und an das dort-
tige Arbeiterblatt geschrieben – hoffentlich lassen sich mich heran. Diesmal
kann ich das Maul nicht halten. Es ist der comble. Uebrigens haben sich eine
Menge Norweger gefunden, die Deinem Freund Hamsun mächtig einen auf Dach
gegeben haben – aber feste. Doch ist as alles nichts gegen das, was ich ihm
hinzumachen willens bin. Natürlich habe ich erst angefragt.

Nunchen, es soll Euch allen schöngehen, und es soll alles
gut vorbeigehn, und Du sollst nicht auch noch krank werden!

Dies wünscht Dir ganz b seeg besorgt

Dein emsiger

Brief an Hedwig Müller, 17. Dezember 1935

Man muß von vorn anfangen – nicht auf diesen lächerlichen
Stalin hören, der seine Leute verrät, so schön, wie es sonst
nur der Papst vermag – nichts davon wird die Freiheit bringen. Von vorn, ganz von vorn.

Wir werden das nicht erleben. Es gehört dazu, was die
meisten Emigranten übersehen, eine Jugendkraft, die wir
nicht mehr haben. Es werden neue, nach uns, kommen. –
So aber gehts nicht. Das Spiel ist aus.

Brief an Arnold Zweig vom 15. Dezember 1935

Arnold Zweig mit Lion Feuchtwanger in Sanary, 1933

Tucholskys letzte Eintragung im »Sudelbuch«
Wenn ich jetzt sterben müßte, würde ich sagen: »Das war
alles?« – Und: »Ich habe es nicht so richtig verstanden.«
Und: »Es war ein bißchen laut.«

Aber im Falle Oss bin ich einmal nicht gekommen, ich habe
damals versagt, es war ein Gemisch aus Faulheit, Feigheit,
Ekel, Verachtung – und ich hätte doch kommen sollen. Daß
es gar nichts geholfen hätte, daß wir beide sicherlich verurteilt worden wären, daß ich vielleicht diesen Tieren in die
Klauen gefallen wäre, das weiß ich alles – aber es bleibt eine
Spur Schuldbewußtsein. (…) Lassen mich die in Oslo heran, so gehe ich so scharf heran, wie noch nie – (…) Daß ich
ihm schade, glaube ich nicht. Alles Schweigen hat ja auch
nichts geholfen.   »Q-Tagebuch«, 19. Dezember 1935

Knut Hamsun hatte am 22. November 1935 Angriffe gegen Carl von
Ossietzky veröffentlicht. Am 14. Dezember entschloß Tucholsky sich,
sein Schweigen zu brechen und bot am 17. Dezember den Osloer
»Arbeiderbladet« einen Artikel gegen Hamsun an.

Eintragung im »Sudelbuch«
Er ging leise aus dem Leben fort, wie einer, der eine lang-
weilige Filmvorführung verläßt, vorsichtig, um die andern
nicht zu stören.

Kurt Tucholsky nahm am 19. Dezember 1935 das Gift, an dem er zwei
Tage später, am 21. Dezember 1935 im Sahlgrenschen Krankenhaus in
Göteborg starb.

OBDUKTION

24 dec.

Med.-Kliniken Ink 21/12-35.

N:o 549. 1935.

Författare Kurt Tucholsky. 45 år. Död 21/12-35. Kl.21,55.

Klinisk diagnos: Intoxicatio ?(veronal ?).

Pat. Anat. Diagnos: Idem + Sinusit. sphenoidal. et ethmoidal. + + perityphlit. chron. adhaesiv.

Kraftigt byggd, fet. På vänstra överarmens insida ett litet sticksår. Pupiller små, knappast hälvten av vanlig pupillstorlek. Hjärnan av vanlig storlek och form. Mjuka hinnorna över bakre delen av pannloberna tydligt förtjockade, dock utan påtaglig atrofi av gyri. Basala kärl tunnväggiga. Hjärnvävnad hyperaemisk. Vänstra sidans silbensceller och främre cellerna på höger sida visa tunn slemhinna utan värigt infiltrat. Bakre högra cellen visar något grumligt innehåll och förtjockad, tydligt infiltrerad slemhinna. Kilbenshålan visar tunn, men något rödnad slemhinna och sparsamt vargrumlat innehåll.----- Hjärta av vanlig storlek med släta klaffar och fast kött. Aorta något smal, ingenstädes visande specifika förändringar. ---- Båda lungorna visa ödem i bakre delar med pneumoniserade fläckar av svartröd färg.---- I buken ingen främmande vätska. Ventrikel och tunntarm utan tydliga förändringar.

A.S.b. 177. 3000. 4.4.35.

Vid övergången mellan coecum och colon ascendens är grovtarm-väggen genom en dm.-lång senig adhaerens hårt bunden mot buk-väggen framåt åt höger. Slemhinnan motsvarande denna adhaerens utan tydlig förändring. Appendix O.

Något förstorad och något mörjig mjälte.

Lever, gallgångar och njurar O.

Obduktionsgutachten, 24. Dezember 1935

Liebe Mala,

will Ihm zum Abschied die Hand geben und Ihn um Verzeihung bitten für das, was Ihm einmal angetan hat.

Hat einen Goldklumpen in der Hand gehabt und sich nach Rechenpfennigen gebückt; hat nicht verstanden und hat Dummheiten gemacht, hat zwar nicht verraten, aber betrogen, und hat nicht verstanden. (...) Jetzt sind es beinah auf den Tag sieben Jahre, daß weggegangen ist, nein, daß hat weggehn lassen – und nun stürzen die Erinnerungen nur so herunter, alle zusammen. Ich weiß, was ich in Ihm und an Ihm beklage: unser ungelebtes Leben. (...) Hat nicht mehr zu rufen gewagt (...) ganz abgesehen davon, daß ich niemals gehofft habe, ob gekommen wäre. Doch. Hat gewußt.

Wäre Er jetzt gekommen, Er hätte nicht einen andern, aber einen verwandelten, gereifteren gefunden. (...) Seine liebevolle Geduld, diesen Wahnwitz damals mitzumachen, die Unruhe, die Geduld, neben einem Menschen zu leben, der wie ewig gejagt war, der immerzu Furcht, nein, Angst gehabt hat, jene Angst, die keinen Grund hat, keinen anzugeben weiß – heute wäre sie nicht mehr nötig. Heute weiß. Wenn Liebe das ist, was einen ganz und gar umkehrt, was jede Faser verrückt, so kann man das hier und da empfinden. Wenn aber zur echten Liebe dazu kommen muß, daß sie *währt,* daß sie immer wieder kommt, immer und immer wieder –: dann hat nur ein Mal in seinem Leben geliebt. Ihn. (...) Hat eine lächerliche »Freiheit« auf der andern Seite vermutet, wo ja in Wahrheit gar nichts ist. Hat immer stiller und stiller gelebt, jetzt ist wie an den Strand gespült, das Fahrzeug sitzt fest, will nicht mehr.

Will Ihn nur noch um Verzeihung bitten.

Brief an Mary Tucholsky vom 19. Dezember 1935

Tucholskys Totenmaske, 1935

»O – Angst« ... nicht vor dem Ende. Das ist mir gleichgültig, wie alles, was um mich noch vorgeht, und zu dem ich
keine Beziehung mehr habe. Der Grund zu kämpfen, die
Brücke, das innere Glied, die raison d'être fehlt. Hat nicht
verstanden.

Wünscht Ihm alles, alles Gute – und soll verzeihen.

Nungo

Brief an Mary Tucholsky vom 19. Dezember 1935

Grab Tucholskys auf dem Friedhof in Mariefred bei Gripsholm

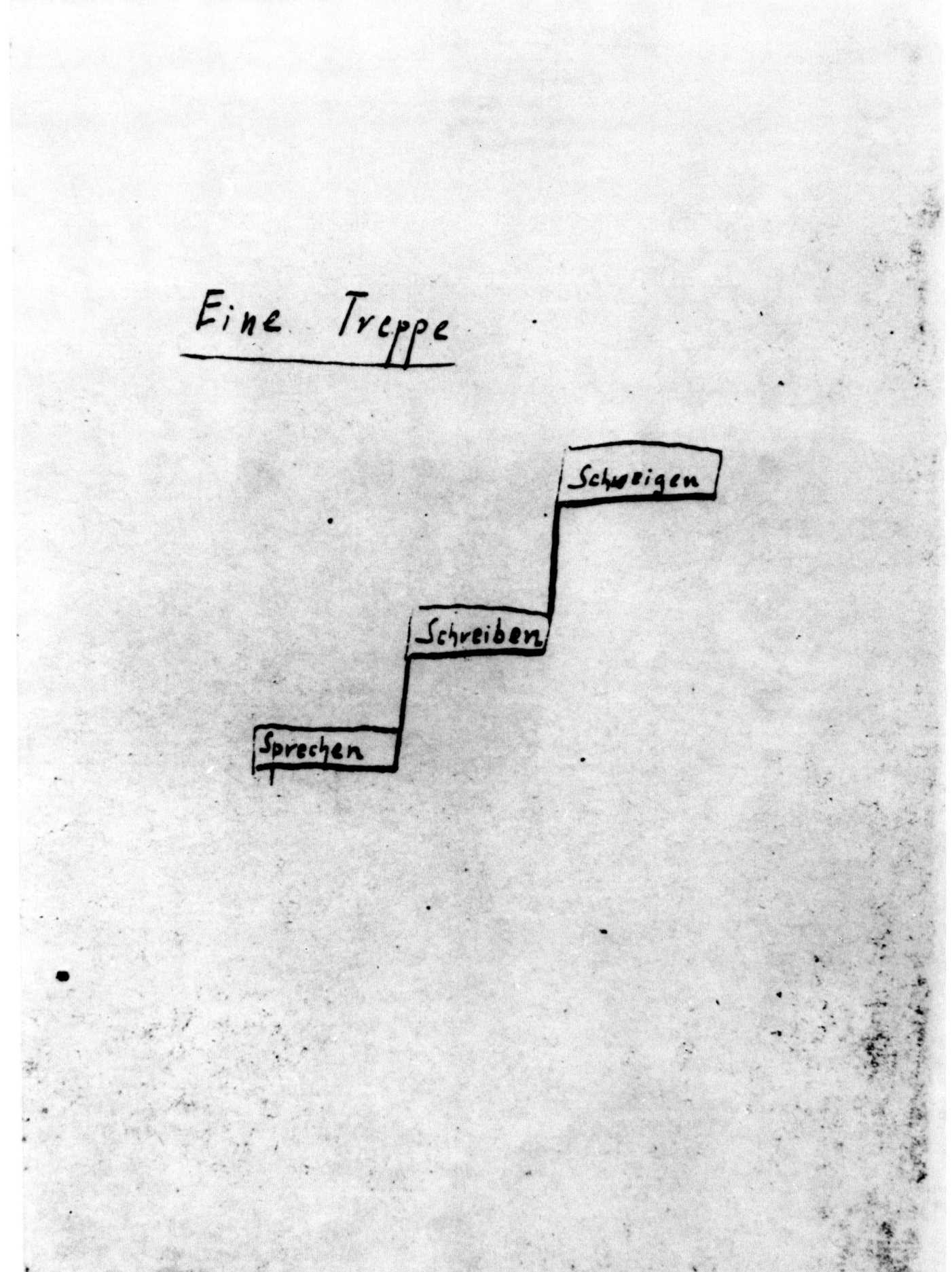

»Eine Treppe«, letzte Seite in Tucholskys »Sudelbuch«

Arnold Zweig   Antwort

Haifa (Mount Carmel), 16. Januar 1936.

Lieber Kurt Tucholsky,

wie sonderbar, daß Sie nun tot sind, ich Sie auf die Verlust-
liste setzen, Ihnen die Leichenrede halten muß. Das hatte
ich nicht erwartet, als Ihr langer Schreibebrief eintraf, der
erste von solcher Ausführlichkeit, und mich froh machte.
Ich hatte an Sie geschrieben, wie man eine Angel auswirft,
um Sie heranzuziehen, herauszulocken aus Ihrer beklem-
menden Verschollenheit, hatte Ihnen erzählt, wie hier
auf dem Karmel ein paar Menschen sitzen, Ihrer geden-
kend und mir abends aus Ihren Büchern vorlesend, und
wie wir lachen, dankbar lachen, bewundernd lachen, Kurt
Tucholsky. In meinem Brief war mit keiner Silbe von Juden
die Rede gewesen, denn meine Nachbarn sind zum Teil gar
keine und unsere Gemeinsamkeit auf andere Basis gegründet als die Leute von heute von vornherein für wahrscheinlich halten. Und da kam Ihr Brief, und er handelte von
nichts als von Juden oder hauptsächlich von ihnen. Ich hatte
geschrieben, wir haben eine Schlacht verloren. Dieses Wir
meinte ein weit umfassenderes Kollektiv als den Sektor der
deutschen Judenheit. Wir, das war die Linke der Welt, die
Gesittung der Welt, die Demokratie der Welt, die Freiheit,
der Anstand, die Atembarkeit der Welt. Sie antworteten
mir… und ich erinnerte mich, Peter Panter, eines Mißver-
ständnisses, das Ihnen einmal als Rezensent begegnet war.
Ich hatte ein Buch geschrieben: Juden auf der deutschen
Bühne. Ich hatte mich darin mit Freuden über eine Sache
ergangen, die mir leidenschaftlich lieb war: das Theater. Ich
hatte also auch über Dramatiker geschrieben und in einem
Satze beklagt, daß ich über den begabtesten der Jüngeren in
diesem Buche leider nicht schreiben konnte, weil Brecht
kein Jude sei. Leider, hatte ich geschrieben, gehöre er nicht
in dieses Buch, leider sei Brecht kein Jude, hatten Sie gelesen. Ich war damals, betroffen, der Meinung, der ich zum
Teil noch heute anhänge, daß man jeden von uns für einen
fanatischen Judaeomanen hält, der sich ausdrücklich in
einem Teil seiner Produktion und seines Denkens mit dem
Problem des Juden in Europa und in Deutschland beschäftigt. Ihr Brief hatte eine Voraussetzung dieser Art: er nahm
an, dieser Zweig bewege sich vor allem im Kreis des Juden-
problems, ihm müsse man zunächst und zuvörderst von diesem Problem reden. Es war rührend und tapfer, wie Sie
taten, aber es war noch etwas mehr. Eine tief verwundete
Seele kam zum Vorschein, verwundet nicht als Linker, nicht
als Geistiger, nicht als kassandrischer Prophet, sondern als
Jude. Woran ich das am meisten spürte? Ich wußte es von
Herrn Wendriner. Aber ich sah es aus jeder Ihrer Zeilen.
Denn Sie hatten von den deutschen Juden leidenschaftliche
Würde und einen Exodus ohnegleichen verlangt. Würde

verlangt man nur von seinem Vater, verletzten Stolz gesteht
man am ehesten seiner Mutter zu. Sie, der nach Rathenaus
schmutziger Ermordung Herrn Wendriner geschildert hatten, der da telefoniert und dem die zehn Minuten dazwischen kommen, jene zehn Minuten der Arbeitsruhe in allen
staatlichen Betrieben während der Beerdigung, Sie, der
dieses geifernde Geschöpf gemalt hatten, das außer sich ist,
weil dieser Mann Rathenau sich vordrängen mußte und ihm
jetzt womöglich den Anschluß an Skalitzer verdirbt und
eine Reklamation wegen einer Rechnung, Sie kamen nicht
darüber hinweg, daß Menschen, unter die in einem unge-
wissen Prozentsatz Wendriners gemischt waren, auf die
gemeine Überrumpelung, die kotige Entwürdigung, die
Raubzug-Enteignung, die kalte und systematische Zusam-
menpferchung, den vollgültigen Hinausschmiß nicht anders
reagierten, als sie es taten. Und nun soll ich unsere Landsleute womöglich gegen Sie verteidigen. Sie aber lagen längst
tot da, als Ihr Brief noch immer unterwegs war, als er mich
traf, froh machte, mich in Gedanken mit Ihnen verband,
mich umhergehen ließ mit dem frohen Gefühl: den kriege
ich aus seinem Loch. Ich wollte nicht überstürzt antworten.
Man muß sich innerlich zurechtlegen, was man einem
Manne sagt, der so tief verwundet aufschreit, so schwer verletzt und hautlos irgendwo verkrochen sitzt, aber die erste
Arbeit im neuen Jahr sollte diese Antwort sein. Persönliche
Dinge kamen dazwischen, der Brief an Sie stand wichtig, er-
freulich, voll Hintergedanken in meinem Kopf. Und dann
kam am 2. Januar der Brief Ihrer getreuen Freunde, der anfing mit dem Satze, leider müsse man mich von Ihrem sanften Einschlafen am 21. Dezember unterrichten. Er kam? Da
Sie ein Freund von den Späßen des Schicksals sind, Theobald Tiger: ich mußte ihn holen lassen, weil Strafporto auf
ihm lag, ich mußte ihn sogar zweimal holen lassen, mein
kleiner Junge, der mir noch nie eine unwillkommene
Minute bereitet hat, brachte ihn schimpfend wie ein Rohr-
spatz mit seinem Fahrrad. Man hat so scharf zu trampeln,
um zur Post hinauf zu kommen, und ich hatte ihm das erste
Mal zu wenig Geld mitgegeben. Kurt Tucholsky, dann saß
ich da und wunderte mich. Ich wunderte mich ungeheuer,
einen ganzen Horizont voll, ein schwarzblaues Meer, einen
sonnenvollen Nachmittagshimmel voll wunderte ich mich.
Und ich wundere mich eigentlich noch heute. Ich las von
der entsetzlichen Siebbeinentzündung, die Sie gequält hatte;
im vorigen Winter jeden Monat eine Operation, in dieser
Gegend da oben hinter der Nase, voller empfindlicher Nerven. Dann hatte man auf den Sommer am Meer gehofft,
und Sie waren nach Schweden gegangen. Aber wir hatten
Winter, nicht Sommer, lange dunkle Nächte, dunkle Tage,
ein dunkles Leben vor sich… da mußte man Ihnen ja wohl
den Schluß gönnen, den Sie machten. Ich hätte Sie viel zu
fragen, Tucholsky, ich bin hellhörig geworden, vielleicht
dank dieser Augengeschichte, die mich jetzt schon elf Jahre
beschäftigt. Waren Sie eigentlich bei den richtigen Ärzten?
Hat Ihnen jemals jemand den Zusammenhang zwischen
körperlichem Symptom und neurotischer Veranlassung erklärt? daß die Seele stumm und wild, um sich deutlich zu
machen, nach den schwachen Stellen des Körpers packt und

sie erkranken läßt – diese Seele, die an einer Stelle klein und kindlich geblieben ist dank erschütternder Eingriffe in frühester Zeit, und die nicht mitwachsen konnte an dieser Stelle, sondern sich verraten muß, drohend und witzig und unbarmherzig in Symptomhandlungen, in Einfällen, in Krankheiten, in all und jedem? Wußte ich nicht immer richtig einzuschätzen, was Ihre fünf Pseudonyme aussagten? Verrieten sie nicht immer wieder, daß Sie diese Erwachsenenwelt nicht dulden wollten, nicht hinnehmen in der Gemeinheit, in der sie sich nun einmal gefällt? Ließen Sie nicht auf dem Umschlag eines Ihrer bezaubernden Bücher einen greinenden Säugling anbringen, und waren nicht Ihre Bücher voll melancholischer, entsetzter, auflachender Anspielungen, die nur verstand, wer selbst ein gebranntes Kind war? Glauben Sie ja nicht, ich übersähe die Vorzüge, die eine Neurose wie Ihre mit sich bringt. Alles wird durch sie konserviert, was an Unbedingtem, an Tapferem, an Gerechtem und Zartem, an Lachen und Weinen in einer reichen Menschenseele enthalten ist. Und die Fähigkeit zum Ausdruck, zum zauberhaften Spiel mit dem schwerelosen Wort, zum wilden Treffen mit dem Pfeil des Wortes wird durch sie gesteigert. Ihr Wissen um das, was vorging, wird dadurch nicht geringer, Ihr Ingrimm nicht entwertet, die Macht Ihrer ohnmächtigen Liebe zu den Deutschen, wie sie sein sollten, nicht herabgesetzt, Ihr Glaube an einen Marsch der Menschheit zu guten Zielen nicht gemindert. Nur der Grad Ihrer Verzweiflung wird durch sie erklärt, dieser Wille, in der Erwachsenenwelt von heute nichts gelten zu lassen, alles aber von einem völligen Neubeginn zu erwarten, nach unabgebrauchten Parolen, nach frischen, jungen Erkenntnissen und Antrieben. Wenn das nicht gehalten hat, woran wir unsere Liebe und Leidenschaft setzten, wenn das nichts war, was uns den unbeschreiblich sinnlosen Jammer des Krieges hinterdrein ein bißchen zu rechtfertigen helfen sollte, dann durfte und konnte gar nichts mehr sein und gelten. Thomas Mann nicht und Stalin nicht und die Emigrantenblätter nicht und die Juden nicht und der Geist der Linken nicht, die Weltmeinung nicht, das Weltgewissen. Lieber das Nichts als diese Enttäuschung, und Sie wählten das Nichts.

Aber, Tucholsky, lieber gefallener Kamerad: Sie übersahen einen Satz und eine Tatsache, die der Dichter Hofmannsthal, begraben in einer Ordenskutte der Minoriten, einmal formulierte: Wie töricht zu schelten auf das Gemeine, wo doch das Leben aus Gemeinem gemacht ist durch und durch. Er meinte nicht jenes Gemeine, das heute in Gestalt Fleisch gewordener schlechter Instinkte das Deutsche Reich beherrscht. Er meinte das Gemeine, auf das jener sonderbare Deutsche Goethe hinwies, um den Hofrat Schiller einige Zeit nach seinem Tode davon völlig freizusprechen, es liege hinter ihm in wesenlosem Scheine, reimte er. Ohne den Wahrheitsgehalt dieser Worte untersuchen zu wollen: immer wieder trifft für eine winzige Minderheit von Geistigen eine solche Forderung und Feststellung zu. Die Masse aber, lieber Tucholsky: wer hat diese Masse denn zu Würde, Heroismus, ziviler Tapferkeit erzogen? Warum verlangen Sie von den deutschen Juden, was ihnen ihre ange-

beteten herrschenden Klassen niemals vorgemacht haben? Wenn all diese Fürsten, Generäle, Kaiser, Geheimräte, all diese Dichter, Philosophen, Geistlichen jedes Bekenntnisses seit Friedrich Wilhelm I. ohne Lücke und ohne Wank den Stock angebetet haben, der sie nicht erzog sondern dressierte, wenn die geschlagenen Generäle schamlos ihre Pensionen von der Republik einstrichen, wenn das ganze Bürgertum fast zwei Jahrhunderte lang in dem ostelbischen Typ etwas Vorbildliches sah und ihn immer wieder gewähren ließ und päppelte, statt ihn auszuräumen: da verlangen Sie Würde ausschließlich von den deutschen Juden? Muß ich Ihnen sagen, daß diese deutschen Juden, von einem kleinen besonderen Sektor abgesehen, europäische Erzeugnisse des Kapitalismus waren, und zwar innerhalb der nationalen deutschen Wirtschaft, die sie ganz wesentlich mit in die Höhe getrieben, zu dem gemacht hatten, was das Deutschland vor und nach dem Kriege darstellte? Was taten der Marschall v. Hindenburg und zehntausende seinesgleichen? Sie traten egal weg auf den Boden der Tatsachen, immer auf den jeweils gültigen. Und zwar mit Schwung. Mit Überzeugung. Mit einer Weltanschauung, die sie im Rücken stützte wie den Papiersoldaten der Pappstreifen, den wir ihm als Kinder hinten anklebten. Und das taten die deutschen Juden im März 33. Sie taten es, Tucholsky, mit weit mehr Haltung als die Herren von und zu im Jahre 18. Je empfindlicher sie waren, desto klarer fielen sie entweder auf die zionistische Seite (»mit diesen da wollen wir nichts mehr zu tun haben«) oder in jene stille Verzweiflung, die wehrlos macht, stumm. Und alle klammerten sich an ihre Heimat. Ihre Heimat hieß Deutschland. Ihre Heimat heißt Deutschland, wo sie seit Jahrhunderten sitzen, arbeiten, in einem genau verfolgbaren Ausmaß schöpferisch werden. Das Buch, welches Sie freundlicherweise zu lesen wünschten, »Bilanz der deutschen Judenheit 1933«, beschrieb diesen Prozeß. Zu den lächerlichen Unwahrheiten, die die Juden über sich verbreiten lassen, gehört ja die Rede vom Wandervolk der Juden. Ließe man sie einmal in Ruhe, sie gingen nicht mehr vom Fleck. Wo die Gräber ihrer Vorfahren sind, da spüren sie ihre Wurzeln, da sind sie zu Haus. Und, als hoffnungslose Minderheit und wehrlos, daher äußerst geeignet zur Abfuhr von Massenunzufriedenheiten, verjagt man sie von ihren Sitzen und nennt sie dann Nomaden. Der arme verrückte Naumann, der sich ins Konzentrationslager sperren ließ, weil er sein nationales Deutschtum nicht aufgeben wollte, dieser skurrile Märtyrer ist nur die äußerste Verzerrung jener faktischen Tatsache: daß die deutschen Juden nach Deutschland gehören und nirgendwo anders hin, wenn sie nicht freiwillig woandershin wollen, und daß niemand anders als die deutsche Regierung verantwortlich ist für diese Menschen, wenn nicht die Judenheit selber einen Teil dieser Verantwortung auf sich nimmt, weil sie ja weiß, daß die Dummheit und Bestialität dieser deutschen Regierung die Männer und Frauen des dritten Standes jüdischer Abstammung bedingungslos vor die Hunde gehen ließe. Sehn Sie, Tucholsky, ich betrachte diese Dinge viel gelassener als Sie. Nicht weil ich in Palästina sitze. Ich sitze in Palästina, weil ich die jüdischen Dinge in mir dadurch (auch dadurch) für geordnet halte und mich in der Lage, von dieser Basis aus freier in die Welt hinein zu wirken. Ich war noch sehr jung, als ich mir klarmachte, erst müßten die Ich-Dinge in Ordnung gebracht werden, dann die Familiendinge, dann die Judendinge, dann die deutschen Dinge, dann die Weltdinge. Wenn man sehr jung ist, glaubt man, dies ginge hintereinander zu erledigen. Man ist aber immer mit allem beschäftigt, der Steinwürfel, den es zu polieren gilt, dreht einem nach eigenem Gesetz seine Seiten zu. Um von mir zu sprechen, brauche ich nur von der Dummheit der Juden zu sprechen: ich war im Februar 33 noch viel dümmer, als Sie mir zutrauen werden, als ich mir selber heute zutraue. Als Feuchtwanger aus Amerika schrieb, »ich wußte immer, daß die Dummheit der Menschen so weit und so tief ist wie der Ozean, ich wußte aber nicht, daß die deutschen Juden so viel davon abbekommen haben«, traf er auch mich mit dieser richtigen Anmerkung. Sie trauten es den Deutschen nicht zu. Ich auch nicht. Sie glaubten nicht, daß sie diesen Müll fressen würden. Ich auch nicht. Aber siehe da, sie haben ihn mit Begeisterung gefressen. Behauptet wird, jetzt schon sei ihnen übel. Aber ich fürchte, sie werden ihren Unrat wieder in die Welt erbrechen wie 1914 ff., und wenn wir dann noch am Leben sind, wird ja wohl das Anfangen ganz von vorne unser aller Erbteil sein. Daß wir uns so irrten, daß wir die Menschen, mit denen wir aufgewachsen waren, so überschätzten, ehrt uns nicht, aber es schändet uns auch nicht. Es hat Leute gegeben und darunter Männer, die wir lieben und denen wir danken, die sofort wußten, vorher schon wußten, immer wußten. Wir, die Generation aus dem Kriege, glaubten an unsere Kameraden, kämpften gegen das Schlechte, das sie umwarb und für das Gute, das wir in ihnen kannten. Das da ist. Das bloß eins nicht gelernt zu haben scheint: Verantwortung für das, was man mit sich machen läßt. Die Lehre, die wir alle empfangen haben, heißt kurz und dürr: wir täuschten uns über den Grad von Zivilisation in den Deutschen und in der Leidenschaft der Europäer für ihre Kultur. Langsam und zäh nur setzen sich jene moralischen Tatsachen in Bewegung, die Europa vor der Barbarei retten können, viel zu langsam für unser Wissen, unsere Ungeduld und das Tempo, die Entschlossenheit der Wilden. Vielleicht viel zu langsam für die Rettung Europas. Aber wenn Europa nicht weitermachen will, werden Amerika und Rußland den Weg weiterstiefeln. »Ein Volk geht nicht unter. Ein Volk verlaust.« Das hat wer geschrieben? Das haben Sie geschrieben. Aber wenn eins verlaust, kriecht ein anderes in die Badewanne und kommt vergnügt hervor wie wir seinerzeit aus der Entlausungsanstalt in Crépion, in Wranje, in Rosenheim, in Lille, in Bialystok – wo immer wir mit Millionen von anderen unsere Haut zu Markte trugen, weil es der Weltimperialismus und seine deutsche Spielart so wollten.

Und somit, Tucholsky, lieber tapferer Kamerad, bezaubernder Schriftsteller, bester Chansonnier der Republik, gehe ich von Ihnen und an meine Arbeit. Sie hatten eine übertriebene Hochachtung und Erwartung für das, was dem Geiste möglich ist, als Sie die Emigration so bitter glossierten. Eine vage Vorstellung von etwas Ungeheurem, nicht an Auf-

schrei, sondern an Abwehr, beseelte Sie, als Sie verstummten, immer tiefer verstummten, den letzten Trank der Stummheit tranken. Und dabei war der Irrtum doch bloß klein gewesen: daß nämlich die Zeit der Gewaltlosigkeit schon angebrochen sei. Das ist nicht der Fall. Der Stern Erde, in den man Sie einbuddelte, hat eine Fülle tierischer Bestandteile, darunter die menschliche Intelligenz. Er braucht sie, damit sich die Menschen gegenseitig totschlagen. Aber es werden zugleich immer wieder neue geboren. Kleine Säuglinge, wie Sie einen auf einem Ihrer entzückenden Bücher abbildeten. Die Tiefe der Verzweiflung sagt nichts aus über die Sache, an der einer verzweifelt, nur über den Grad seiner seelischen Empfindlichkeit berichtet sie. Die Feststellung von Tatbeständen, daß nämlich mehr Gemeinheit in der Welt sei als sonst angenommen wird, macht den nicht gemeiner, der sie macht. Er muß sie nur verarbeiten können, die Gemeinheit nicht hinnehmen, die Ohnmacht nicht bejahen, die Plattheit einer Gegenwart nicht bejubeln. Er muß vielmehr sein Erkenntnisvermögen schärfen, seine Unterscheidungen verfeinern, seine Richtung unbeirrbar aufspüren, und er muß, Tucholsky, lange leben, um den Sieg der guten Sache zu fördern. Das ist kein Vorwurf für einen gefallenen Kameraden, der vierzehn Jahre lang in der vordersten Reihe focht, den Schmerz, Wut und Gelächter durchblitzten wie keinen, der ein Übermaß von Pflichterfüllung in seinem Soldbuch aufweisen kann, falls in der Gotenburger Erde jemand danach fragt. Es weist nur uns an, wonach wir uns zu richten haben. Daß irgendwo in einem Berliner Dienstzimmer ein Herr, den wir vielleicht sogar kennen, als Beauftragter des Goebbels sitzt und unsere Arbeit begutachtet, wie gleichgültig ist das. Laß den Müll sich freuen, laß den Müll sich ärgern. Wenn wir nur sicher sind, daß der Müll sich den Weg in die Müllgrube bahnt und daß wir ihm dabei helfen. Wer und was ihn ins Rutschen bringt... Daß er nicht Europa verschüttet, und was nach ihm kommt, das ist die Hauptsache. Und daß es nicht zu spät kommt für die heldenhaften Jungen und Mädel, Männer und Frauen, Nichtjuden und Juden, die ihm in Deutschland die Bahn bereiten helfen, den glücklichen Rutsch. Lieber Tucholsky, schlafen Sie wohl. Wie weh tut es mir, nicht sagen zu können, auf Wiedersehen. Wieviel stille Tränen sind schon geflossen, weil man Sie auf die Vermißtenliste setzen muß, die Liste derer, die wir immer vermissen werden. Sie ist schon hübsch lang, diese Liste. Nach meinen Augen fragen Sie. Wie sie auch immer seien, Sie werden sie nie mehr sehen. Aber Ihren Nachruhm und Ihr Gedächtnis und den Dank an Sie, den wohl. Wer uns so lachen und zürnen machte, und just über das Lächerliche und Empörende, wer so herrlich zu spaßen und weise zu sein vermochte wie Sie, und alles so auf Deutsch, der mag gern ausruhn wie H. Heine. Er ist ein Lebender wie er. Und somit verläßt Sie fürs Erste und Weitere Ihr Kamerad   Arnold Zweig.

Bemerkungen

Seite 11 Erste bekannte Aufnahme von Kurt Tucholsky.

12 ›Brief meines Vaters‹, Ignaz Wrobel in der ›Weltbühne‹ vom 9.2.1932. In Tucholskys Werk gibt es sonst keine ausdrücklichen Hinweise auf die Eltern.

13 Die Fotografie vom Geburtshaus stammt aus dem Jahre 1926.
›Drei Biographien‹, Peter Panter in der ›Weltbühne‹ vom 1.6.1926. Tucholsky spielt in mehreren Texten scherzhaft auf die eigene Biographie an.

15 Tucholsky hat unter seinem Namen wenig veröffentlicht. Das geschah beispielsweise, wenn ihm eine Arbeit besonders wichtig erschien, so der programmatische Artikel ›Wir Negativen‹, aber auch, wenn er von vornherein keinen Zweifel über den Verfasser aufkommen lassen wollte, in Fällen etwa, wo er mit juristischen Konsequenzen rechnete. Mit seinem Namen zeichnete er manchmal auch Arbeiten, zu denen er eine besondere emotionale Beziehung hatte, wie zu dem Gedicht ›Auf ein Kind‹ (vergleiche das Typoskript des Gedichts auf Seite 64). Der Brief an Mary Gerold vom 4.9.1918 ist zusammen mit dem Text ›Rosa Bertens‹ einer der wichtigsten Hinweise auf die Beziehung zur Mutter.
›Rosa Bertens‹, Kurt Tucholsky in der ›Schaubühne‹ vom 7.5.1914: »Flieg du, wenn die Bleiklumpen der Frauen dich zur Erde ziehen. Nieder! nieder! nieder! Du sollst nicht zu den Wolken, du sollst nicht höher steigen, als wir sehen können, und wir sind kurzsichtig, das ist wahr, aber bleibe bei uns! Lache, schluchze, murre, aber unter unsrer Kontrolle; wir wollen im Nebenzimmer sitzen, wenn du lachst, schluchzt, murrst, damit wir immer wissen, was du grade treibst. Du sollst nicht allein sein, nie! Du könntest auf schlimme Gedanken kommen, am Ende gar auf die Freiheit! Wir sind die Hennen – schlupf unter!«

16 Tucholskys Bruder Fritz, Kohn genannt, studierte später an der Technischen Hochschule Charlottenburg Maschinenbau, arbeitete in der Inflationszeit als Bankangestellter und war bis 1933 beim Berliner Messe- und Fremdenverkehrsamt beschäftigt. Nach der Entlassung emigrierte er nach Prag, von dort im Herbst 1935 in die USA, wo er 1936 bei einem Autounfall ums Leben kam.

17 ›Ein Kind aus meiner Klasse‹, Peter Panter in der ›Weltbühne‹ vom 3.3.1925. Aus der Zeit des Französischen Gymnasiums berichtet ein Klassenkamerad, später Professor an der Berliner Humboldt-Universität, über den Mitschüler Tucholsky: »Er stand ständig in Opposition zu der Schule, die wir liebten und die er auch aus tiefster Seele haßte. Er war dabei durchaus nicht etwa ein griesgrämiger Einzelgänger, sondern vielmehr ein fröhlicher Draufgänger, der immer die Lacher auf seiner Seite hatte, auch wenn sie nicht mit ihm einverstanden waren. Es war mehr noch als sein rascher Witz seine kluge Ironie, die uns bezauberte. Nicht um ihrer selbst willen, sondern weil sie uns Widersprüche aufhellte, die wir vorher nur dumpf gespürt hatten. Die Zwielichtigkeit unserer Schule verlockte ihn ständig zu ironischen Bemerkungen über sie. Gewiß, wir liebten sie und waren stolz auf sie, weil sie hochangesehen und ein französisches Gymnasium war. Ein *königliches* französisches Gymnasium freilich – und Frankreich war *Republik*. Die Unterrichtssprache war Französisch, und wir Jungen hörten beim Klange dieser Sprache stets die Marseillaise mit klingen.

Aber das Französisch unserer Lehrer klang mehr nach ›Heil dir im Siegerkranz‹ als nach der Marseillaise. Der Schuldirektor namens *Schulz* war ein Schwager des Großadmirals von Tirpitz und war sehr stolz darauf. Er verpaßte keine passende und unpassende Gelegenheit, um uns darauf hinzuweisen. Auf Französisch versteht sich. So klang sein Französisch preußisch, ohne daß sein Preußentum dadurch französische Färbung bekommen hätte. ›Monsieur Skülz‹ taufte ihn Kurt Tucholsky, der nicht oft genug seinen Witz an ihm üben konnte. Französisch war für uns Jungen die Sprache der großen französischen Revolution. Französisch als Unterrichtssprache machte uns das republikanische Frankreich zur zweiten Heimat (die es für Tucholsky zehn Jahre später dann ja auch tatsächlich geworden ist) und allen Preußenzorn gegen den Erbfeind und dessen ›welsches‹ Wesen verhaßt, den unsere ›königlich-preußischen‹ Lehrer uns doch (in französischer Sprache) einzuflößen wenn nicht versuchten, so doch dienstverpflichtet waren. Die Komik dieser Situation war keinem in unserer Klasse deutlicher bewußt als unserem Mitschüler Tucholsky. Wir haben immer unsere helle Freude an dem Witz gehabt, mit dem er uns diese Komik offenbar machte. Er war ein fröhlicher Kamerad und ein rechter Rebell, den wir gerade dann am ernstesten nahmen, wenn er uns zum Lachen brachte. Ein guter Schüler war er gewiß nicht und doch uns allen an Geist überlegen.« (Zitiert nach Karl Kleinschmidt, Kurt Tucholsky, Leipzig 1961, S.11f.)

19 Tucholskys Vater hatte drei Schwestern, Flora, Berta und Agnes, die Tucholsky alle mochte. Elli Tucholski gehörte zur Familie der Mutter.

22 Das Königliche Wilhelms-Gymnasium in Berlin besuchte auch Walter Mehring. Wrobel war der Name des Schullehrbuchs für Arithmetik. Mehring erinnert sich: »Der ›Wrobel‹ war der Schrecken meiner Examina am Königlichen Wilhelms-Gymnasium, dessen einstiger Schüler Tucholsky gewesen ist, bis er wegen vorlauter Bemerkungen relegiert wurde. Gespräche über unsere einstigen Professoren haben uns, wann immer wir uns trafen, belustigt.« (Walter Mehring, Wir müssen weiter, Düsseldorf 1979, S.19)

27 ›Der Mann mit den zwei Einjährigen‹, Peter Panter in der ›Vossischen Zeitung‹ vom 18.8.1929.
Heinz Ullstein, der bei Dr. Kraßmöller Nachhilfeunterricht erhielt, erinnert sich: »Eines Tages trat er in das Zimmer, in dem ich meine Schularbeiten machte. ›Das habe ich auch lang genug machen müssen‹, sagte er, während er mir die Hand reichte. Dabei lächelte er, halb ironisch, halb bedauernd, ein bißchen hochmütig, skeptisch und ein klein wenig abweisend (…) Irgendwie unterschied dieser Mensch sich von einem Jüngling unserer Kreise, denen er wie ich entstammte.« (Heinz Ullstein, Spielplatz meines Lebens, München 1961, S.57f.)

29 ›Die Familie‹, Peter Panter in der ›Weltbühne‹ vom 12.1.1923.

30 Hans Erich Blaich (1873–1945), Facharzt für Lungenleiden, schrieb humorvoll-besinnliche Gedichte und Erzählungen. Mitarbeiter beim ›Simplicissimus‹ 1905–1944, war 1912–1924 Chefredakteur und 1933–1935 verantwortlicher Chefredakteur. Nach Blaichs Rezension von ›Rheinsberg‹ entstand im Februar 1913 ein Briefkontakt, den Blaich wegen einer Kritik Tucholskys am ›Simplicissimus‹ im März 1920 abbrach.

Tucholsky war mit dem Maler und Zeichner Kurt Szafranski (geb. 1890) seit der Studienzeit befreundet. Szafranski war später im Ullstein Verlag Leiter des Zeitschriftenverlages. Er emigrierte 1934 nach New York und schuf dort die Illustrierte ›Life‹.

Im September 1911 reisten Tucholsky und Szafranski nach Prag, wo sie Max Brod und Franz Kafka besuchten. Max Brod (1884–1968), Freund Kafkas und später Herausgeber des Kafka-Werkes, berichtet: »Bald nach Erscheinen meiner Geschichte vom ›Tschechischen Dienstmädchen‹ war ein junges Paar, das so aussah, wie man sich zwei reisende Handwerksburschen vorstellt, bei mir erschienen. Die beiden brachten aus Berlin nach Prag gleichsam als Huldigungsgeschenk eine Riesenschachtel mit; öffnete man die, so sah man einen Karton, auf dem winzige Hütten aus Papier aufgeklebt standen, dito Baumalleen und allerlei Tiere wie Kühe, Schweinchen, Gänse nebst einigen Männern, Bäuerinnen, Kindern. Ein tschechisches Dorf, wie es sich in der Phantasie der beiden Berliner Handwerksvagabunden darstellte, auf Grund vorerwähnter Dienstmädchennovelle, namentlich aber des dort zitierten erotischen Liedchens von der schönen Andulka, der Schaffterstochter und Gänsehüterin, die nachts so gut küssen kann. Als Zeichen der Verehrung wurde mir das komplizierte Spielzeug überreicht, das Händewerk der beiden Strolche – und diese waren niemand anderer als Kurt Szafranski ... und Kurt Tucholsky, damals noch idyllischer Dichter und weit entfernt davon, den Deutschen gute Lehren über politisches Benehmen zu geben.« (Max Brod, Streitbares Leben, Frankfurt/M. 1979, S. 75 ff.)

Franz Kafka (1883–1924) notiert unter dem 30. September 1911 in sein Tagebuch: »Tucholsky und Szafranski. Das gehauchte Berlinerisch, in dem die Stimme Ruhepausen braucht, die von ›nich‹ gebildet werden. Der erste ein ganz einheitlicher Mensch von einundzwanzig Jahren. Vom gemäßigten und starken Schwingen des Spazierstocks, das die Schulter jugendlich hebt, angefangen bis zum überlegten Vergnügen und Mißachten seiner eigenen schriftstellerischen Arbeiten. Will Verteidiger werden, sieht nur wenige Hindernisse gleichzeitig mit der Möglichkeit ihrer Beseitigung: seine helle Stimme, die nach dem männlichen Klang der ersten durchredeten Stunde angeblich mädchenhaft wird – Zweifel an der eigenen Fähigkeit zur Pose, die er sich aber von größerer Welterfahrung erhofft – endlich Angst vor einer Verwandlung ins Weltschmerzliche, wie er es an ältern Berliner Juden seiner Richtung bemerkt hat, allerdings spürt er vorläufig gar nichts davon. Er wird bald heiraten.« (Franz Kafka, Tagebücher 1910–1923, Frankfurt/M. 1973, S. 47)

31 Über die Medizinstudentin und Tucholskys erste Ehefrau Else Weil ist wenig bekannt, Lebenszeugnisse und Fotografien sind nicht aufzufinden. Dr. Else Weil war Ärztin und lebte in Berlin. Sie floh später vor den Nazis nach Südfrankreich, wo sie im Kriege von der Gestapo verhaftet wurde und wahrscheinlich im KZ umgekommen ist. ›Rheinsberg‹ trägt die Widmung »Unsern lieben Frauen M.W., K.F., C.P.« – Tucholsky und Szafranski widmeten es ihren Freundinnen: Szafranski seiner späteren Frau und Tucholsky seiner Jugendfreundin Kitty Frankfurther, mit der er sich bald verlobte, und Else Weil, die er Claire Pimbusch nannte.

32 ›Rheinsberg‹, Kurt Tucholsky in der ›Weltbühne‹ vom 8. 12. 1921.

Die ›Bücherbar‹ erregte einiges Aufsehen, auch in der Presse. Theodor Tagger im ›Berliner Tageblatt‹: »Sie sieht sehr wie eine alltägliche Buchhandlung aus. Aber sie ist doch keine alltägliche Buchhandlung. Ein kleines Kaffeehaus ist auch keine Bar, denn es kommt durchaus darauf an, was serviert wird. Hier, in dieser Bücherbar, mit dem komischen, grünaufweiß getupften Stühlen, bekommt man ›Rara! Kuriosa!‹ serviert. Es steht so am Außenschild geschrieben. Erklärungssätze stehen auch dabei. Englisch, französisch und dann noch in einer dritten Schrift, die so verschroben ist, daß man sie nicht lesen kann. Es wird wahrscheinlich deutsch sein. – Unter ›Rara! Kuriosa!‹ steht noch: ›Mampes Gute Stube‹. Mampe hat sein Schild hier vergessen... Aber Mampe ist nicht mehr da. Die Liköre für den Magen haben sich gesteigert. Sie sind zerebrale Liköre geworden. Die schweren Weine sind Bücher, berauschend schöne Bücher. Alte, mit einem ganz seltsamen Aroma in der Sprache. Das ist das Besondere dieses Ladens: man bekommt nur alte Bücher, vergriffene Ausgaben.« (Abendausgabe, 18. 12. 1912) Karl Fr. Nowak im ›Hamburger Fremdenblatt‹, 7. 1. 1913: »Sie ist kein Witz. Sie hält wahrhaftig die lockenden Pforten offen. Lächelnd schreitet im Buchladen eine stattliche Bardame auf und nieder, lächelnd serviert sie dir, wenn du einen Oskar Wilde erstehst, einen Whisky mit Soda, wenn du einen Ibsen erwählst, einen nordischen Korn. Die verschiedensten Schriftsteller sind vertreten, die verschiedensten Liköre. Mit einem Wort, der schöne Vers von Wilhelm Busch ist zeitgemäß verwandelt: Wer Bücher kauft, kriegt auch Likör... Aber der Zusammenhang von Buch und Schnaps wäre an sich gewiß noch nicht verführerisch genug für Berlin W. Die neue ›Bar‹ für bessere Autoren ist überhaupt die kurioseste Buchhandlung des Reiches. Sie hat die Literatur dem Schnaps, beide dem Kunstgewerbe, alle drei dem Ausdruck eines sanften Irrsinns vermählt.«

In der ›Bücherbar‹ lernten sich Kurt Tucholsky und Ernst Rowohlt kennen. Rowohlt erinnert sich an diese Begegnung: »Nie werde ich unser erstes Kennenlernen in Ihrer Bücherbar am Kurfürstendamm vergessen, wie Sie mit dem dicken Kurt Szafranski, der damals schon Ihr zauberhaftes Buch ›Rheinsberg‹ illustriert hatte, den Kunden beim Verkaufen der guten Bücher – nur solche führten Sie in Ihrer Bücherbar – ein Schnäpschen einschenkten. Das war für mich die richtige Kombination, Schnaps und Bücher, und vor allem denke ich an die fröhlichen Gespräche, die wir, befeuert vom Geist der Bücher und vom Geist des Alkohols, in den dazu aufgebauten Klubsesseln führten.« (Ernst Rowohlt, Brief an einen Unvergessenen, ›Weltbühne‹, Nr. 1/2, 1948)

34 Die ›Schaubühne‹ wurde 1905 in Berlin von Siegfried Jacobsohn (1881–1926) als Theaterzeitschrift gegründet und von ihm bis zu seinem Tode herausgegeben. Jacobsohn war 1901–1904 Theaterkritiker bei der ›Welt am Montag‹ und zählte neben Alfred Kerr, Herbert Ihering und Monty Jacobs zu den bekanntesten Theaterkritikern Berlins. Tucholsky schreibt 1927: »Fruchtbar kann nur sein, wer befruchtet wird. Liebe trägt Früchte, Frauen befruchten, Reisen, Bücher ... in diesem Fall tat es ein kleiner Mann, den ich im Januar 1913 in seinem runden Bücherkäfig aufgesucht habe und der mich seitdem nicht mehr losgelassen hat, bis zu seinem Tode nicht. (...) Es war der fast einzig dastehende Fall, daß dem Gebenden ein Nehmender gegenüberstand, nicht nur ein Druckender. Wir senden unsere Wellen aus – was ankommt, wissen wir nicht, nur selten. Hier kam alles an. Der feinste Aufnahmeapparat, den dieser Mann darstellte, feuerte zu höchster Leistung an – vormachen konnte man ihm nichts. (...) Und so waren unsere Beiträge eigentlich alle nur Briefe an ihn, für ihn geschrieben, im Hinblick auf ihn: auf sein Lachen, auf seine Billigung – ihm zur Freude. Er war der Empfänger, für den wir funkten.

Ein Lehrer, kein Vorgesetzter; ein Freund, kein Verlagsangestellter; ein freier Mann, kein Publikumshase.« (›Start‹, Kurt Tucholsky in der ›Weltbühne‹ vom 27.12.1927)

Tucholsky hat sich häufiger über die Pseudonyme geäußert. Über die Entstehung schreibt er: »Aus dem Dunkel sind diese Pseudonyme aufgetaucht, als Spiel gedacht, als Spiel erfunden – das war damals, als meine ersten Arbeiten in der ›Weltbühne‹ standen. Eine kleine Wochenschrift mag nicht viermal denselben Mann in einer Nummer haben, und so erstanden, zum Spaß, diese homunculi. Sie sahen sich gedruckt, noch purzelten sie alle durcheinander; schon setzten sie sich zurecht, wurden sicherer; sehr sicher, kühn – da führten sie ihr eigenes Dasein. Pseudonyme sind wie kleine Menschen; es ist gefährlich, Namen zu erfinden, sich für jemand anders auszugeben, Namen anzulegen – ein Name lebt. (...) Und es war auch nützlich, fünfmal vorhanden zu sein – denn wer glaubt in Deutschland einem politischen Schriftsteller Humor? dem Satiriker Ernst? dem Verspielten Kenntnis des Strafgesetzbuches, dem Städteschilderer lustige Verse? Humor diskreditiert.

Wir wollten uns nicht diskreditieren lassen und taten jeder seins. Ich sah mit ihren Augen, und ich sah sie alle fünf: Wrobel, einen essigsauern, bebrillten, blaurasierten Kerl, in der Nähe eines Buckels und roter Haare; Panter, einen beweglichen, kugelrunden, kleinen Mann; Tiger sang nur Verse, waren keine da, schlief er – und nach dem Kriege schlug noch Kaspar Hauser die Augen auf, sah in die Welt und verstand sie nicht.« (›Start‹, Kurt Tucholsky in der ›Weltbühne‹ vom 27.12.1927)

35 Arno Holz (1863–1929) schrieb sozialkritische Gedichte und Dramen. Eine der ersten Arbeiten Tucholskys in der ›Schaubühne‹ war der Artikel ›An Arno Holz‹, der am 24.4.1913 zu Holz' 50. Geburtstag erschien. Tucholsky besprach später auch das ausgewählte Werk von Arno Holz.

Klabund (1890–1928), eigentlich Alfred Henschke, veröffentlichte 1913 in Alfred Kerrs Zeitschrift ›Pan‹ erste Gedichte, worauf er und Kerr wegen Verbreitung unsittlicher Verse angeklagt wurden. Über Klabunds 1927 erschienene Gedichtsammlung ›Die Harfenjule‹ schreibt Tucholsky: »Das ist eines von den Heften, das ich einmal – in achtzig Jahren – vergilbt und halb zerbröckelt zur Nachkontrolle lesen möchte. Mindestens zwanzig dieser Lieder werden dann noch frisch sein. Und das ist sehr viel.« (›Harfenjulius Klabund‹, Peter Panter in der ›Weltbühne‹ vom 12.7.1927)

Nur selten bat Tucholsky Bekannte oder Freunde, etwas von ihm zu lesen. Der Artikel ›Wenn Ibsen wiederkäme...‹ erschien in der ›Schaubühne‹ vom 28.8.1913 unter seinem Namen. Einige Jahre später schreibt er, am 21.11.1919, in einem Brief an Mary Gerold: »Das ist die Musik zu Ibsens schönstem Stück, aus einer Zeit, als er noch ganz jung war – Morgenstern hat es übersetzt. So etwas hat er nie wieder geschrieben. Ich habe es vielleicht viermal gesehen, und immer wieder packt es mich ans Herz. Wie da der Mann nach einem ganzen Leben zurückkommt, grau, zerarbeitet, zerlebt, zerknautscht – und in derselben Hütte sitzt dasselbe Weib, das er damals jung verließ,

nun grau geworden, aber in derselben Stelle, an demselben Spinnrad – und wartet – auf ihn. Und er sagt:

Eine, die Treue hielt, und einer, der vergaß –
einer, der sein Leben verspielt, und eine,
die wartend saß –

das vergißt man nicht wieder.« – Tucholsky kommt auf diese Stelle noch einmal zurück. An dem Tag, an dem er den Freitod wählt, in seinem letzten Brief an Mary Gerold.

Der Zeichner und Maler Rudolf Sieck (1877–1957) war Mitarbeiter des ›Simplicissimus‹ und Illustrator der Gedichte von Hans Erich Blaich.

38 ›Rausch, Suff und Katzenjammer‹ war Tucholskys Rede auf der ersten Massenkundgebung ›Nie-wieder-Krieg‹ im Berliner Lustgarten am 1.8.1920. Der Text erschien in der ›Freiheit‹, dem Berliner Organ der USPD, am 3.8. unter dem Namen Ignaz Wrobel.

40 Georg Christoph Lichtenberg (1742–1799) beeinflußte Tucholsky vor allem durch seine Aphorismen und seine geschliffene, ungeschnörkelte Satire. Wie Lichtenberg nannte Tucholsky die Notizbücher, in die er seine Aphorismen eintrug, ›Sudelbücher‹.

›Schrei nach Lichtenberg‹, Peter Panter in der ›Vossischen Zeitung‹ vom 25.1.1931.

Wilhelm Busch (1832–1908) schrieb auch ernst-besinnliche, von Schopenhauer beeinflußte Gedichte, in denen sich eine kritische und kämpferische Lebensphilosophie ausdrückte. Tucholsky schätzte Busch besonders wegen dieser Grundhaltung.

›Busch-Briefe‹, Peter Panter in der ›Schaubühne‹ vom 16.4.1914.

41 Tucholskys Beschäftigung mit Wilhelm Raabe (1831–1910) ging teilweise auf Hans Erich Blaich zurück. Blaich, der Raabe gekannt hatte, schrieb auf Tucholskys Einwand: »Sie kennen ihn doch noch nicht so recht, wie mir scheint. Gucken Sie sich z.B. einmal den Tischler Spörenwagen in den ›Unruhigen Gästen‹ an, dann werden Sie sehen, was er für ein Drübersteher war.« (Hans Erich Blaich, Ausgewählte Werke des ›Simplicissimus‹-Dichters Dr. Owlglass, Kirchheim 1981, S.333)

›Der alte Fontane‹, Kurt Tucholsky in der ›Weltbühne‹ vom 25.12.1919. In einem weiteren Artikel schreibt Tucholsky: »Was diesen Mann uns unvergleichlich macht, das ist – wie bei Goethe – die Luft, in der er lebte und die er atmete. Das ist jene Aura um die Dinge seines Seins herum, dieses Undefinierbare, das Fontane zu einem Symbol macht, zu einem Symbol einer Zeit, und mehr: zu dem einer ganzen kleinen Welt. Sie ist dahin.« (›Fontane und seine Zeit‹, Peter Panter im ›Berliner Tageblatt‹ vom 27.12.1919)

Tucholskys früh entstandene Beziehung zu Theodor Storm (1817–1888) änderte sich auch später nicht. 1935 schreibt Tucholsky: »Läse den halben Storm und kann nur sagen: so möchte man erzählen können. Manches süßlich, aber eigentlich das sehr selten, eher: süß; fast immer ganz echt, solange es im Norden spielt (...)« (›Q-Tagebuch‹ an Hedwig Müller vom 18. oder 20.1.1935)

45 Das Gedicht an Blaich ist wahrscheinlich Tucholskys erste Äußerung als Soldat. Über seinen damaligen Verbleib gibt der Militärpaß Aufschluß; vergleiche S.51

Auf der Rückseite der Karte ist eine Kapelle abgebildet. Tucholsky schätzte Eduard Mörike (1804–1875) und den weniger bekannten Bauerndichter Christian Wagner (1835–1918), über den er 1919 einen Artikel schrieb (›Christian Wagner‹, ›Weltbühne‹, 13.2.1919).

Die Schreibstube der 3. Kompanie befand sich in einem kleinen Dorf an der Düna gegenüber Friedrichstadt. Tucholsky erinnert sich: »Wir saßen damals in Kurland, der Stab in einer bösen Panjehütte. Der graue Stumpfsinn des Stellungskrieges lastete auf unsern Gemütern, und abends, nach dem Dienst, war so ziemlich alles knüppeldicke duhn. Dies zur Illustrierung des Milieus. – Eines Tages erscheint Exzellenz. Sehr groß, glatt rasiert, ein rotes Gesicht wie guter, alter Bordeaux. Da der alte Fritz einen Krückstock getragen hatte, so trug er auch einen. Stieß mit diesem Knüppel die Türen auf, baute sich mit seinem Adjutanten hin und fragte jeden, was er sei und woher – na, was man so als Exzellenz fragt. Es ging alles ganz gut, bis er an meinen alten Freund Gruner kam. ›Und Sie?‹ – ›Komponist, Exzellenz!‹ – ›Ah!‹ – die Obrigkeit machte ein Gesicht, wie wenn sie auf einen Flohzirkusdirektor gestoßen wäre. – ›Komponist, i sieh mal an! Ham Sie denn schon mal was komponiert?‹ – ›Jawohl, Exzellenz! Eine Oper!‹ – ›Eine Opa? Wie heißt denn die Opa?‹ – ›Maja, Exzellenz!‹ – ›Maier? Kennen Sie Maier?‹ – Nein, der Adjutant kannte Maier auch nicht. – ›Wo ist denn die Oper aufgeführt?‹ – ›Im Königlichen Theater zu Wiesbaden, Exzellenz!‹– Das fiel dem Mann auf. Königliches Theater… ›So so!‹ machte er begütigend. Aber ein Gedanke kam ihm noch. ›Wie oft denn?‹ – ›Dreimal, Exzellenz!‹– Große Pause. Und dann fragte Exzellenz, sehr langsam und deutlich: ›Und von die Opa wolln Se leben?‹ – Und ging mit markigen Schritten hinaus auf den östlichen Kriegsschauplatz.« (›Ulk‹, Nr. 50 vom 13.12.1918, die erste Nummer, für die Tucholsky als Chefredakteur verantwortlich zeichnete)

Der Brief an Mary Gerold vom 1.9.1919 bezieht sich auf den 1.9.1915.

52 Tucholskys Mitarbeit am ›Flieger‹ begann Anfang 1917 und endete vermutlich Ende April 1918. In dieser Zeit leitete Tucholsky eine Felddruckerei, in der auch der ›Flieger‹ gedruckt wurde.

56 Tucholsky schreibt später über seine Militärzeit: »Ich habe mich dreieinhalb Jahre im Kriege gedrückt, wo ich nur konnte – und ich bedaure, daß ich nicht, wie der große Karl Liebknecht, den Mut aufgebracht habe, Nein zu sagen und den Heeresdienst zu verweigern. Dessen schäme ich mich. So tat ich, was ziemlich allgemein getan wurde: ich wandte viele Mittel an, um nicht erschossen zu werden und um nicht zu schießen – nicht einmal die schlimmsten Mittel. Aber ich hätte alle, ohne jede Ausnahme alle, angewandt, wenn man mich gezwungen hätte; keine Bestechung, keine andre strafbare Handlung hätte ich verschmäht.« (›Wo waren Sie im Kriege, Herr –?‹, Ignaz Wrobel in der ›Weltbühne‹ vom 30.3.1926)

58 Zur Umbenennung der ›Schaubühne‹ schreibt Tucholsky: »Mein gutes Blatt! Wie hast du dich verändert! Den Musentempel schließt du beinah zu; mit Politik, Kunst, Wirtschaft dich bebändert, so geht dein Vorhang auf: auch du, mein Kind, auch du? Du willst dich gleichfalls in den Strudel stürzen? Randstaaten? Westfront? Die Veränderungswahl? Nur eines kann mir meinen Kummer würzen:

Es war einmal…« (›Auf die Weltbühne‹, Theobald Tiger in der ›Weltbühne‹ vom 4.4.1918)

Mit Dr. Erich Danehl (gest. 1952), Karlchen genannt, war Tucholsky seit dem 1. Weltkrieg eng befreundet. Danehl war 1927–1933 Polizeipräsident von Harburg-Wilhelmsburg und nach 1945 Staatssekretär im Innenministerium in Hannover.

59 Alfred Kerr (1867–1948) galt bis zum Beginn der 20er Jahre als der kritische Repräsentant des Berliner Theaterlebens. Er arbeitete als Theaterkritiker 1900–1919 am ›Tag‹, dann am ›Berliner Tageblatt‹; 1912/1913 gab er die Wochenschrift ›Pan‹ heraus. Tucholsky schätzte Kerr als brillanten Stilisten und streitbaren Geist. Zu Kerrs 60. Geburtstag veröffentlichte Tucholsky in der ›Weltbühne‹, mit der Kerr jahrelang in einem Streit lag, ein Geburtstagsgedicht:
»Sie haben, als wir angefangen, uns doch das Laufen beigebracht. Ick bin nich imma mitjejangen – zum Beispiel: bei die Russenschlacht…
Doch einen, der die Sprache packt, und nie Bolljong – und stets Extrakt – des such dir man mit die Lanterne:
Ick kann mir nich helfen – ich hab Ihnen jerne.« (›Alfred Kerr‹, Theobald Tiger in der ›Weltbühne‹ vom 20.12.1927)

Karl Kraus (1874–1936) gründete 1899 die Zeitschrift ›Die Fackel‹, die er bis zu seinem Tode herausgab und deren alleiniger Autor er ab 1911 war. Tucholsky widmete ihm 1920 mehrere Artikel (›Karl Kraus liest‹, ›Weltgericht‹, ›Karl Kraus‹) und blieb ihm weiter verbunden. Die ab 1925 von Kraus gegen Tucholsky gerichteten Angriffe wegen eines während des Krieges verfaßten Kriegsanleihegedichts hatten ihren Ursprung in Tucholskys Parteinahme für Maximilian Harden, mit dem Kraus verfeindet war. Tucholsky lehnte solche Fehden unter Literaten für sich stets ab und nahm zu den Vorwürfen öffentlich nicht Stellung.

Arthur Schopenhauer (1788–1860) gehört neben Sigmund Freud zu den geistigen Figuren, die Tucholskys Denken und Schreiben nachhaltig beeinflußt haben.

61 Tucholsky und Mary Gerold duzten sich in ihren Briefen selten, sie redeten sich in der dritten Person mit ›Er‹ an; Tucholsky sprach auch von sich als ›dieser‹ oder ›er‹.

63 Tucholsky arbeitete bis Ende Oktober bei der Polizeistelle in Turn-Severin, deren Leiter Dr. Erich Danehl war.

64 ›Auf ein Kind‹ ist eines der wenigen erhalten gebliebenen Typoskripte. Tucholsky, der die meisten Arbeiten für den Tag schrieb, bewahrte seine Manuskripte in der Regel nicht auf. Nach der Plünderung des Archivs der ›Weltbühne‹ durch die Nazis blieben die Manuskripte, auch Tucholskys Briefe an Siegfried Jacobsohn, verschwunden. Mit der Hand schrieb Tucholsky selten und ungern, fast alle Arbeiten und die meisten Briefe sind auf der Schreibmaschine abgefaßt.

65 Zu der Zeit schreibt Tucholsky in der ›Weltbühne‹: »Die ersten Kriegsjahre war ich verstummt. Ich glaube heute, daß es erlaubt ist, – aber immer mit diesem stillschweigenden Vorbehalt – über Nebensachen zu sprechen. Über die Hauptsache kann ich nichts sagen, weil es mir nicht folgerichtig erscheint,

sich aus der Front zur Premiere eines Menschlichkeitsdramas beurlauben zu lassen. Entweder Christus oder der Bezirksfeldwebel, aber nicht diese mittlere Proportionale.

Sie werden begreifen, lieber Herr Tiger, daß es von mir nicht Weltabgewandtheit oder Snobismus war, im Kriege dauernd von allem zu ›plaudern‹, nur von dem einen nicht.« (›An Theobald Tiger‹, Peter Panter in der ›Weltbühne‹ vom 18.7.1918)

Über seine nächsten Aussichten schreibt Tucholsky: »Ich denke so: gehe ich nicht nach Berlin, dann werde ich mich hier nach Möglichkeit befördern lassen und den Versuch machen, im Staatsdienst zu bleiben – wenn irgend erreichbar: in Kurland. – Gehe ich aber nach Berlin, dann muß ich da die Augen aufmachen, und zusehen, was gespielt wird. Der Drehpunkt der Frage ist: kann ich mit Dir anständig leben oder nicht?« (An Mary Gerold, 6.10.1918)

70 Die Rückkehr aus Rumänien schildert Tucholsky später in dem Artikel ›Revolution beim preußischen Kommiß‹ (›Vorwärts‹, 9.11.1922). Nach seinem Besuch in Fürstenfeldbruck notiert Hans Erich Blaich im Tagebuch: »Um 1ʰ kommt Tucholsky, ein untersetzter beleibter Herr, nicht unsympathisch, aber nicht sehr fest in sich, Journalistennatur, kein Ja- u. Nein-Sager – soll Redakteur des Ulk werden; wir unterhalten uns eine Stunde lang recht gut.« (Hans Erich Blaich, a.a.O., S. 321)

Tucholsky schätzte die Revolutionsereignisse nicht ganz richtig ein; später gibt er in einem Brief an Walter Hasenclever zu: »(…) und wenn ich denke, daß ich mich öffentlich nur ein Mal, vor dem Kriege, in der Frage des Kinos, grundlegend geirrt habe, und daß ich 1918/19 in meinem Kopf nicht richtig verstanden habe, was vorging, daß ich aber sonst kaum danebengehauen habe (…)« (7.10.1934)

71 Die kompromißlose Abrechnung mit dem deutschen Militarismus in einer in Deutschland bis dahin unbekannten Schärfe löste eine ungewöhnlich heftige Diskussion aus. Die ›Militaria‹-Serie war der Beginn eines bis zum Ende der Weimarer Republik dauernden Kampfes der ›Weltbühne‹ gegen Wiederaufrüstung und Kriegsvorbereitung.

72 Tucholsky verfaßt das Programm der ›Weltbühne‹. In dem Artikel ›Wir Negativen‹ schreibt er am 13.3.1919 unter seinem Namen: »Es ist lächerlich, einer jungen Bewegung von vier Monaten vorzuwerfen, sie habe nicht dasselbe Positive geleistet wie eine Tradition von dreihundert Jahren. Das wissen wir.

Wir stehen vor einem Deutschland voll unerhörter Korruption, voll Schiebern und Schleichern, voll dreimalhunderttausend Teufeln, von denen jeder das Recht in Anspruch nimmt, für seine schwarze Person von der Revolution unangetastet zu bleiben. Wir meinen aber ihn und grade ihn und nur ihn.

Und wir haben die Möglichkeit, zu wählen: bekämpfen wir ihn mit der Liebe, bekämpfen wir ihn mit Haß? Wir wollen kämpfen mit Haß aus Liebe. Mit Haß gegen jeden Burschen, der sich erkühnt hat, das Blut seiner Landsleute zu trinken, wie man Wein trinkt, um damit auf seine Gesundheit und die seiner Freunde anzustoßen. Mit Haß gegen einen Klüngel, dem übermäßig erraffter Besitz und das Elend der Heimarbeiter gottgewollt erscheint, der von erkauften Professoren beweisen läßt, daß dem so sein muß, und der auf gebeugten Rücken vegetierender Menschen freundliche Idyllen feiert. Wir kämpfen aller-

dings mit Haß. Aber wir kämpfen aus Liebe für die Unterdrückten, die nicht immer notwendigerweise Proletarier sein müssen, und wir lieben in den Menschen den Gedanken an die Menschheit.«

73 Das Gedicht war der Einheit zugeeignet, deren Mitglieder an der Ermordung Rosa Luxemburgs und Karl Liebknechts beteiligt waren. Tucholsky hat sich später in dem Artikel ›Die lebendigen Toten‹ auch mit diesem Mordprozeß beschäftigt.

74 Gussy Holl (1888–1966) debütierte in München, ihre Freundin Claire Waldoff holte sie nach Berlin, wo sie 1909 in Rudolf Nelsons Kabarett ›Chat noir‹ auftrat. Nach dem 1. Weltkrieg gehörte sie zum Ensemble des Kabaretts ›Schall und Rauch‹. Sie war in erster Ehe mit Conrad Veidt verheiratet, in zweiter mit Emil Jannings. Tucholsky hob Gussy Holl in vielen Kritiken hervor (›Gussy Holl‹, 1913, ›Politische Couplets‹, 1919).

76 Foto: Perscheid.

77 Die Aufnahme zeigt von links: Arthur Kraft, Frau Prager, Frau Schwannecke, Kurt Fuss, eine Unbekannte, Käthe Erlholz, Rudolf Nelson, Tüteur (?), Kurt Tucholsky, den Bühnenbildner Emil Pirchan und den Sekretär und Regisseur des Nelson-Theaters Glaser (Angaben von Willi Schaeffers).

An die erste Begegnung erinnert sich Carl von Ossietzky: »Doktor Tucholsky, den Verfasser, habe ich 1919 in Berlin in einem Kreise kennen gelernt, aus dem die alljährlich im August stattfindenden ›Nie-wieder-Krieg‹-Demonstrationen entstanden sind.

1919 erschienen auch in der ›Weltbühne‹ die ersten pazifistischen Glossen von Tucholsky. Aus jener Zeit stammt die Abneigung des Reichswehrministeriums gegen die ›Weltbühne‹. Später waren wir geradezu der Gegenpol der Politik des Reichswehrministeriums.« (›Ossietzky spricht‹, nach Notizen von Johannes Bückler, ›Weltbühne‹ vom 5.7.1932)

78 ›Fromme Gesänge‹ widmete Tucholsky den beiden Freunden Dr. Erich Danehl und Hans Fritsch, genannt Jakopp.
›Selbstanzeige‹, Peter Panter in der ›Weltbühne‹ vom 27.11.1919.

79 Tucholsky verbrachte seine Ferien bei Hans Fritsch in Nußbach bei Triberg. Dr. Walter Siemens war ein befreundeter Rechtsanwalt aus Hamburg (vergleiche die Abbildungen auf S. 127 und S. 146).

80 1901 gründete Max Reinhardt (1873–1943) in Berlin das Künstlerkabarett ›Schall und Rauch‹. Unter diesem Namen wird es am 8.12.1919 in den Kellerräumen des Großen Schauspielhauses als politisch-literarisches Kabarett wiedereröffnet. Neben Tucholsky arbeiten daran Walter Mehring, Klabund, Friedrich Hollaender, George Grosz, John Heartfield, die Interpreten Paul Graetz, Blandine Ebinger und Gussy Holl. 1921 wird ›Schall und Rauch‹ wegen finanzieller Schwierigkeiten in ein Bier-Varieté-Kabarett umgewandelt, 1923 endgültig geschlossen.

84 Tucholsky arbeitete in der USPD und schrieb für deren Blätter ›Freie Welt‹ und ›Freiheit‹. In dieser Zeit trat er häufig als Redner auf. Franz Leschnitzer, später Mitarbeiter der ›Weltbühne‹, schildert Tucholsky auf einer Veranstaltung Anfang der 20er Jahre: »Gleichen Beifall konnte man als Effekt einer jeden

Rede Tucholskys vernehmen. Ich erinnere mich noch recht genau, wie der Redner einmal durch eine einzige Verbalinjurie eine sozialdemokratische Versammlung fast sprengte. Er hatte in seinem Diskussionsreferat mit solcher Schärfe von links her gegen ›Sozialisten‹ vom Kaliber des Arbeitermörders Noske satirisch polemisiert, daß der Versammlungspräside ihm das Wort entzog. Tucholsky ersuchte, ihm der Loyalität halber zu noch einem Satz das Wort zu erteilen, und als er's erhalten, trat er flink an die Rampe des Podiums und rief in das Arbeiterauditorium mit gellender, dabei spinös knarrender Stimme: ›Über Noske braucht man euch auch nichts weiter zu sagen, weil die berliner Arbeiterschaft seit Januar 1919 schon weiß, was sie von diesem Lümmel zu halten hat!‹ –: wiederum eine erfrischend ›despektierliche‹ Definition des von der Sozialdemokratie in sein Amt eingesetzten frühern Polizeipräsidenten von Berlin, spätern Regierungspräsidenten von Kassel und noch spätern Staatspensionärs!« (Franz Leschnitzer, ›Weltbühne‹ vom 21.12.1955)

Am 13.3.1920 war die Brigade Ehrhardt, eine der Baltikumer Freikorpsformationen, in Berlin einmarschiert. Es zeigte sich, daß Noske keine zuverlässigen Truppen zur Verfügung hatte, die bereit gewesen wären, Berlin gegen die Putschisten zu schützen. Reichswehrchef Hans von Seeckt verweigerte der Reichsregierung jede militärische Hilfe (»Reichswehr schießt nicht auf Reichswehr«). Nachdem Reichsregierung und Reichspräsident aus Berlin geflohen waren, proklamierte sich Kapp zum Reichskanzler. Als Reaktion darauf trat in ganz Deutschland die Arbeiterschaft in einen Generalstreik. Vier Tage später gab Kapp auf, erklärte am 17. März seinen Rücktritt und floh. Unter dem Druck der Arbeitermassen erzwang die SPD den Rücktritt von Reichskanzler Bauer, Reichswehrminister Noske und Wolfgang Heine, dem preußischen Innenminister. Es wurde eine Koalition alten Stils gebildet mit Hermann Müller (SPD) als Reichskanzler und Otto Geßler (Deutsche Demokratische Partei) als Reichswehrminister, Carl Severing (SPD) wurde preußischer Innenminister.

Gustav Noske (1868–1946) wurde im Dezember 1918 Mitglied des Rats der Volksbeauftragten und war als erster Reichswehrminister entscheidend am Aufbau der Reichswehr beteiligt. Nach seiner Entlassung war er bis 1933 Oberpräsident von Hannover. Noske war eine der Schlüsselfiguren der Revolution und der Anfangsentwicklung der Republik. Wie führende Rechtssozialdemokraten sah er seine Aufgabe darin, im zusammenbrechenden Kaiserreich für Ruhe und Ordnung zu sorgen, dabei stützte er sich auf monarchistische Militärs, auf eine reaktionäre Verwaltung und antirepublikanisch gesinnte Justiz. Tucholsky sah in Noske den Verräter an der Revolution und an der eigenen Klasse und griff ihn mit der größten Schärfe an.

Walther Freiherr von Lüttwitz (1859–1942) war als Oberbefehlshaber in den Marken für die Niederschlagung des Spartakusaufstands verantwortlich. Seit 1919 Befehlshaber aller Truppen in Deutschland, sabotierte er die vom Versailler Vertrag vorgeschriebene Reduzierung des Heeres. Beteiligte sich maßgeblich am Kapp-Putsch, wurde von Kapp zum Oberbefehlshaber ernannt. Schied nach Mißlingen des Putsches aus dem Heer aus, erhielt rückwirkend vom Zeitpunkt des Kapp-Putsches an eine Pension.

Wolfgang Kapp (1858–1922), Generallandwirtschaftsdirektor in Ostpreußen, gründete 1917 die Deutsche Vaterlandspartei. Floh nach Mißlingen des Putsches nach Schweden, stellte sich 1922 und starb in Untersuchungshaft.

›Kapp-Lüttwitz‹, Ignaz Wrobel in der ›Weltbühne‹ vom 25.3.1920.

85 George Grosz (1893–1959), eigentlich Georg Ehrenfried Groß, änderte seinen Namen 1916 aus Protest gegen die deutsche Hetze gegen England. War als Karikaturist ein scharfer Kritiker des Militarismus, Kapitalismus und Bürgertums. Nach 1918 zusammen mit John Heartfield, Walter Mehring u.a. maßgeblich an der Dada-Bewegung beteiligt. Emigrierte 1932 in die USA. Tucholsky: »Ich weiß keinen, der das moderne Gesicht des Machthabenden so bis zum letzten Rotweinäderchen erfaßt hat wie dieser eine. Das Geheimnis: er lacht nicht nur – er haßt. Das andre Geheimnis: er zeichnet nicht nur, sondern zeigt die Figuren – welche patriotischen Hammelbeine! welche Bäuche! – mit ihrem Lebensdunst, ihrer gesamten Lebenssphäre in ihrer Welt. So, wie diese Offiziere, diese Unternehmer, diese uniformierten Nachtwächter der öffentlichen Ordnung in jeder einzelnen Situation bei Grosz aussehen: so sind sie immer, ihr ganzes Leben lang.« (›Fratzen von Grosz‹, Ignaz Wrobel in der ›Weltbühne‹ vom 18.8.1921)
›Dada‹, Peter Panter im ›Berliner Tageblatt‹ vom 20.7.1920.

86 Im Laufe der Zeit kam es zwischen Tucholsky und Theodor Wolff, dem Chefredakteur des ›Berliner Tageblatts‹, wegen unterschiedlicher Auffassungen zu Spannungen, die Tucholsky zur Kündigung veranlaßten. Tucholsky rückte vom ›Berliner Tageblatt‹ ab, Theodor Wolff warf er später Mitschuld am Sieg der Reaktion vor.

Wegen seiner Mitwirkung am ›Oberschlesischen Ausschuß‹, einer bürgerlichen, nationalgesinnten Organisation, die die prodeutsche Propaganda in der Frage des Verbleibs Oberschlesiens betrieb, hatte Tucholsky beim Zentralkomitee der USPD eine Untersuchung gegen sich selbst angestrengt. In einem u.a. von Georg Ledebour unterzeichneten Kommunique vom 17.6.1922 wurde Tucholskys Haltung weder als antisozialistisch noch als antirepublikanisch bezeichnet.

87 Erich Mühsam (1878–1934) beteiligte sich an der Proklamation der Münchner Räterepublik, wurde 1919 wegen seiner führenden Teilnahme als Mitglied des Zentralrats von einem Standgericht zu 15 Jahren Festungshaft verurteilt und 1924 amnestiert. Kämpfte danach gegen Klassenjustiz und den aufkommenden Faschismus. Gab 1926–1931 die anarchistische Monatsschrift ›Fanal‹ heraus. Wurde in der Nacht des Reichstagsbrandes, am 28.2.1933, verhaftet und durch verschiedene KZ-Lager – zeitweise mit Carl von Ossietzky – geschleppt und grausam gefoltert. Er wurde am 10.7.1934 im KZ Oranienburg ermordet.

Tucholsky setzte sich in einem Aufruf für die in bayrischen Anstalten inhaftierten politischen Gefangenen ein: »Denkt an diese kleine Schar von Idealisten, die grade noch mit dem Leben davon gekommen sind und es nun für die feige Rachsucht einer schwachen Regierung in qualvollen Jahren hergeben sollen. Der Mörder Kurt Eisners darf aus seiner Haft monarchistische Artikel schreiben – diesen Männern da geht es nicht gut. Kein Leitartikel, keine Volksversammlungsrede und keine Arbeit der Organisationen dringt unmittelbar hinter die Festungsmauern. Helft anders.« (›Ein Aufruf‹, Kurt Tucholsky in der ›Weltbühne‹ vom 26.8.1920)

88 Den Chansontext ›Mir ist heut so nach Tamerlan‹ schrieb Tucholsky für Fritzi Massary. Einen Erfolg hatte damit Trude Hesterberg, die ihn in der ›Wilden Bühne‹ vorgetragen hat.

Nach einer Lesung Tucholskys in der Sezession schreibt Herbert Ihering: »Jede Zeit hat den Satiriker, den sie verdient. Daß das nachrevolutionäre Berlin Kurt Tucholsky zustimmt, spricht, trotz allem andern, für dieses Berlin und für diese Zeit. Kurt Tucholsky besitzt Leidenschaft, Kühle, Pathos, Ironie, Haß und Witz. Und das beste ist, daß seine Leidenschaft sich am unmittelbarsten im Witz, sein Pathos sich am elementarsten in der Ironie überträgt. Tucholskys Formulierungstalent ist außerordentlich. Aber die Pointe selbst, ihre Zuspitzung, ihre refrainhafte, leitmotivische Wiederholung ist nicht das Wesentliche. Das Wesentliche ist der ethische Wille, der dahintersteht.« (›Berliner Börsen-Courier‹, 25.11.1920)

89 Rudolf Nelson (1878–1960), eigentlich Rudolf Levisohn, studierte als musikalisches Wunderkind an der Berliner Königlichen Hochschule für Musik und am Stern'schen Konservatorium. Zum Kabarett kam er 1901 durch Ernst von Wolzogens ›Überbrettl‹; 1904–1907 leitete er gemeinsam mit Paul Schneider-Duncker das Kabarett ›Roland von Berlin‹. 1907 gründete er das Kabarett ›Chat noir‹, das er bis 1914 leitete. Nach dem 1. Weltkrieg schuf er die ›Nelson-Künstlerspiele‹, die 1920 in ›Nelson-Theater‹ umbenannt wurden. Dafür und für andere Bühnen (Metropoltheater) schrieb er viele Revuen und Operetten. 1933 emigrierte er mit Käthe Erlholz nach Amsterdam und wurde nach der Besetzung Hollands in ein KZ verschleppt. 1949 gründete er in Berlin die ›Nelson-Revue-Gastspiele‹.

Friedrich Hollaender (1896–1976) studierte in Berlin am Stern'schen Konservatorium. Ab 1919 arbeitete er als Komponist und Pianist für die Kabaretts ›Schall und Rauch‹, ›Größenwahn‹, ›Rampe‹ und ›Wilde Bühne‹, wo er Texte von Tucholsky, Klabund und Mehring vertonte. Mit seiner Frau und Diseuse Blandine Ebinger begann er ab 1922 mit eigenen Kabarettrevuen, in denen er oft Textautor, Komponist und Regisseur gleichzeitig war. Zu den Interpreten seiner Chansons gehörten u. a. Marlene Dietrich, Trude Hesterberg, Claire Waldoff, Kate Kühl und Ernst Busch. 1933 emigrierte er in die USA, wo er über 170 Filmmusiken schrieb. Ab 1955 wohnte Hollaender in München, er schrieb für das Kabarett ›Kleine Freiheit‹ mehrere Revuen.

90 Claire Waldoff (1884–1957) trat 1907 in Rudolf Nelsons Kabarett ›Roland von Berlin‹ auf und 1910 in seinem ›Linden-Kabarett‹. Bekannt wurde sie vor allem mit dem Lied ›Hermann heeßt er‹. Tucholsky widmete ihr 1926 das Gedicht ›Das alte Vertiko‹ und schrieb 1929 ›Berolina…Claire Waldoff‹.

Trude Hesterberg (1892–1967) eröffnete 1921 im Keller des ›Theaters des Westens‹ das Kabarett ›Wilde Bühne‹, in dem später fast alle namhaften Berliner Diseusen auftraten und in dem sie Tucholskys Chansons ›Das Leibregiment‹, ›Ach, lege deine Wange‹ und ›Mir ist heut so nach Tamerlan‹ sang. In der ›Wilden Bühne‹ debütierte Erich Kästner, Bert Brecht trug dort 1922 die ›Legende vom toten Soldaten‹ vor.

Kate Kühl (1899–1970) trat zuerst in Rosa Valettis Kabaretts ›Größenwahn‹ und ›Rampe‹ auf, später in Trude Hesterbergs ›Wilder Bühne‹, im ›Kabarett der Komiker‹ und in der 1929 von Werner Finck und Rudolf Platte eröffneten ›Katakombe‹. Kate Kühl, die viele Texte Tucholskys und Brechts interpretierte, schildert Tucholskys Persönlichkeit: »Mit anderen zurückhaltend. Versuchte nicht zu glänzen (wie Brecht). Beobachtete unbemerkt. Verfaßte seine Verse und Chansons nach einem Wort, einer Bemerkung. Hatte immer sein Notizbuch bei sich, in welches er ab und zu etwas hineinschrieb. ›Was schreiben Sie denn da?‹ fragte ihn Kate Kühl eines Tages – ›Stichworte‹ antwortete er. Alle seine Chansontexte waren mit vielen ausführlichen Randbemerkungen versehen. Er schrieb genau auf, wie er es gesungen haben wollte. Er fragte noch obendrein: ›Hier ist ein Strich – was steckt unter diesem Strich? Das müssen Sie erst wissen, um es richtig zu singen.‹ Er ging immer sorgfältig, sogar elegant gekleidet und wirkte wie ein Bürger (im Gegensatz zu Brecht).« (Kate Kühl, aufgeschrieben von Jean Kudela, Paris, Januar 1956, Kurt Tucholsky-Archiv, Marbach/N.)

91 Rosa Valetti (1869–1937) begann erst mit 40 Jahren Chansons vorzutragen. Im Dezember 1920 eröffnete sie das Kabarett ›Größenwahn‹, von dem sie sich 1922 wieder zurückzog und das Kabarett ›Rakete‹ übernahm. Ein Jahr später eröffnete sie das Kabarett ›Rampe‹, das sie bis 1925 leitete. Sie emigrierte 1933 und kam in Wien durch faschistische Verfolgung um. Die ›Rote Melodie‹ mit der Musik von Friedrich Hollaender sang Rosa Valetti in der ›Rakete‹. In einem Brief an Tucholsky schreibt sie am 8.7.1929: »Lieber Tucholsky! Du weißt, wie sehr ich nach Chansons für mich ›giepere‹ – denn es gibt keine, und wenn einer eines schreiben kann, bist Du es. Deine Ansicht über meine politische Unfähigkeit teile ich. Ich verstehe nichts von diesem Ding, und ich will auch nicht Politik machen; aber ich glaube, ich kann politische Sachen vortragen, wenn die Tendenz auf meiner Linie liegt… Auch alles, was Du über die Musik sagst, unterschreibe ich. Ich würde die Komposition erst dann akzeptieren, wenn Du sie gutgeheißen hast. Am besten ist es, Du schickst mir den Text, auch die Melodie, die Du Dir auf dem Klavier ›zurechtgemacht‹ hast – als Anhaltspunkt für den Vertoner (…)« (Zitiert nach Heinz Greul, Chansons der Zwanziger Jahre, Zürich 1962)

Der Schauspieler Paul Graetz (1890–1937) trug im Kabarett ›Schall und Rauch‹ von Tucholsky für ihn geschriebene Chansons vor. Tucholsky, der mit ihm befreundet war, widmete ihm mehrere Gedichte (u.a. ›Immer raus mit der Mutter…!‹, ›Wenn eena dot ist‹, ›Wenn eena jeborn wird‹). Graetz emigrierte 1933 nach London, später in die USA.

92 An den Redner Tucholsky erinnert sich Franz Leschnitzer: »Ich werde nie die Wirkung vergessen, die er auf Tausende alte und junge Proletarier ausübte, als er in einer Antikriegs-Kundgebung am 1. August 1922 im berliner Lustgarten auf der Freitreppe des Alten Museums zu vielen Versammelten sprach. Schon als er das Wort erhielt, brach ein rasender Applaus los, denn seine jüngsten polemisch-satirischen Artikel in der weitverbreiteten ›Welt am Montag‹ hatten wohl alle Anwesenden mit jenem aus Amüsement und Schadenfreude gemischten Enthusiasmus gelesen, dem die für ›Schnoddrigkeit‹ empfänglichen weil selber ›schnoddrigen‹ Berliner besonders zugänglich sind. Seinen linken Arm streckte der Redner zu des Exkaisers ehemaligem Schloß aus und rief: ›Dort hat noch vor vier Jahren dieser Bursche gesessen!‹ –: eine ›despektierliche‹ Bezeichnung für den verjagten Monarchen, die grade deutschen Zuhörern um so gewaltiger imponieren mußte, als ihnen schon in der Schule der Kadavergehorsam und der Untertanenrespekt vor den Regenten ›von Gottes Gnaden‹ eingebleut worden war. Die kleinbürgerliche Wahnvorstellung ›Es war immer Krieg, also wird immer Krieg sein‹ suchte der Redner Tucholsky damals aus den Gehirnen seiner Zuhörer durch das folgende satirisch-pamphletische Bonmot zu verscheuchen: ›Es ist einfach nicht wahr, daß der Krieg ein Naturereignis ist, wie der Berliner Lokalanzeiger behauptet – ein Blatt, von dem man nur bedauert, daß es nicht auf perforiertem Rollenpapier gedruckt ist!‹ Verständlicher (und verständiger) Beifall folgte (…)« (Franz Leschnitzer, ›Weltbühne‹ vom 21.12.1955)

93 Ernst Toller (1893–1939) beteiligte sich als USPD-Mitglied 1918 am Streik der Münchner Munitionsarbeiter, wurde im November 1918 Zweiter Vorsitzender des Vollzugsrats der bayrischen Arbeiter- und Soldatenräte und Vorsitzender der Münchner USPD. Nach Ausrufung der 1. Münchner Räterepublik wurde er ihr Staatsoberhaupt und war während der 2. Räterepublik Oberkommandierender der Roten Armee in Dachau. Er wurde am 16.7.1919 von einem Standgericht zu fünf Jahren Festung verurteilt, die er ab Februar 1920 in der Festungsanstalt Niederschönenfeld verbüßte. Toller galt in den ersten Jahren der Weimarer Republik als ›der Dramatiker des deutschen Proletariats‹, gehörte zu den bedeutendsten Bühnenautoren seiner Zeit. Er emigrierte 1933 und beging in New York Selbstmord.

95 Hugo Simon (1880–1950), Bankier und sozialdemokratischer Politiker, war zeitweilig preußischer Finanzminister.

Hans Schönlank (1890–1958) hatte zusammen mit Tucholsky das Französische Gymnasium besucht.

98 Sibylle Schoepf-Witting (geb. 1894), Tochter des Geheimrats Richard Witting, war mit dem Industriellen Dr. Robert Schoepf verheiratet. Schwägerin des ermordeten Hans Paasche, mit dem Tucholsky bekannt gewesen war.

100 Tucholsky war 1924–1931 Auslandskorrespondent der ›Vossischen Zeitung‹. Sie gehörte seit 1914 zum Ullstein Verlag, in dem ab 1924 das neue Magazin ›Uhu‹ erschien. Auf Bitten Kurt Szafranskis stellte Tucholsky die erste Nummer zusammen und schrieb das Einleitungsgedicht. Verantwortlicher Redakteur war Walter Zadek.
Maximilian Harden (1861–1927), eigentlich Maximilian Felix Witkowski, war 1892–1922 Herausgeber der Wochenschrift ›Die Zukunft‹. Wegen seiner republikanischen Haltung wurde gegen ihn am 3.7.1922 von Nationalisten ein Attentat verübt, an dessen Folgen er starb. Tucholsky hatte nach dem Anschlag mit den Artikeln ›Harden‹ und ›Prozeß Harden‹ Partei für ihn ergriffen.

101 Heinrich Zille (1858–1929) schuf humoristische, satirisch-anklagende Darstellungen des Berliner proletarischen Milieus; zeichnete unter anderem für die ›Lustigen Blätter‹ und für den ›Simplicissimus‹. Tucholsky, der mit Zille einige Male zusammengearbeitet hat (›Ulk‹, ›Pieron‹) schrieb das Gedicht ›Heinrich Zille‹ und besprach zwei seiner Bilderbücher.
»Zille war eine Witzblatt-Type, eine unfehlbar sichere Nummer, ein von allen ordentlichen Menschen gern gesehener Bestätiger ihrer Ordnung, die er durch die ausgezeichnete Schilderung des Gegensatzes hob. Darunter fängt der eigentliche Zille an.
Da, wo das Proletariat Lumpenproletariat wird; da, wo es nicht mehr lohnt, zu arbeiten – arbeiten und verzweifeln! –; da,

wo es überhaupt keinen Sinn mehr hat, etwas zu tun, wo man sich fallen läßt, ohne daß einen etwas andres mütterlich aufnimmt als das Wasser – da hat er sich zu einer Größe emporgereckt, die erschreckt. Tragik? Auf berlinisch? Auf berlinisch: also janz stike, nachdenklich, der Mensch wird zum alten Eisen, aber er rufts nicht mehr aus.
Hier berührt sich Zille mit der Kollwitz. Wo sie eine Sonate spielt, zimpert er auf einem alten Leierkasten, und man heult wie ein Schloßhund.« (›Berlins Bester‹, Peter Panter in der ›Weltbühne‹ vom 20.1.1925)

102 Walter Mehring, der seit 1921 in Paris wohnte, erinnert sich: »Er kam und siedelte sich in dem Vorort Le Vésinet an, der einem Berliner Vorort merkwürdig glich. Von da ab und Jahre hindurch verständigten wir uns durch Rohrpostbriefchen (die bekannten *petits bleus*), schon mit Rücksicht auf das damals zwar schon erfundene, aber noch nicht vorhandene Pariser Telefon.« (Walter Mehring, Wir müssen weiter, Düsseldorf 1979, S. 20)

Alfons Fedor Cohn (1878–1933), Pressereferent beim Auswärtigen Amt, schrieb und übersetzte unter dem Pseudonym Olof F. Anders.

103 Tucholsky beteiligte sich 1925 an dem Aufruf ›Für die Freiheit der Kunst‹, nachdem ein Drama von Berta Lask und die Erzählungen Kurt Kläbers beschlagnahmt worden waren und Johannes R. Becher des Hochverrats beschuldigt wurde. Innerhalb des Schutzverbandes Deutscher Schriftsteller sammelten sich fortschrittliche Autoren und schlossen sich auf Initiative von Rudolf Leonhard zur ›Gruppe 1925‹ zusammen.

104 Tucholsky war kurz vor seiner Übersiedlung nach Paris am 24.3.1924 in Berlin der Freimaurerloge ›Zur Morgenröte‹ beigetreten.

Friedrich Sieburg (1893–1964) war ab 1924 Auslandskorrespondent der ›Frankfurter Zeitung‹ in Paris. Einer der wirksamsten Essayisten und populärsten Buchautoren auch im westlichen Ausland (›Gott in Frankreich?‹, 1929). Sieburg wurde 1933 Anhänger des Faschismus.

Der Lyriker und Dramatiker Walter Hasenclever (1890–1940) wurde 1914 mit dem revolutionären Stück ›Der Sohn‹ bekannt. Engagierter Pazifist und Mitarbeiter der ›Weltbühne‹ ab 1916. Mit Tucholsky verband ihn seit Le Vésinet eine enge Freundschaft. Tucholsky und Hasenclever schrieben 1931 gemeinsam die Komödie ›Christoph Kolumbus‹. Hasenclever, der nach Südfrankreich emigrierte, wurde 1933 von den Nazis ausgebürgert. Er nahm sich 1940 im französischen Internierungslager Les Milles beim Herannahen der deutschen Truppen das Leben.
Eduard Plietzsch (1886–1961) schrieb in der ›Weltbühne‹ unter dem Pseudonym Jan Altenburg.

106 Alfred Döblin (1878–1957) veröffentlichte 1921 unter dem Pseudonym Linke Poot die Artikelsammlung ›Der deutsche Maskenball‹, in der er aus sozialistischer Position Kritik an der Weimarer Republik übte. Tucholsky schrieb darüber die Rezension ›Der rechte Bruder‹ (Ignaz Wrobel in der ›Weltbühne‹ vom 26.1.1922). Später kritisierte er Döblin, der im Nazideutschland seine Bücher weiter verkaufen ließ (vergleiche S. 219). Döblin emigrierte über die Schweiz nach Paris, später in die USA. Foto: Jolas Niclas.

Jakob Wassermann (1873–1934), Romancier, Erzähler und Essayist, Redakteur beim ›Simplicissimus‹. »Er ist ein merkwürdiger Fall, ich muß sagen – bekennen? – daß ich ihm fast immer gänzlich hineinfalle – ich glaube ihm menschlich deshalb nichts, weil er mir menschlich einerlei ist – aber die Bücher schmeißen mich – auch dann, wenn sie so mißlungen sind, wie der ›Wahnschaffe‹ – jedesmal um und um.« (An Hans Erich Blaich, 16.3.1919) 1928 widmete Tucholsky Wassermann den ersten Auswahlband ›Mit 5 PS‹. Foto: E. Bieber, 1925.

›Jakob Wassermann und sein Werk‹, Peter Panter in der ›Weltbühne‹ vom 18.9.1924.

Tucholsky hat mehrere Bücher Hermann Hesses (1877–1962) besprochen, das erste, ›Roßhalde‹, 1913. In einer Rezension schreibt Tucholsky 1931: »Ich halte Hesse für einen Schriftsteller, dessen Qualitäten als Essayist weitaus größer sind als seine dichterischen Eigenschaften. In seinen Dichtungen ist er entweder weitschweifig, zokkersüß, wenn es auch wirklicher, guter Kristallzucker ist und keine Melasse, manchmal wäich und dann wieder säuerlich. Seine Buchkritiken dagegen haben zur Zeit in Deutschland kein Gegenstück (...).« (›Auf dem Nachttisch‹, Peter Panter in der ›Weltbühne‹ vom 3.3.1931)

Über die Leser Hesses: »Dieser ›deutsche Mensch‹ hat den tierischen Ernst einer Kuh, eines Hundes, eines Möbelstücks. Dergleichen lacht nicht. Von Selbstironie, diesem seltenen Artikel, will ich gar nicht reden. Aber man betrachte einmal dieses Pathos von der Nähe, auf die Nähte hin – wie das klafft, wenn man wackelt, wie das reißt! Hesse hats gespürt, sonst wäre er heut nicht gespalten, sonst wären die Leser nicht gespalten, die ihn lieben – denn er ist wichtig als Exponent. Er ist wichtig wegen seiner Auflageziffern, hinter ihm sitzt eine Welt. (...) Es ist kein Zufall, daß diese Innenkünstler fast immer reaktionär sind oder aber – und das ist der schlimmere Fall – von Reaktionären benutzt, ausgenutzt und mißbraucht werden können. (...) Es ist auch so, daß solche behaglichen Idyllen von Reaktionären gern gelesen werden; sie lesen sich doppelt schön; die Seele geht auf wie ein Butterkuchen, wenn man vorher einen Polizeihäftling leichtsinnig in Untersuchungshaft hat sitzen lassen. (...) Wenn sich der ›deutsche Mensch‹ nach diesen Schlachten des Seelenlebens, nach diesen Geißlungen, Aufblähungen, pathetischen Herzenstrillern nicht nach außen dokumentiert, dann ist sein Tun eben das, als was ich es hier schon einmal charakterisiert habe: eine tote Last und ein Gesellschaftsspiel. (...) Was kommt dabei heraus –?

Dieses Deutschland. Diese Richter. Diese Reichswehr. Diese Behandlung von Proletariern. Diese Wirtschaft. Dafür der Auflauf? Dafür atavistische Züge und südlicher Zauber und Gottgefühl und einsame Wanderer (...) Mir bedeuten diese jugendlichen Bündler und die deutsche Seele und die neukatholische Mystik und der deutsche Mensch einen Schmarrn, wenn sich das Brodeln ihrer Seele nicht nach außen in die Tat umsetzt. In solche nämlich, die nicht das Paradies auf Erden schafft. Die aber wenigstens blutigstes Unrecht verhindert, die zerstörtes Rechtsgefühl aufbaut und das eigne Volk nicht mit Honigbroten füttert, sondern den Mut aufbringt, ihm die Wahrheit zu sagen.« (›Der deutsche Mensch‹, Ignaz Wrobel in der ›Weltbühne‹ vom 30.8.1927) – Foto: G. Widmann, 1929.

107 »Franz Kafka wird in den Jahren, die nun seinem Tode folgen, wachsen. Man braucht niemand zu ihm zu überreden; er zwingt. Wände beleben sich, die Schränke und Kommoden fangen an zu flüstern, die Menschen erstarren, Gruppen lösen sich auf und bleiben wieder wie angebleit stehen, nur der Wille zittert noch leise in ihnen. Man sagt von Tamerlan, er habe einmal seine Gefangenen mit Mörtel zu einer Mauer zusammenmauern lassen, zu einer brüllenden Mauer, die langsam verzuckte. So etwas ist es. Ein Gott formt eine Welt um, setzt sie neu zusammen, ein Herz steht am Himmel und scheint nicht, sondern klopft; ein Fetisch wandelt, eine Apparatur wird lebendig, nur, weil sie da ist, die Frage Warum? ist so töricht, beinah so töricht wie in der realen Welt.« (›Der Prozeß‹, Peter Panter in der ›Weltbühne‹ vom 9.3.1926) Tucholsky hat als einer der ersten 1920 auf die Bedeutung Kafkas hingewiesen. Das Foto von Franz Kafka ist im Winter 1923/24 in Berlin aufgenommen.

Heinrich Mann an Tucholsky, 12.5.1924: »Ihre Briefe sind selten, was heute kein Vorwurf sein kann. Oft wünsche ich mir, Sie wären hier, Sie könnten öfter ein paar Stunden bei mir sitzen. Aber auch daraus würde wohl wieder nichts werden, denn unter den hiesigen Lebensbedingungen verkriecht man sich vollends in sich selbst. Das Gefühl, allein zu sein, wie Sie es dort verstehn, hat noch was von Volksauflauf, verglichen mit hier.

Nicht einmal in der Weltbühne lese ich Sie, Sie haben es sichtlich ganz und gar satt. Ich meinerseits dachte schon früher, als man es noch nicht nötig hatte, an Brasilien. Wenn ich jetzt noch jung und rüstig genug wäre! Wo steht es denn geschrieben, daß man eine wenig gelesene Literatur bereichern muß. Sehen müssen, daß sie immer Privatsache bleibt und nichts ändern kann! An eine analphabetische Reaktionsperiode schließt sich lückenlos die nächste an; ›Revolutionen‹ sind nur Atemholen für die nächste. Während des ganzen Wilhelms wartete ich, ob nicht doch mal Licht käme. Aber erst nach der Revolution steht es fest, daß ein Fünfziger ganz gewiß keins mehr sehen wird.« (Zitiert nach Sigrid Anger, Heinrich Mann 1871–1950, Berlin/ Weimar 1977, S. 211f.) – Foto: Lotte Jacobi, etwa 1925.

»Sie zum Beispiel halten den gestelzten Stil Thomas Manns für ›Form‹ – er ist das erschwitzte Produkt tiefster Sterilität – nichts rauscht, nichts quillt – einer nagt am Federhalter und tanzt auf einem nicht sehr hoch gespannten Seil.« (An Dr. K. W. Körner, 14.8.1930, Sammlung Kurt Tucholsky, Akademie der Künste, Berlin)

114 Walter Trier (1890–1951) war Mitarbeiter des ›Simplicissimus‹, der ›Jugend‹ und der ›Lustigen Blätter‹, zeichnete für die Zeitschriften des Ullstein Verlages, vor allem für die ›Berliner Illustrirte Zeitung‹ und Titelbilder für ›Die Dame‹ und den ›Uhu‹. Trier illustrierte die Kinderbücher Erich Kästners. Er emigrierte 1933 nach England, später nach Kanada.

115 Mit der widersprüchlichen und zwiespältigen Stellung eines bürgerlichen Linksintellektuellen und mit der von linker Seite vorgebrachten Kritik, besonders von der KPD, hatte sich Tucholsky häufiger auseinandergesetzt, am ausführlichsten und deutlichsten 1929 in dem Artikel ›Die Rolle des Intellektuellen in der Partei‹:

»Der Intellektuelle schreibe sich hinter die Ohren:

Er ist nur unter zwei Bedingungen überhaupt befugt, in die Führung einer Arbeiterpartei einzutreten: wenn er soziologische Kenntnisse besitzt und wenn er für die Arbeitersache persönliche Opfer bringt und gebracht hat. Lenin hat beides vereint. Erfüllt der Intellektuelle diese Bedingungen nicht, so darf er allenfalls als bescheidener Helfer in den Reihen des Proletariats mitkämpfen; er erwarte nichts Besonderes von der Partei; er strebe nicht nach Posten und Pöstchen; er wage es nicht, vor eine Versammlung von Streikenden zu treten und sie mit schönen Worten zum Durchhalten zu ermahnen. Geht es in den Straßenkampf, dann schieße er mit – oder schweige. Er ist ein Sympathisierender – mehr nicht.

Die Partei schreibe sich hinter die Ohren:

Fast jeder Intellektuelle, der zu ihr kommt, ist ein entlaufener Bürger. Ein gewisses Mißtrauen darf aber nicht jedes Maß übersteigen.

Es ist ungemein bezeichnend, daß der Vorwurf: ›Der Kerl lebt zu gut‹, nie, niemals von einem Arbeiter zu hören ist, sondern immer nur von jenen Viertel- und Halb-Intellektuellen, die in der Partei arbeiten. Es gibt heute einen Snobismus der schwieligen Faust, der unerträglich geworden ist. (…) Die versteckte oder offene Feindseligkeit, der unsereiner in den Arbeiterparteien begegnet, ist ebenso groß wie die Freundlichkeit, die wir bei den klassenbewußten Arbeitern finden; die fühlen mit dem todsichern Instinkt ihrer Klasse, wer da zu ihnen kommt: einer, der aus kleinbürgerlichen Kreisen herkommt; einer, der bürgerlich lebt – und einer, der nicht lügen will. Denn es wäre eine verdammte Lüge, sich den Kragen abzubinden und den Proleten zu ›markieren‹. Hier wird nicht markiert. Wir sitzen zwischen zwei Stühlen und haben erkannt:

Der Kampf der Arbeiterklasse führt zum Siege; er ist gerecht. Wir haben es sehr schwer, uns von der Grundlage unserer Erziehung, unserer Ausbildung, unserer Arbeit loszulösen. Man schilt uns von der Bürgerseite her: Bolschewisten. Man mißtraut uns von der Funktionärsseite der Arbeiterparteien her – niemals haben uns die Arbeiter mißtraut, sofern wir uns zurückhaltend und sympathisierend angeschlossen haben. Wer mitarbeitet und den Mund nicht aufreißt, ist bei den Arbeitern immer willkommen gewesen. (…) Wer meine Arbeit kennt, weiß, daß ich nicht den Künstler in der Samtjacke darstelle, der sich einbildet, seine Gedichtlein seien das wichtigste auf der Welt.« (Kurt Tucholsky in der ›Front‹, Nr. 9/1929)

Der ›Gruppe Revolutionärer Pazifisten‹ gehörten u. a. an: Ernst Toller, Helene Stöcker, Richard Huelsenbeck, Walter Mehring, Klaus Mann, Erich Weinert, Franz Leschnitzer, Alfons Goldschmidt. Die Mitglieder der Gruppe waren bürgerliche Intellektuelle (Sozialisten und Kommunisten), die innerhalb der pazifistischen Organisationen einen klassenkämpferisch-radikalen Pazifismus vertraten. Viele von ihnen waren Mitarbeiter der ›Weltbühne‹.

116 Foto oben, zweite von links: Marita Hasenclever.

117 »1) Ein Irrtum. Sie werden z'erscht amal gesetzt. Und dann werden sie nach und nach gedruckt. Und da sich das auf Monate verteilt und in jeder Nummer sieben Zehntel Antworten auf richtige Fragen von mir sind, merkst Du nicht, daß mit Deinen drei Zehnteln allmählich, ganz allmählich Dein Vorrat aufgearbeitet wird. Selbstverständlich nicht der ganze Vorrat, weil unvermeidlich ist, daß ein paar mit der Zeit stofflich veralten.
2) Ja – nur vielleicht in kürzeren Zwischenräumen, weil dann eben weniger Stücke stofflich veralten.
3) Leicht gesagt. Ich will mir Mühe geben.
4) Weiß (?) nicht. Aber manchmal wills die Sache, der Stoff grade so.
Ja, für wen dachtest Du denn sonst?

Massel und Brooche!
Möglichst ohne mir.
Der Besitzer schickt grundsätzlich mir keine Plätze (?). Und ich trage ihm, dem Professor Saltenburg, grundsätzlich keinen Pfennig ins Haus.«
»5 Beiträge in einer Nummer? Wie gut, daß ich die Annoncen nicht auch noch zu schreiben brauche.«
»Da keine drin sind, wärs eigentlich richtig, daß Du auch sie noch schreibst.«

118 Tucholskys Schwester Ellen, verheiratete Milo, emigrierte in die USA, wohnte in New York. Sie starb dort 1982.

Das Scheitern der Revue kommt in der Persiflage ›Die Zeit schreit nach Satire‹ zum Ausdruck. Einzelne für die Revue entstandene Szenen erschienen später in der ›Weltbühne‹: ›Gebet des Zeitungslesers‹, ›Wendriners setzen sich in die Loge‹, ›Lied der Kupplerin‹, ›Der Traum – ein Leben‹, ›Theater‹. Die Chansons ›Mañana‹ und ›Zohl nix‹ und einige andere Texte sind als Manuskript erhalten.

»Ich brauche Dir wohl nicht zu sagen, daß ich für jedes meiner Pseudonyme eine alte Fotografie ausreichend finde und selbst gar nicht vertreten sein will – aber die andern megen, und die Leute interessieren sich für so was bannig.« (An Siegfried Jacobsohn, wahrscheinlich Januar 1926)

Der Reichsbannerführer A. Klemich schrieb auf Tucholskys polemische Kritik ›Der Sieg des republikanischen Gedankens‹ (›Weltbühne‹, 14.9.1926) eine Leserzuschrift, auf die Tucholsky mit einem Brief und mit dem Artikel ›Verfassungsschwindel‹ (›Weltbühne‹, 26.10.1926) antwortete.

119 Das Haus in Fontainebleau, einen alten Kardinalssitz, bewohnte Tucholsky nur wenige Wochen. Er war nach Fontainebleau gezogen, weil ihn in Le Vésinet Hundegebell bei der Arbeit störte. Nach dem Tode von Siegfried Jacobsohn am 3.12.1926 mußte Tucholsky nach Berlin zurückkehren. Mary Tucholsky löste den Haushalt 1927 auf.

120 Der Text ist nach Siegfried Jacobsohns Tod am 28.12.1926 in der ›Weltbühne‹ erschienen.

123 Die Gedenkfeier für Siegfried Jacobsohn fand am 19.12.1926 im Deutschen Theater in Berlin statt. Die Gedenkreden hielten Arthur Eloesser, Ernst Toller, Fritz Kortner und Kurt Tucholsky. Die Schauspielerin und Interpretin Pauline Nardi erinnert sich: »Da trat ein Geschlagener stolpernd über die Stufen zum Rednerpult, hilflos, verlegen lächelnd über sein Mißgeschick, der endgültig allein gebliebene, einsame Kaspar Hauser.« (Pauline Nardi, ›Weltbühne‹ vom 2.12.1947) Tucholsky schloß seine Gedenkrede: »Kämpfen! Arbeiten! Weitermachen!« (Zitiert nach Franz Leschnitzer, ›Weltbühne‹ vom 21.12.1955) – Pauline Nardi berichtet: »Ich sprach ihn in diesen Tagen. Er schien völlig verwandelt, sehr traurig, schüchtern, müde und ohne Impuls. Immer wieder kam er auf Siegfried Jacobsohn zurück; er behauptete, daß es ganz unmöglich für ihn wäre, einen solchen Chefredakteur zu ersetzen, daß er es nicht könne, und wie unbehaglich er sich fühle. Er hatte einen Bleistift in der Hand, die Augen waren auf einen Schreibblock gesenkt, den er unentwegt mit Männerchen bemalte. Als ich dann ging, holte er aus dem Schreibtisch ein Bild von S.J. mit dessen Unterschrift und fragte mich, ob er mir damit eine Freude machen könnte. Und die ganze tiefe Trauer über den Verlust des unersetzlichen Freundes schwang in dieser Frage mit.« (Pauline Nardi, ›Weltbühne‹ vom 2.12.1947)

Ein Jahr nach Jacobsohns Tod schreibt Tucholsky: »Ich bin damals, vor einem Jahr, nicht imstande gewesen, über S. J. ruhig zu sprechen, nicht über unsre Beziehungen, nicht über seine Persönlichkeit, über gar nichts – ich war ziemlich zu Ende. Arbeit hilft. (…) Der Mann war der idealste deutsche Redakteur, den unsre Generation gesehen hat. (…) Seine Förderung war aus Egoismus altruistisch: es machte ihm nämlich wirklich Vergnügen, wenn er etwas Gutes bekam. Er kitzelte das aus uns heraus, er peitschte es hervor, er lockte, rief, schalt, half, verbesserte – es machte Freude, ihm Freude zu machen. (…) Er hat sein Leben lang nur getan, was ihm Freude gemacht hat – ist immer frei gewesen, innerlich und äußerlich, und er hat aus Natur und Menschen und Kunst den letzten Glückstropfen gesogen. Von diesem Glück ist auf uns etwas übergegangen – dergleichen stärkt.« (›Gedenken an Siegfried Jacobsohn‹, Kurt Tucholsky in der ›Weltbühne‹ vom 29. 11. 1927)

Kurt R. Grossmann schreibt: »Tucholsky war ›einer, der säen konnte; aber kein Ackerbesteller‹. Er war alles andere als ein Koordinierer. Jede Formalität war ihm zuwider. Er war jahrelang Vorstandsmitglied der Liga, aber für ihn waren Sitzungen nicht dazu da, um Beschlüsse zu fassen, sondern um ›Probleme‹ zu klären. Daraus ergaben sich wohl Folgerungen, die gezogen werden mußten, aber sie zu formulieren oder gar Protokoll darüber zu führen – diesen Formelkram fand er überflüssig. Da er eine Sache sofort begriff, setzte er voraus, daß jeder andere sie auch gleich verstünde, und feierlich niedergelegte Beschlüsse erheiterten ihn.« (Kurt R. Grossmann, Ossietzky. Ein deutscher Patriot, Frankfurt/M. 1973, S. 104) Grossmann war 1926–1933 Generalsekretär der Deutschen Liga für Menschenrechte.

124 Alfred Polgar (1873–1955) war von 1905 bis 1933 einer der wichtigsten Autoren der ›Weltbühne‹. Tucholsky schätzte ihn, schrieb mit ihm Texte für eine Revue und rezensierte viele seiner Bücher. Zum 50. Geburtstag schreibt er an Polgar: »Denn bei aller Liebe oder wegen aller Liebe wird mir niemals gelingen, herauszukristallisieren, was eigentlich in Ihnen den Charme, den Reiz, den Wert und die Qualität ausmacht. Warum und zu welchem Ende studieren wir Alfred Polgar?

Sie haben die Millesimalwaage der Kritik erfunden. Mit Ausnahme des alten Fontane weiß ich keinen Theaterkritiker deutscher Sprache, der so aufs Augenhärchen genau sagen kann, was er sagen will. So haben Sie einmal das größte Kunststück fertiggebracht, der alternden Duse zu sagen, daß sie altert, aber daß sie die Duse ist (…) Erlauben sie mir, lieber Alfred Polgar, Ihnen zum Fünfzigsten keine warmen Strümpfe zu schenken, sondern Verehrung. Verehrung und Hochachtung vor dem feinsten und leisesten Schriftsteller unsrer Generation.« (›Zum Fünfzigsten‹, Peter Panter in der ›Weltbühne‹ vom 20. 10. 1925) – Alfred Polgar emigrierte 1933 nach Wien, später in die USA.

Ernst Toller war Mitarbeiter von 1924 bis 1938. Tucholsky unterstützte ihn bei politischen Aktivitäten und arbeitete mit ihm bei verschiedenen Gelegenheiten zusammen. 1919 schreibt Tucholsky: »Laß mich noch kämpfen, Toller. Kämpfe du mit dem Kreuz, ich kann es noch nicht. Ich will zu dir kommen und dir sagen, wenn ich den langen Weg gegangen bin, der zur Liebe führt.« (›Tollers Publikum‹, Ignaz Wrobel in der ›Weltbühne‹ vom 20. 11. 1919) – 1927 in einer Buchbesprechung: »Toller ist den Sozialdemokraten, die an seinem Unglück mit-

schuldig sind, unangenehm, und den Kommunisten zu sehr ›bürgerlicher Ideologe‹, oder was sie sonst für einen falschverstandenen russischen Ausdruck kopieren. Schon deshalb ist es unsre Sache, für ihn zu sein. Dabei lasse ich das dichterische Phänomen Toller ganz außer Betracht – ich halte es für gleichgültig, ob der Mann ein großer Künstler ist oder nicht. In diesem Zusammenhang interessiert der Kämpfer Ernst Toller, dessen Mut, dessen Charakterstärke und dessen saubere Sachlichkeit über allem Zweifel erhaben sind.« (›Der Rechtsstaat‹, Ignaz Wrobel in der ›Weltbühne‹ vom 12. 7. 1927)

Joachim Ringelnatz (1883–1934), eigentlich Hans Bötticher, war Mitarbeiter von 1921 bis 1932. Tucholsky und Ringelnatz kannten sich von der gemeinsamen Arbeit bei ›Schall und Rauch‹. Zu einem Buch von Ringelnatz schreibt Tucholsky: »Wer hat soviel Achtung und Liebe vor fremdem Leben, vor der fremden Fülle, der Wichtigkeit der andern, den Mikrokosmen der andern…? Wer ist dieser Hans Bötticher? Wer? Unser Joachim Ringelnatz.« (›Ein jeder lebts‹, Peter Panter in der ›Weltbühne‹ vom 2. 11. 1922) – Das Werk von Ringelnatz galt in Deutschland nach 1933 als entartet.

Walter Mehring war Mitarbeiter von 1920 bis 1938. (Vergleiche S. 162 und S. 274.) Foto: Lotte Jacobi.

Erich Kästner (1899–1974) war Mitarbeiter von 1926 bis 1933. Kästner berichtet später: »Sehr oft bin ich ihm nicht begegnet. Denn als ich 1927 nach Berlin kam, um das Fürchten zu lernen, hieß sein Wohnort schon: Europa. Bald hauste er in Frankreich, bald in Schweden, bald in der Schweiz. Und nur selten hörte man: ›Tucho ist für ein paar Tage in Berlin!‹ Dann wurden wir eilig in der Douglasstraße zusammengetrommelt. ›Wir‹, das waren die Mitarbeiter der ›Weltbühne‹: Carl von Ossietzky, Arnold Zweig, Alfred Polgar, Rudolf Arnheim, Morus, Werner Hegemann, Hermann Kesten und einige andere. Tucholsky saß dann zwischen uns, keineswegs als sei er aus Paris oder Gripsholm, sondern höchstens aus Steglitz oder Schöneberg auf einen Sprung in den Grunewald herübergekommen, und kam er gerade aus der Schweiz, so dachte man, während man ihm belustigt zuhörte, nicht ganz ohne Besorgnis: Da werden nun also alle Eidgenossen berlinern!« (Erich Kästner in der ›Weltbühne‹, Nr. 1/Juni 1946) – Erich Kästner erhielt 1933 ein teilweises Schreibverbot, 1934 und 1937 war er in Haft.

Kurt Hiller (1885–1972), Mitarbeiter von 1918 bis 1936. War 1914 Mitgründer des Aktivismus, 1918 Vorsitzender des ›Politischen Rats geistiger Arbeiter‹, 1926 Gründer und bis 1933 Vorsitzender der ›Gruppe Revolutionärer Pazifisten‹. 1933–1934 im KZ Oranienburg. Emigrierte Ende 1934 nach Prag, später nach London.

Axel Eggebrecht (geb. 1899), Mitarbeiter von 1926 bis 1933, kam über Tucholsky zur ›Weltbühne‹. Eggebrecht: »Ich war ihr fast acht Jahre lang verbunden, nicht durch regelmäßige Mitarbeit, in 400 Nummern erschienen vielleicht 40 oder 50 Beiträge, ich habe es nicht nachgerechnet. Aber dort wie nirgendwo anders fand ich das, was man eine geistige Heimat nennt.

Ich gewann Maßstäbe für die publizistische Arbeit. Vor allem festigte sich meine politische Haltung (…)« (Axel Eggebrecht, ›Der halbe Weg‹, Reinbek 1976, S. 209). Axel Eggebrecht kam 1933 mehrere Monate ins Gefängnis und KZ, erhielt Berufsverbot. 1945 Mitbegründer des Senders Hamburg, war danach Rundfunkjournalist und Abteilungsleiter beim Nordwestdeutschen Rundfunk.

127   Die Journalistin Marierose Fuchs (geb. 1898) veröffentlichte 1929 in der katholischen Zeitschrift ›Germania‹ den Artikel ›Journalistik im Buch‹, in dem sie Tucholsky »einen erschreckenden Mangel an Ehrfurcht vor fremder Überzeugung« vorhielt. Der daraus entstandene Briefwechsel erstreckte sich bis Ende 1931. Auf die Kritik ging Tucholsky in dem Artikel ›Brief an eine Katholikin‹ ein (›Weltbühne‹, 4.2.1930).

130   Emil Stumpp (1886–1941) arbeitete ab 1924 als Pressezeichner für verschiedene Zeitungen und Zeitschriften. Er zeichnete u.a. Brecht, Feuchtwanger, Arnold Zweig, Einstein, Döblin, Kollwitz, Max Liebermann. 1933 erhielt Stumpp Berufsverbot, kam 1940 als Nazigegner ins Gefängnis und starb dort.

135   Lisa Matthias (geb. 1894) war Modellschneiderin, später Journalistin, schrieb für Modeblätter und Ullstein-Zeitschriften. Tucholsky war mit ihr von Ende Januar 1927 bis Herbst 1931 eng befreundet. Ihrer Berliner Autonummer IA 47407 widmete er 1931 den Roman ›Schloß Gripsholm‹.

136   Arnold Zweig (1887–1968), seit 1913 einer der wichtigsten Mitarbeiter der ›Weltbühne‹, veröffentlichte 1927 mit dem Roman ›Der Streit um den Sergeanten Grischa‹ den ersten deutschen Antikriegsroman. Tucholsky schließt seine Besprechung: »Arnold Zweig unsern Gruß! Sein Buch ist voll wärmster Güte und voller Mitgefühl, voller Skeptizismus und voller Anständigkeit, voller Verständnis und oft voller Humor. Sanft hat er das getan, was im November durch die Schuld und das Unverständnis der Arbeiterführer versäumt worden ist: er hat einem seelenlosen Götzen die Achselstücke und die Knöpfe abgetrennt, nein, sie fallen von selbst ab, so gleichgültig sind sie ihm, und nackt und dumm steht das Ding da und glotzt mit blinden Augen in die Welt. Keine Sorge, die ›Tradition‹ wird es schon wieder mit rauschendem Leben anfüllen und mit Blut. Mit dem Blut der andern.

Dieser ›Streit um den Sergeanten Grischa‹ ist ein schönes Buch und ein Meilenstein auf dem Wege zum Frieden.« Arnold Zweig emigrierte 1933 nach Palästina.

139   ›Riviera‹, Peter Panter in der ›Weltbühne‹ vom 6.3.1928.

140   Erwin Piscator (1893–1966) versuchte in der Berliner Volksbühne mit revolutionären Inszenierungen ein proletarisches Theater durchzusetzen. Anfang 1927 kam es wegen der Inszenierung ›Gewitter über Gotland‹ zu Auseinandersetzungen zwischen der radikal linken Mehrheit der Volksbühne-Mitglieder um Piscator und dem Vorstand. Auf einer Kundgebung am 30.3.1927 im Berliner Herrenhaus sprachen sich u.a. Arthur Holitscher, Ernst Toller, der Intendant Leopold Jeßner, Erwin Piscator und Kurt Tucholsky für ein Tendenztheater aus. Die ›Berliner Volkszeitung‹ berichtet: »Sodann sprach Kurt Tucholsky, dessen Rede die ernsthafteste und witzigste, die wirkungsvollste und politischste des Abends war. ›Wenn der Berliner wissen will, wann, in welchem Jahre er lebt, dann geht er nicht in die Volksbühne, dann geht er sich russische Filme ansehen! Wir können uns Kunst nicht tendenzlos denken! Man muß im Namen der Gerechtigkeit den Mut zur Ungerechtigkeit haben!‹ Tucholsky schließt mit der Forderung: ›Für unsere Zeit!‹« (Abendausgabe, 31.3.1927) Die Auseinandersetzung führte zur Trennung und zur Gründung der Piscator-Bühne.

142   Emil Ludwig (1881–1948) zählte in den 20er Jahren zu den weltweit populärsten deutschen Autoren, erzielte seine Erfolge vor allem durch brillant geschriebene historisch-biographische Romane, auch durch seine Interviews und politische Publizistik. Lebte seit 1906 in der Schweiz, ging 1914 als Korrespondent des ›Berliner Tageblatts‹ nach London, wurde 1932 schweizerischer Staatsbürger, zog 1940 in die USA. Seine Werke wurden 1933 verboten und verbrannt.

144   ›Der Mann am Spiegel‹, Kaspar Hauser in der ›Weltbühne‹ vom 10.1.1928.

146   Das Feuilleton ›Wo kommen die Löcher im Käse her –?‹ erschien am 29.8.1928 unter dem Namen Peter Panter in der ›Vossischen Zeitung‹.

›Es ist heiß in Hamburg‹, Peter Panter in der ›Vossischen Zeitung‹ vom 19.8.1928.

149   Tucholsky zeigte den Auswahlband selbst an: »Ich habe die Dinge bis zu dem Punkt zu Ende gesagt, bis zu dem meine Erkenntnis reicht, und ich habe, wo ich nur konnte, verschärft. Vieles, was etwa im Jahre 1914 entstanden ist, würde ich heute anders formulieren, aber nicht anders denken.

Geh, Buch, und sage dem Leser, ich ließe ihn grüßen. Was sich an Freundschaft, an Gesinnungsgleichheit, an sachlicher Hilfe dargeboten hat, das hat daran mitgewirkt, und oft habe ich nur ausgesprochen, was andre besser und schärfer gefühlt haben. Wenn ihnen das Herz voll war, ging mir der Mund über, weil wir uns in einem trafen: in dem Gefühl für Wehrlose, Niedergeknüppelte, Leidende, Stumme. Denen gilt dieses Buch.« (›Mit 5 PS‹, Kurt Tucholsky in der ›Weltbühne‹ vom 20.12.1927)

Den 1929 erschienenen zweiten Auswahlband ›Das Lächeln der Mona Lisa‹ widmete Tucholsky dem französischen Schriftsteller Georges Courteline (1860–1929), den er sehr schätzte, und über den er häufiger schrieb (›Die Bilderausstellung eines Humoristen‹, 1927, ›Courteline‹, 1928).

Das ›Chanson für eine Frankfurterin‹, das Tucholsky der Schauspielerin Ida Wüst (1884–1958) widmete, erschien unter dem Namen Theobald Tiger in der ›Weltbühne‹ vom 8.1.1929.

152   Der Pressezeichner Benedikt Fred Dolbin (geb. 1883) schuf Portraits vieler prominenter Zeitgenossen.

153   Über Tucholskys Vortrag in Köln am 27.9.1928 berichtet Hans Mayer: »Was Tucholsky damals vortrug, kennt man natürlich aus seinen berühmten Feuilletons und Gedichten: vom Park Monceau über Riviera und ›Wandertage in Südfrankreich‹ bis zum ›Pyrenäenbuch‹. Berichtet wurde, ganz leicht, scheinbar improvisiert und sprachlich genau durchgearbeitet (ein Manuskript wurde nicht sichtbar, daran glaube ich mich genau zu erinnern), von Conciergen und vom Essen, von der Liebe und Schwierigkeiten mit der französischen Sprache, vom Leben der kleinen Leute in Frankreich und der französischen Lebensphilosophie des ›Ah ça‹. Peter Panter vertrat unter den Fünfen das – erreichbare – Maximum an Lebensmut. Er konstatierte, urteilte nur selten, verurteilte wohl nie. Wo Wrobel anklagte, bemühte er sich ums Verstehen. Ein liebenswerter Zeitgenosse mit heiteren Fiorituren über einem melancholischen Grundbaß. Auch er, wie Ignaz Wrobel, ein glänzender Redner.« (Hans Mayer, Der pessimistische Aufklärer Kurt Tucholsky, ›Akzente‹, Heft 1/1967, S.75)

›Die Linkskurve‹, Organ des ›Bundes proletarisch-revolutionärer Schriftsteller‹, erschien 1929 bis 1932, herausgegeben von Johannes R. Becher, Erich Weinert, Ludwig Renn, Andor Gabor und Kurt Kläber. Tucholskys Brief wurde in der Nr. 2/Februar 1930 veröffentlicht.

154 Die ›Arbeiter-Illustrierte Zeitung‹ entstand 1921 aus der ›Illustrierten Arbeiter-Zeitung‹, dem im Münzenberg-Konzern erscheinenden Organ der ›Internationalen Arbeiterhilfe‹. Die zum Sprachrohr der Arbeiter gewordene Zeitung wurde 1924 in ›Hammer und Sichel‹ umbenannt und erreichte eine Auflage von 350 000 Exemplaren. 1925 erhielt sie den Titel ›Arbeiter-Illustrierte Zeitung‹ und wurde 1931 mit wöchentlich 500 000 Exemplaren die größte deutschsprachige Illustrierte der Arbeiterschaft. Sie wurde bis 1933 in Münzenbergs Neuem Deutschen Verlag von der ›Internationalen Arbeiterhilfe‹ herausgegeben und von Lilli Korpus-Becher redigiert. Die ›A.I.Z.‹ war, obwohl von vielen Kommunisten gestaltet, organisatorisch unabhängig. Zu den wichtigsten Mitarbeitern zählte John Heartfield, Tucholskys Mitarbeit erstreckte sich bis 1930.

157 ›Die legitime Geliebte‹ ,Peter Panter im ›Tempo‹ vom 20.12.1928.
Der Presseausweis galt in der Strafsache di Modugno, die im Palais de Justice verhandelt wurde. Tucholsky schrieb darüber den Artikel ›Wahnsinn Europa‹, der am 18.12.1928 in der ›Weltbühne‹ erschien.

158 Fotos: André Kertész.

161 »Eine Pfeife anrauchend, mit der Pfeife gestikulierend, eine Pointe unterstreichend, wenn er etwas besonders Boshaftes in petto hatte: Man spürte es schon voraus, an ein paar Sekunden Schweigen, Stille vor dem Blitz aus heiterstem Himmel – als säße er, schmauchend, bequem in seinen Sessel zurückgelehnt, mit dem Ausdruck eines Oberprimaners, der eben gerade den Professor ärgern möchte, so, aber zum Sprechen deutlich, sehe ich unvermeidlich ihn vor mir.« (Walter Mehring, Wir müssen weiter, Düsseldorf 1979, S. 23)

162 »Es ist Bert Brecht nachgewiesen worden, daß er bei einer Übertragung aus dem Französischen einen Übersetzer bestohlen hat. Er hat darauf geantwortet: das beruhe auf seiner grundsätzlichen Laxheit in Fragen des geistigen Eigentums. Das soll sehr rebellisch klingen – es ist aber nur dumm. (…) Brecht ist ein großes lyrisches Talent. Daneben ist er ein Schludrian, der sich mächtig amerikanisch vorkommt, wenn er die Unbildung seiner Kritiker dazu benutzt, um Geld zu machen. (…) Zu denken, daß sich unsereiner quält, wegläßt, weil vielleicht diese Zeile zu sehr an eine von Mehring erinnert … ich habe den größten Respekt vor geistigem Eigentum und eine ebenso große Verachtung für literarische Einbrecher.
Wir sollten der Verschmutzung unsrer Literatur vorbeugen. Wenn Bert Brecht die Pose des literarischen Diebs annimmt, so muß er sich gefallen lassen, daß man ihn danach bewertet und bei jedem seiner nächsten Verse fragt: ›Von wem ist das?‹ Es ist im tiefsten unehrlich, was er da treibt.« (›Die Anhängewagen‹, Peter Panter in der ›Weltbühne‹ vom 21.5.1929)
»Emil Ludwigs Buch über Wilhelm II. (…) ist einzig nach seiner Wirkung zu beurteilen.
Hier ist zum ersten Mal eines aus der Opposition, das an indifferente Intellektuelle der Provinz herankommt, an Schichten, die wir niemals erreichen, und die unsre Bestrebungen nur aus

den Verleumdungen ihrer schlecht besoldeten, also überzahlten Redakteure kennen. Die hundert Auflagen, die das Werk voraussichtlich haben wird, tun gute Arbeit. (…) Emil Ludwigs Buch hat uns eine Erkenntnis vermittelt. Wenn es nicht bei der Erkenntnis bleibt, hat es den schönsten aller Erfolge davongetragen.« (›Das Buch vom Kaiser‹, Ignaz Wrobel in der ›Weltbühne‹ vom 29.12.1925)

»Wir haben einmal beide, zu verschiedenen Zeiten und ohne voneinander zu wissen, walzende Tippelkunden singen lassen. Ich machte einen spaßigen Klamauk; Mehring hat Verse, Rhythmen, Assoziationen gefunden, die alles weit übertreffen, was mir je dazu eingefallen wäre. (…) Im ›Ketzerbrevier‹ herrlich gereimte Lieder, von einem in Deutschland fast nie gesehenen Wortreichtum, und diese Worte fliegen dem nur so zu; dann die Lieder von der großen Stadt – da hat er übrigens etwas Schönes angerichtet. W. M. ist nämlich nicht nachzuahmen, wird aber dauernd kopiert, etwas ganz und gar Grausliches. Es gibt wohl kein modernes Cabaret mehr, das auf sich hält, wo nicht in abgehackten Rhythmen, zer-fetzt, die Stras-se schreit – der mo-der-ne Rhythmus der Zeit… na, es ist ganz furchtbar. Aber bei Mehring ist es neu und erstmalig und Ausdruck eines Kunstwillens.« (›Auf dem Nachttisch‹, Peter Panter in der ›Weltbühne‹ vom 18.6.1929)

163 Roda Roda an Tucholsky, 4.5.1932: »Und es gibt drei Methoden, Kenntnis zu nehmen von seinen Zeitgenossen. Die erste Methode: man schweigt sie tot; ist die gehässigste. Die zweite Methode: man lobt sie; das lasse ich mir schon eher gefallen. Die dritte Methode: man greift sie an – sie ist die weitaus wirksamste, den Ruhm des Zeitgenossen zu erhöhen; da es ja, wie ich unlängst in Versen ausführte, tödliche Angriffe nicht gibt.
Du hast von jeher nur immer Nettes über mich gesagt. Selbst wenn Du Deine Meinung jemals ins Konträre ändern solltest: es würde Dir verdammt schwer werden, meine Freundschaft für Dich zu zerstören.
Wie konntest Du nur glauben? Bin ich denn eine Primadonna? Bin ich hysterisch? Bin ich (das soll der Superlativ sein) ein Bourgeois? (…) In diesem Sinn, ohne Spur von Ironie: Ich liebe Dich und werde Dich ewig lieben.« (Sammlung Kurt Tucholsky, Akademie der Künste, Berlin)
›Auf dem Nachttisch‹, Peter Panter in der ›Weltbühne‹ vom 23.12.1930.

Erich Maria Remarque (1898–1970) schrieb Romane mit gesellschaftskritischer, antimilitaristischer und antifaschistischer Grundtendenz. Der von den Nationalisten stark angegriffene Antikriegsroman ›Im Westen nichts Neues‹ wurde einer der größten deutschen Bucherfolge. Remarques Bücher wurden 1933 von den Nazis verbrannt, ihm wurde 1938 die deutsche Staatsbürgerschaft aberkannt.
›Der neue Remarque‹, Ignaz Wrobel in der ›Weltbühne‹ vom 19.5.1931.

Annette Kolb (1875–1967), Erzählerin, Essayistin und Publizistin deutsch-französischer Herkunft, kämpfte für Versöhnung und Frieden. Mitarbeiterin der ›Weltbühne‹ von 1914 bis 1932. Emigrierte 1933 nach Frankreich.

164 Der Text erschien in der ›Weltbühne‹ vom 21.1.1929. Er wurde später von Olaf Bienert vertont.

Über den Vortrag Tucholskys in Köln berichtet Hans Mayer: »Das Klingelzeichen ertönte, eine Tür zum Nebenraum öffnete sich, heraus kam raschen Schrittes ein mittelgroßer, untersetzter Mann (Tucholsky war keineswegs dick: es lag ein wenig Koketterie darin, wenn er sich gern als dicken Dichter zu präsentieren liebte), es gab ein Treppchen zur Bühne, das schritt er hinauf, dem Vortragspult entgegen, aber schon kurz nach Betreten des Saales, noch vor der ersten Treppenstufe, hatte er bereits zu sprechen begonnen. Mit klarer Stimme sagte da einer, während er rasch immer weiterging, hin zum Rednerpult: ›Was nun die Justitia betrifft, die mit der Binde vor den Augen, so ist das mit der so…‹ Mittlerweile war Tucholsky am Rednerpult angelangt, der Vortrag ging weiter, denn er hatte ja schon längst, seit die Tür zum Künstlerraum geöffnet wurde, seinen Anfang genommen. (…) Übrigens war es der Vortrag eines großartigen Redners. Hin- und herwandernd auf der Bühne bot uns dieser Mann – Rhetor und Jurist – präzise Tatsachen, gute logische Schlüsse, soziales Pathos ohne Pedalbenutzung.« (Hans Mayer, Der pessimistische Aufklärer Kurt Tucholsky, ›Akzente‹, Heft 1/1967, S. 73 f.)

166   Ernst Busch (1900–1980) erinnert sich: »Und ich hatte das ›Anna-Luise‹-Lied von Tucholsky gehört. Eine Frau sang damals eine ziemlich triste Melodie. Ich war der Meinung, das ist kein Lied für eine Frau, das muß ein Mann singen. Ich gehe also mit dem Text zu Eisler und bitte ihn um eine neue Melodie. ›Nein, das mache ich nicht! Ich mache nur seriöse Sachen.‹ Er war nämlich ein wenig böse auf Tucholsky, weil der einen Streit mit Brecht hatte. Aber ich brauchte unbedingt ein neues Lied und legte ihm 50 Mark auf den Tisch. ›Wie willst du's denn haben?‹ Ich sprach ihm vor, und da saß er schon am Klavier und spielte weiter. Ich blieb natürlich dabei, und plötzlich bei der letzten Strophe schoß es mir durch den Kopf: jetzt muß das ›Seemannslos‹ kommen. In dem ursprünglichen Text von Tucholsky gab's das nicht. Aber der hat es dann später auch übernommen. Während Eisler am Klavier spielte, improvisierte ich immer mit. Auf diese Weise war das Lied in kaum zehn Minuten fertig.« (Zitiert nach Karl Siebig, Ernst Busch, Reinbek 1980, S. 73)

Hanns Eisler (1898–1962) setzte sich mit seiner Musik für die Ziele der Arbeiterbewegung ein. In Zusammenarbeit mit Erich Weinert, Bert Brecht und Ernst Busch schuf er Lieder, Balladen und Chöre, mit denen er einen neuen Stil des deutschen revolutionären Arbeiterliedes begründete. Eisler emigrierte 1933 nach Wien und in verschiedene europäische Länder, 1938 in die USA. Er komponierte die Nationalhymne der Deutschen Demokratischen Republik. Von Tucholsky vertonte er u. a. die Texte ›Der Graben‹, ›Das Lied vom Kompromiß‹, ›Wenn die Igel in der Abendstunde‹ (›Anna-Luise‹), ›Sommerlied‹, ›Bürgerliche Wohltätigkeit‹.

167   Ragnvald Blix (1882–1958), dänischer Karikaturist und Publizist, arbeitete 1908–1918 für den ›Simplicissimus‹.

168   Lisa Matthias berichtet: »Natürlich tauchten Schwierigkeiten bei der Zusammenstellung der ›Sammelbände‹ auf. Manches, was erst Gnade vor seinen Augen gefunden hatte, wurde später verworfen, und vor allem war das Korrekturlesen keine angenehme Arbeit. Er verrichtete sie gewissenhaft, aber sie ›stahl‹ ihm seine Zeit. Die Zeitungen warteten auf neue Artikel, neue Chansons wollten ans Licht, und da strömten nun die Korrekturbogen ein und mußten erledigt werden!

Im Grunde genommen waren wir uns auch in dieser Beziehung ähnlich: wir produzierten ständig gern Neues, verschwendeten aber ungern Zeit mit mechanischen Verrichtungen, weil uns eben immerzu etwas Neues einfiel.

Tucholsky ging die Arbeit des Schreibens leicht von der Hand. Das wurde mir auch von seiner schwedischen Freundin bestätigt, die ihn seit 1930 kannte und die ihn in den beiden letzten Jahren seines Lebens in jeder Beziehung betreut hat. Sie hat zwar nur den ›Abgesang‹ erlebt, aber immerhin noch einigen Einblick in ›die Dichterwerkstatt‹ nehmen können.

Wenn Tucholsky in Form war – und nach einigen Wochen der Flucht in Erkältung oder eingebildete Krankheiten erhob sich sein Talent immer wieder wie ein Phönix aus der Asche – klapperte die Schreibmaschine wie ein Mudderwerk. Manches warf er – wie könnte das anders sein? – in den Papierkorb, aber von ›sich plagen‹ kann gar keine Rede sein.

Was er darüber an Kollegen geschrieben hat, ist absichtlich übertrieben. Tucholsky war nicht der Mann, der sich mit eigenen Bravaden brüstete. Er war durchaus leise. Erfolge quittierte er mit einem bewußt bescheidenen Auftreten. Was dagegen auf ihm lastete, war der Zwang, des Einkommens wegen zu produzieren. Wenn er lieber schöpferische Pausen eingelegt hätte – d. h. auf neue Abenteuer aus war – mußte er seine wöchentlichen Beiträge an ›Weltbühne‹ und ›Voss‹ abliefern. Manchmal war er stark im Rückstand mit seinen Arbeiten, aber im allgemeinen hatten die beiden Blätter ein gewisses ›Lager‹, auf das sie zurückgreifen konnten, wenn der Strom aus Paris oder Schweden einmal ausblieb.« (Lisa Matthias, Ich war Tucholskys Lottchen, Hamburg 1962, S. 171 f.)

169   1931 formuliert Tucholsky seine Vorbehalte noch einmal, schärfer: »Ich habe einmal in einem berliner Cabaret so etwas erlebt: da betrat eine bleichgesichtige Nutte das Nudelbrett und quäkte etwas, was ich geschrieben hatte, und ich wollte vor Scham in den Boden sinken.

Sie sagen auf. Sie rezitieren, und wie rezitieren sie! Ich höre meine Verse, auch die pathetischen, recht ruhig, und wenn ich sie je vorlese, so lese ich sie auch so vor, nämlich still. Sie brüllen. Sie schnalzen. Sie rollen und donnern. Sie fuchteln und agieren. Sind das noch meine Verse? Das sind nicht mehr meine Verse. Die Mädchen machen sich niedlich damit und hopsen sie kaputt, von allen guten Geistern verlassen. Und dann bezahlen sie noch nicht mal.

Sie sprechen das auf Schallplatten. Sie ›bearbeiten‹ es. Sie modeln es um; sie ›bringen‹ es.« (›Theobald Tiger spricht‹, Kurt Tucholsky in der ›Weltbühne‹ vom 12. 5. 1931)

170   Babette Gross, Geschäftsführerin des Neuen Deutschen Verlags und Lebensgefährtin des Verlagsleiters Willi Münzenberg, erinnert sich: »1929 hatte der Verlag sogar Kurt Tucholsky dazu bewegen können, Texte zu ausgewählten Fotos und Fotomontagen von John Heartfield zu verfassen. Tucholsky unterzog sich dieser Aufgabe nur mit großen inneren Vorbehalten. Er mißtraute auch der militanten und orthodoxen Welt der Kommunistischen Partei. Aber gemeinsam mit John Heartfield suchte ich ihn immer wieder auf, und schließlich gelang es unserer Überredungskunst, ihn umzustimmen. Die kommunistische Presse feierte ›Deutschland, Deutschland über alles‹ als ein tapferes Buch. Der Verlag erklärte in einem Werbebrief, ›daß es sich zwar nicht um ein kommunistisches Buch handele, daß es aber in seiner Zusammensetzung sehr viel zur Auflockerung derjenigen Schichten

beitragen wird, die wir unserer Bewegung nahebringen wollen‹.« (Babette Gross, Willi Münzenberg, Stuttgart 1967, S. 226)

Axel Eggebrecht schreibt in der ›Literarischen Welt‹: »Vielleicht ist dies heute die einzige zweckmäßige Art, den Willen zur Änderung, zur Erneuerung, zur Besserung, also den Willen zur Revolution in diesem schlafenden Lande zu verbreiten. Wenn dieses Buch ein ganz großer Erfolg würde, dann würde man merken können, daß in Deutschland von einem Erwachen immerhin noch recht lebhaft geträumt wird (...)« (Nr. 34/1929)

171 ›Das Buchhändler-Börsenblatt‹, Kurt Tucholsky in der ›Weltbühne‹ vom 24.9.1929.

›Auf dem Nachttisch‹, Peter Panter in der ›Weltbühne‹ vom 20.5.1930.

172 Herbert Ihering: »Es scheint mir eine Polemik ohne Risiko zu sein, wenn Kurt Tucholsky immer wieder auf dieselben Themen losschlägt, wenn er immer wieder gegen dasselbe Militär, gegen dieselbe Justiz mit einer zwar oft sehr treffenden, sehr amüsanten, sehr wirkungsvollen Typenschilderung losgeht. (...) Statt dessen immer wieder dieselbe, gewiß blendende, gewiß eindringliche und doch im letzten Grunde billige und beinahe unverbindliche Typencharakteristik. Wo bleibt bei einem Polemiker von dieser leichten schriftstellerischen Begabung die Auseinandersetzung mit dem Phänomen der Presse? Wo bleibt die Auseinandersetzung mit den geistigen Kämpfen? (...) Polemik ohne Risiko – gerade ein so begabter Mensch wie Tucholsky, gerade ein Satiriker von diesem Range müßte in Deutschland selbst sein, an den Kämpfen teilnehmen, in der Sache drinstehen und es sich nicht als Zuschauer in Paris oder Schweden gut sein lassen und die Dinge aus einer fernen Loge betrachten.« (Herbert Ihering im ›Tagebuch‹ vom 12.10.1929)

Nationalsozialistische ›Flamme‹, 12.9.1929: »Das neueste seiner Exkremente betitelt (Tucholsky) frech ›Deutschland, Deutschland über alles‹. Darin arbeitet er so verschwenderisch mit Schmutz und Unflat, wie es nur ein Schwein versteht, das im Dreck zu Hause ist. Die Feder sträubt sich, in diesen Sumpf zu tauchen. So sei zur Kennzeichnung nur erwähnt, daß er unter anderem eine Reihe Abbildungen deutscher Heerführer im Weltkriege bringt mit der Unterschrift ›Tiere schauen Dich an‹. Bitte, lieber Leser, betrachte Dir das obenstehende Bild und wisse: Ein Judenschwein schaut Dich an.«
›Völkischer Beobachter‹: »Dieses Bilderbuch ist eine Tollheit. Eine Ausgeburt unserer Zeit. Unserer Zeit, die angefressen und krank literarisch dahinsiecht. (...) Warum spricht nun unsereiner darüber? Weil's die Spatzen von jedem Dach pfeifen, daß man das Nationale in Deutschland besudeln kann, wie man gerade will. Das muß aber endlich einmal aufhören. Nicht die Spatzen zum Schweigen bringen, sondern den Lästerer.« (Helmut Schütting, Drückeberger Tucholskys neueste Deutschenbeschimpfung, ›Völkischer Beobachter‹, 20.12.1929)
Hans Reichmann (1900–1964), Mitarbeiter des Central-Vereins deutscher Staatsbürger jüdischen Glaubens.

173 Wieland Herzfelde, Leiter des Malik Verlages und Bruder John Heartfields (1891–1968), berichtet: »Als der Autor das Illustrationsmaterial sah, entschloß er sich, den Text wesentlich zu ändern und zu erweitern, was wiederum Heartfield anregte, weitere Fotos und Fotomontagen beizutragen.« (Wieland Herzfelde, John Heartfield, Dresden 1971, S. 49)

175 Rudolf Leonhard (1889–1953), Lyriker, Dramatiker, Erzähler und Essayist, einer der ersten deutschen Hörspielautoren, ab 1916 Mitarbeiter der ›Weltbühne‹, Lektor des Verlages Die Schmiede. Leonhard, der viele seiner Werke in französischer Sprache veröffentlichte, siedelte 1927 auf Einladung Walter Hasenclevers nach Paris um; wurde bei Kriegsausbruch bis 1941 in französischen Internierungslagern festgehalten. Tucholsky, der mit ihm freundschaftlich verbunden war, besprach 1929 sein Theaterstück ›Anonyme Briefe‹.

178 Die Sammelmappe mit einigen Hundert Ausschnitten ist erhalten geblieben.

180 Erich Kästner begegnete Tucholsky in Brissago, wo sie beide längere Zeit in einem Hotel wohnten. Kästner berichtet: »Während ich tagsüber am Strand lag oder von einem Balkon zum anderen zog, damit in meinem Reich die Sonne nicht untergehen möge, klapperte Tucholskys Schreibmaschine unermüdlich, der schönen Stunden und Tage nicht achtend. Der Mann, der da im Dachstübchen schwitzte, tippte und Pfeife rauchte, schuftete ja für fünf – für Peter Panter, Theobald Tiger, Ignaz Wrobel, Kaspar Hauser und Kurt Tucholsky in einer Person! Er teilte an der kleinen Schreibmaschine Florettstiche aus, Säbelhiebe, Faustschläge. Die Männer des Dritten Reiches, Arm in Arm mit den Herren der Reichswehr und der Schwerindustrie, klopften ja damals schon recht vernehmlich an Deutschlands Tür. Er zupfte sie an der Nase, er trat sie gegen das Schienbein, einzelne schlug er k.o. – ein kleiner dicker Berliner wollte mit der Schreibmaschine eine Katastrophe aufhalten ...

Abends kam er, frisch und munter, zum Essen an unseren Verandatisch herunter. Wir sprachen über den Parteienwirrwarr, über die wachsende Arbeitslosigkeit, über die düstere Zukunft Europas, über die ›Weltbühne‹ natürlich, über neue Bücher, über seine Reisen. Und wenn wir später am See und im Park spazieren gingen, gerieten wir meistens ins Fachsimpeln. (...) In einer entlegenen Ecke des Parks stand, in einer kleinen von Oleanderbüschen umgebenen Orchestermuschel, ein altes, verlassenes Klavier. Manchmal setzte er sich an den ziemlich verstimmten Kasten und sang mir Chansons vor, die er für ›Schall und Rauch‹, für Gussy Holl, für Trude Hesterberg und andere geschrieben hatte. (...) Oft war er niedergeschlagen. Ein Gedanke quälte und verfolgte ihn. Der Gedanke, was aus dem freien Schriftsteller, aus dem Individuum im Zeitalter der Volksherrschaft werden solle. Er war bereit, dem arbeitenden Volk und dem Sozialismus von Herzen alles hinzugeben, nur eines niemals: die eigene Meinung! Und dann marterten ihn damals schon, was ihn immer mehr und immer unerträglicher heimsuchen sollte, – mit keinem Mittel zu heilende, durch keine Kur zu lindernde Schmerzen in der Stirnhöhle.« (Erich Kästner in der ›Weltbühne‹, Nr. 1/Juni 1946)

181 Die Zeichnung von A. Paul Weber (1893–1980) erschien in Wilhelm Stapels Buch ›Literaten-Wäsche‹. Stapel war Mitherausgeber der extrem-nationalistischen Monatsschrift ›Das Deutsche Volkstum‹ und Verfasser einer Abhandlung über Tucholsky, die 1938 in dem achtbändigen Werk ›Forschungen zur Judenfrage‹ erschien, einer der Grundlagen für die Ausrottung der Juden.

In der Jubiläumsausgabe der ›Weltbühne‹ erschienen die Beiträge: von Kurt Tucholsky ›Fünfundzwanzig Jahre‹, von Kaspar Hauser ›Ein älterer, aber leicht besoffner Herr‹, von Ignaz Wrobel ›Der klopfende Mann‹, von Peter Panter ›Hering ist gut – Schlagsahne ist gut – wie gut...‹, von Theobald Tiger das Gedicht ›S.J.‹

Der Publizist Herbert Pfeiffer erinnert sich: »Es mag 1930 gewesen sein, da saß im alten Schiller-Saal, der zerbombt ist, dort, wo heute der Seitenflügel des Schiller-Theaters steht, ein Mann auf dem Podium und las aus seinen Schriften. Ungedrucktes, Bekanntes, witzig-gesund Hartes. Seine Stimme war heiser. Er hatte das, was man unwissenschaftlich Bierheiserkeit nennt, also den Baß, der nicht immer Baß ist. Seine Figur paßte dazu, denn solche Stimmen gehören nicht den Asketen. Nach Shaw sah dieser Mann gar nicht aus. Er hatte, wiewohl erst vierzig Jahre alt, schon bequemere Formen angesetzt. Es war Kurt Tucholsky... Tucholsky wirkte auf Junge und Alte. Sein großer Erfolg in der Breite wäre sonst gar nicht zu fassen. Es gab tatsächlich eine Tucholsky-Gemeinde. Tucholsky nahm die Eloge ohne jede Sentimentalität hin, ohne Eitelkeit, ohne Schauspielerei, schlicht und bürgerlich. Er wirkte persönlich nie so frech, wie man ihn sich nach seiner Prosa und seinen Gedichten vorstellt.« (Herbert Pfeiffer, ›Berliner Morgenpost‹, 10.1.1960)

182 Die Fotografie erschien am 3.1.1932 in der Zeitschrift ›Politiken‹, Kopenhagen.

184 Max Brod hatte ›Schloß Gripsholm‹ im ›Prager Tagblatt‹ rezensiert. Am 24.5.1931 schreibt ihm Tucholsky: »Über die kleine Szene à trois müßten wir uns einmal unterhalten – zu grob ist sie ja wohl nicht, und haben Sie etwas gegen die Realität solcher Dinge?« Der Roman wurde im ›Berliner Tageblatt‹ vorabgedruckt, die ›Weltbühne‹ veröffentlichte das erste Kapitel. Tucholsky schreibt an einen Leser: »Beschränkung als Kunstmaxime. Wenns am schönsten schmeckt, soll man aufhören. Man muß, sozusagen, den Rahmen richtig setzen, der das Bild gut abschneidet – fast alle Autoren schreiben zu lang. Ich habe von S.J. die Kunst des Streichens gelernt – und ein halber Blaustift bei ›Gripsholm‹ ist drauf gegangen. Ich habe es viermal geschrieben, und jedesmal wurde es kürzer.« (An Alfred Stern, 6.5.1931)

185 Franz Hammer (geb. 1908), Erzähler und Publizist.

186 Emil Jannings (1884–1950), Bühnen- und Filmschauspieler (›Der blaue Engel‹, 1930). Tucholsky, der mit Jannings befreundet war, besprach einige seiner Filme (›Tragödie der Liebe‹, 1923, ›Faust in Paris‹, 1925) und widmete ihm 1930 das Gedicht ›Kino privat‹.

Georg Bernhard (1875–1944) war 1909–1930 Chefredakteur der ›Vossischen Zeitung‹ und ständiger Mitarbeiter an Hardens ›Zukunft‹. 1930 Mitgründer der pazifistischen Radikaldemokratischen Partei.

187 Inger Mellin war Tucholskys erste Sekretärin in Hindås.

Tucholsky hatte sich bereits Jahre vorher mit dem Kolumbusthema beschäftigt und dazu Material gesammelt. »Ich schaffe es nicht – ich habe wohl den ›Columbus‹ überdreht und kriege ihn nicht; er zerfällt mir unter den Fingern. Ein Spaß mit Aktualitätswitzen ist vier Seiten lang, und ein wirklicher parodistischer Roman dauert ein Jahr – weil ich die Zeit nicht kenne. Ich glaube, ich mag nicht mehr und schmeiße es wohl hin.« (An Mary Tucholsky, 9.8.1928) Tucholsky griff das Thema im Sommer 1931 wieder auf, als er von Walter Hasenclever hörte, daß Max Reinhardt Stoff für eine Revue suchte. Aus England schreibt er an Emil Jannings und Gussy Holl: »Denn schließlich habe ich Herrn Columbus nicht erfunden, der ist da – und was

ich machen will, ist eben nicht Shaw und nicht Offenbach, sondern mit Hilfe der Anachronismen wie Telefon und so etwas andres.« (Brief vom 17.8.1931) ›Christoph Kolumbus‹ entstand von November 1931 bis Februar 1932.

188 Die ›Rote Hilfe‹ war eine 1921 entstandene, der KPD nahestehende Hilfsorganisation der deutschen Arbeiterschaft, die sich vor allem für politische Gefangene und deren Angehörige einsetzte. Die Organisation, in der neben Kommunisten auch Sozialdemokraten, Parteilose und fortschrittliche Wissenschaftler, Künstler und Schriftsteller mitarbeiteten, setzte sich in politischen Aktionen für Amnestie politischer Gefangener ein und führte einen grundsätzlichen Kampf gegen die reaktionäre Justiz, gegen willkürliche Polizeiverfolgungen und für grundlegende Verbesserungen des Strafvollzugs. Von Behörden als ›geheime und staatsfeindliche Verbindung‹ eingestuft, wurden ihre Funktionäre wegen Vorbereitung zum Hochverrat verfolgt und ihre Sammelaktionen aufgrund alter, aus dem kaiserlichen Obrigkeitsstaat stammender Vorschriften systematisch unterbunden. Dem Kuratorium zur Unterstützung der ›Roten Hilfe‹ gehörten u.a. an: Max Brod, Martin Buber, Albert Einstein, Emil J. Gumbel, Walter Hasenclever, Kurt Hiller, Magnus Hirschfeld, Egon Erwin Kisch, Annette Kolb, Käthe Kollwitz, Heinrich und Thomas Mann, Max Reinhardt, Ernst Toller, Kurt Tucholsky und Heinrich Zille.

190 Der ›Weltbühnen-Prozeß‹ war der aufsehenerregendste politische Prozeß der Weimarer Zeit. Er löste im In- und Ausland einen nicht gekannten Proteststurm aus. Der Schriftsteller Walter Kreiser und Carl von Ossietzky als verantwortlicher Leiter der ›Weltbühne‹ wurden zu je 18 Monaten Gefängnis wegen Verbrechens gegen §1 des ›Gesetzes über den Verrat militärischer Geheimnisse‹ verurteilt. Vorwand der Anklage war der zweieinhalb Jahre zurückliegende Artikel ›Windiges aus der deutschen Luftfahrt‹ von Walter Kreiser. Der Artikel hatte die Verwendung von Haushaltsmitteln des Reichsverkehrsministeriums im Luftfahrtwesen kritisiert und war auf Tatsachen eingegangen, die dem Reichstag als Reichsdrucksache vorgelegen hatten und genügend bekannt waren. Mit dem letzten Satz »Aber nicht alle Flugzeuge sind immer in Deutschland...« hatte Kreiser auf die geheime militärische Zusammenarbeit der Reichswehr mit der Roten Armee und damit auf Verstöße gegen den Versailler Vertrag hingewiesen. Mit dem Hinauszögern des Prozesses sollte die ›Weltbühne‹ unter Druck gesetzt und von weiteren Vorstößen abgeschreckt werden.

194 Dr. Reinhold Schairer war ein Freund Walter Hasenclevers. Mit der Französin Jean de Montaignac, Gräfin genannt, war Tucholsky befreundet und stand mit ihr auch später in Briefkontakt.

196 Am Tage seines Strafantritts erschien in der ›Weltbühne‹ Ossietzkys zwanzigseitiger Artikel ›Rechenschaft‹, mit dem er, einem Rat Tucholskys folgend, der Öffentlichkeit ein politisches Testament übergab. Zuvor waren alle Aktionen, die seine Begnadigung forderten, gescheitert. Eine gemeinsame Eingabe des PEN-Clubs und der Liga für Menschenrechte, die mit einer Unterschriftensammlung von über 33 000 Namen an den Reichspräsidenten gerichtet war, wurde im Namen Hindenburgs vom Reichsjustizminister abgelehnt. Ebenso ein von Thomas Mann unterstütztes Gnadengesuch seiner Verteidigung. Trotz Versammlungsverbots wurde Ossietzky vor dem Gefängnis von vielen Menschen verabschiedet, von Arnold

Zweig, Erich Mühsam, Axel Eggebrecht, Ernst Glaeser, Lion Feuchtwanger, Herman Kesten, Alfons Goldschmidt und Hellmut von Gerlach. Toller und Mühsam hielten kurze Ansprachen. Ossietzkys Verteidiger Prof. Dr. Max Alsberg, Dr. Alfred Apfel, Dr. Rudolf Olden und Dr. Kurt Rosenfeld emigrierten 1933 aus Deutschland.

Ossietzky an Tucholsky, 2.4.1932: »Worum ich Sie aber sehr bitte, das ist ein Artikel für das erste Heft nach meiner Inhaftierung. Wann das sein wird, kann ich im Augenblick noch nicht sagen, ich nehme an, daß ich in übernächster Woche in den sauren Apfel beißen muß, daß es also gut sein wird, den Artikel etwa in acht Tagen in den Händen zu haben. Ich hatte vor, so etwas wie einen Abschiedsartikel zu schreiben. Für den Tip ›Kleines Testament‹ danke ich Ihnen, das ist ganz vorzüglich. Danach müßte dann ein Artikel von Ihnen folgen. Wie der aussehen muß, davon habe ich keine Vorstellungen. Nur würde ich es für verfehlt halten, etwa auf das ›Echo de Paris‹ Bezug zu nehmen, das wäre gefährlich, und würde praktisch als Verbeugung vor dem Lumpen Kreiser und dem Hornochsen Küster wirken. Überhaupt rate ich Ihnen ab, sich darauf zu versteifen, man müsse, um Eindruck zu erzielen, ›frech‹ werden. Ich glaube, es handelt sich nicht darum, sondern um die klare Formulierung. Wenn Ihnen irgendwelche unverantwortlichen Schafsköpfe schreiben, das sei feige, so können Sie mit demselben Rechte wie gegen die Leute, die Ihr Erscheinen in Berlin verlangen, geltend machen, Sie lieferten keine Stiergefechte. Das gilt übrigens auch für mich, das kann ich gegen diejenigen gebrauchen, die verlangen, es sei der ›Tradition der Weltbühne‹ entsprechend, etwas zu tun, was zum sofortigen Verbot führen müsse. Übrigens ist es damit nicht so schlimm. Ich habe von keinem einzigen Menschen gehört, der sich über eine Änderung unsres Tones mokiert hätte. Wer hier lebt, weiß sehr gut, wie schwierig die Verhältnisse geworden sind. Natürlich bietet grade Ihr Artikel besondere Aufgaben, aber es scheint mir auch in Ihrem Interesse notwendig, daß Sie in diesem Augenblick nicht in den Hintergrund treten.« (Sammlung Kurt Tucholsky, Akademie der Künste, Berlin) – ›Für Carl v. Ossietzky‹ war Tucholskys letzter politischer Artikel.

197   Carl von Ossietzky vor Gericht, 1.7.1932: »Den Artikel in der ›Weltbühne‹, der ja nicht von mir selbst stammt, und wegen dessen ich hier angeklagt bin, vertrete ich vollständig. Ich habe niemals lieber vor dem Gericht gestanden als grade wegen dieses Artikels, der ganz meiner Auffassung entspricht. (…) Ich habe eben einen der merkwürdigsten Augenblicke meines Lebens gehabt, als in das Plaidoyer meines Verteidigers von der Straße die Klänge der Militärmusik hereintönten. Ich weiß nicht, ob man darin ein bedenkliches Symbol sehen soll oder einen belanglosen Zufall. Aber vielleicht ist durch diesen Klang der Staatsanwaltschaft von heute die Stimme ihres Herrn mitgeteilt worden.« (›Ossietzky spricht‹, nach Notizen von Johannes Bückler, ›Weltbühne‹ vom 5.7.1932) Nach Ossietzkys Schlußrede erging Freispruch; die von der Staatsanwaltschaft eingelegte Revision wurde auf Kosten der Staatskasse verworfen.

198   Der Verlag Felix Bloch Erben hatte die Bühnenrechte an dem Stück erworben. Inszeniert wurde es unter der Regie von Otto Werther, dem Leiter des Leipziger Schauspielhauses. Im Programmheft hieß es: »Matrosenlieder: Kurt Tucholsky«. Die Komödie wurde nach der Premiere, zu der Mary Tucholsky mit

Paul Graetz nach Leipzig fuhr, und zwei weiteren Vorstellungen vom Spielplan abgesetzt. Die ›Leipziger Allgemeine Zeitung‹ schreibt: »Diese angebliche Komödie entpuppte sich als skrupelloser kabarettistischer Bierulk über das Thema Kolumbus. Die Geschichte der Entdeckung Amerikas dient den Verfassern nur dazu, satirische Randglossen zur Gegenwart loszulassen. Keine Spur von Versuch einer weltgeschichtlichen Satire von Format!« (Zitiert nach Walter Hasenclever/Kurt Tucholsky, Christoph Kolumbus oder Die Entdeckung Amerikas, Berlin 1985, S. 102)

200   Dr. Hedwig Müller (1892–1973) war Fachärztin für innere Medizin und Kinderkrankheiten und arbeitete als Vertrauensärztin bei der Schweizerischen Lebensversicherungs-und Rentenanstalt. Sie war Sozialistin und Antifaschistin und Mitarbeiterin der ›Centrale Sanitaire Suisse‹, einer Hilfsorganisation für politische Flüchtlinge und jüdische Emigranten. Tucholsky lernte Dr. Hedwig Müller, genannt Nuuna, 1932 kennen; seinen Briefen an sie legte er ab Sommer 1934 Anlagen bei, die er ›Q-Tagebücher‹ nannte.

202   Die ›Wiener Weltbühne‹ war eine Parallelausgabe der Berliner ›Weltbühne‹. Tucholsky hatte über ein Ausweichquartier in Wien u. a. mit Willi Schlamm verhandelt. Das Wiener Blatt war Eigentum eines Verlages, der zu gleichen Teilen Edith Jacobsohn, der Frau Siegfried Jacobsohns, und dem Wiener Industriellen Dr. Hans Heller gehörte. Die ›Wiener Weltbühne‹ erschien unter der selbständigen Redaktion von Willi Schlamm. Bei ihm verblieb die Chefredaktion auch nach dem Verbot der Berliner ›Weltbühne‹. Schlamm benannte das Blatt am 14.4.1933 in ›Die neue Weltbühne‹ um und gab es von da an in Prag heraus. Dr. Hans Heller verkaufte seinen Anteil an Edith Jacobsohn und den Publizisten Dr. Hermann Budzislawski, der im März 1934 als Nachfolger von Schlamm die Chefredaktion und bald auch die Herausgabe übernahm. Budzislawski siedelte 1938 nach Paris um, wo am 31.8.1939 die letzte Nummer der ›Neuen Weltbühne‹ erschien.

203   Ernst Torgler (1893–1963), Fraktionsvorsitzender der KPD im Reichstag, wurde ins KZ eingeliefert, 1935 freigelassen.

Ludwig Renn (1889–1979), Mitherausgeber der ›Linkskurve‹ und 1928–1932 Sekretär des ›Bundes proletarisch-revolutionärer Schriftsteller‹, wurde zu einer Gefängnisstrafe verurteilt, floh 1936 in die Schweiz.

206   Carl von Ossietzky war im SA-KZ Sonnenburg von April 1933 bis Februar 1934, danach bis Mai 1936 im KZ Esterwegen. Tucholsky bemühte sich, Ossietzkys Tochter Rosalinde nach Schweden zu holen. Kurt R. Grossmann berichtet: »Aus Schweden kam Fröken G. M. – eine vertraute Freundin von Kurt Tucholsky, der bis dahin vier Monate hindurch versagt hatte – zu Hedwig Hünicke und mir nach Berlin; sie bot uns eine Heimstätte für Rosalinde in dem großen Haus ihrer Familie in Hindås und wollte auch die Verantwortung für eine gute Erziehung in Schweden übernehmen.« (Kurt R. Grossmann, Ossietzky. Ein deutscher Patriot, Frankfurt/M. 1973, S. 273) Fröken G. M. war Gertrude Meyer, Hedwig Hünicke langjährige Redaktionssekretärin und Buchhalterin der ›Weltbühne‹.

208   Walter Hasenclever lebte an der Riviera, Tucholsky hielt sich zu der Zeit in der Schweiz auf.

209   »Gegen Frechheit und Anmaßung, für Achtung und Ehr-

furcht vor dem unsterblichen deutschen Volksgeist! Verschlinge Flamme auch die Schriften der Tucholsky und Ossietzky! (Aus den Feuersprüchen, gehalten auf dem Berliner Opernplatz am 10.5.1933, zitiert nach Das war ein Vorspiel nur..., Bücherverbrennung Deutschland 1933, Berlin/Wien 1983, S.197)

In Zürich traf Tucholsky mit Hellmut von Gerlach, Josef Halperin, Walter Mehring, Leonhard Ragaz, Ernst Rowohlt und anderen zusammen. Ernst Rowohlt schildert diese letzte Begegnung mit Tucholsky: »Erinnern Sie sich noch an die letzte Nacht unseres Zusammenseins, ich glaube, es war im Juni 1933, als wir in Zürich mit dem unvergeßlichen Dr. Walther Rode, Verfasser des Buches ›Justiz‹, den wir beide liebten, tafelten, schöne Schweizer Schnäpse und Weine tranken und dann stundenlang vor dem Hotel ›Baur au Lac‹ auf und ab wanderten und Dr. Walther Rode seine Anklagen gegen Hitler in die Nacht herausbrüllte, so daß uns beiden doch etwas ängstlich wurde wegen der Beschattungen, und wir uns dann schließlich trennten, nachdem wir in der kameradschaftlichsten Weise unsere Verlagsverträge – damals dachten wir auf ein oder zwei kurze Jährchen – lösten?« (Ernst Rowohlt, Brief an einen Unvergessenen, ›Weltbühne‹, Nr.1/2, 1948)

Heinz Pol (1901–1972), Journalist und Schriftsteller, war bis 1933 Redakteur bei der ›Vossischen Zeitung‹ und ab 1924 Mitarbeiter der ›Weltbühne‹; 1934–1935 Chefredakteur der satirischen Zeitschrift ›Der Simplicus‹ in Prag, bis 1936 Mitarbeiter auch der ›Neuen Weltbühne‹.

210 Josef Halperin (1891–1963), Schweizer Journalist und Schriftsteller, begegnete Tucholsky einige Male in Zürich. Er erinnert sich: »Der Emigrant Kurt Tucholsky, der mir im Sommer 33 und im Sommer 34 gegenübersaß, war sehr gepflegt und sehr diszipliniert. Er wirkte als ein Mann von Welt. Er hätte als Botschafter ausgezeichnete Figur gemacht. Er repräsentierte nämlich, was er hatte: Geist. Er hatte noch mehr, er hatte Mut. Wie unbändig hat er gekämpft, wie hell klang seine Fanfare für die Unterdrückten, wie ungestüm griff er die Mächtigen an! Er war ein Mann. Aber er war krank, sagte er. Stummheit ist die schlimmste Krankheit des Rufers. Verzweiflung am Leben, das er so liebte, an der Welt, die er so gern durchstreifte, hat ihn stumm gemacht.« (Josef Halperin, ›Die neue Weltbühne‹, Nr.1/1936)

211 Paul Löbe (1875–1967) war 1919–1920 Mitglied der Weimarer Nationalversammlung, danach bis 1933 Mitglied des Reichstags und 1920–1932 Reichstagspräsident (mit Unterbrechung 1924). 1933–1944 in KZ-Haft. War nach 1945 Mitherausgeber des Berliner ›Telegrafs‹; gehörte für die SPD 1948–1949 dem Parlamentarischen Rat und 1949–1953 dem Bundestag an.

Otto Braun (1872–1955) war seit 1911 im Parteivorstand der SPD; gehörte 1919–1920 der Nationalversammlung und 1920–1933 dem Reichstag an. Wurde nach dem Kapp-Putsch preußischer Ministerpräsident, nach Papens Staatsstreich in Preußen am 20.7.1932 amtsenthoben, durch Entscheid des Staatsgerichtshofs als Ministerpräsident wieder eingesetzt, von den Nazis am 6.2.1933 erneut abgesetzt. Braun verzichtete auf das Amt und emigrierte in die Schweiz.

Edouard Daladier (1884–1970) war 1933–1934 und 1938–1940 französischer Ministerpräsident.

212 Foto: 1926/1927.

213 »Man ist in Europa
ein Mal Inländer und
22 Mal Ausländer.
Wer weise ist: 23 Mal.«
(An Walter Hasenclever, 29.8.1933)

215 Die Aufnahme zeigt Tucholsky möglicherweise auf der Schiffsüberfahrt von Schweden nach Belgien (1932 oder 1934).

218 ›Emigranten‹ wurde nach Tucholskys Tod in der ›Neuen Weltbühne‹, Nr.1/1936, nachgedruckt.

219 Tucholsky kritisierte die Haltung einiger deutscher Schriftsteller, vor allem die von Thomas Mann und Alfred Döblin, die ihre Bücher in Deutschland weiter verkaufen ließen und sich opportunistisch zeigten. Döblin und Thomas Mann lehnten es ab, an Emigrantenzeitschriften mitzuarbeiten, um den weiteren Vertrieb ihrer Bücher nicht zu gefährden; sie distanzierten sich von der in Amsterdam erscheinenden Monatsschrift ›Die Sammlung‹, herausgegeben von Thomas Manns Sohn Klaus, die eine kämpferisch antifaschistische Position einnahm. Thomas Mann kehrte 1933 nach einer Schweizer Vortragsreise nicht mehr nach Deutschland zurück, brach aber erst 1936 endgültig mit dem nationalsozialistischen Regime.

Lion Feuchtwanger (1884–1958), einer der ersten Mitarbeiter der ›Weltbühne‹. Sein Roman ›Die Geschwister Oppenheim‹ erschien 1933 und schildert das Schicksal einer jüdischen Familie im Nazideutschland.

220 Vertrauliche Stellungnahme der Landeskanzlei zum Antrag Tucholskys auf Erteilung eines Fremdenpasses: »Da Tucholsky ein respektabler Mann zu sein scheint, möchte ich, obschon die Kenntnisse, die mir hier zur Verfügung stehen, nicht groß sind, sein Gesuch befürworten, unter der Voraussetzung, daß er keine Arbeitserlaubnis erhält.« (Landsfiskalskontor im Distrikt Bollebygd an die Kreisverwaltung des Kreises Älvsborg, 6.2.1934, Kurt Tucholsky-Archiv, Marbach/N.) Vertrauliche Stellungnahme der Kreisverwaltung an das Königl. Auswärtige Amt, 14.2.1934: »Die Kreisverwaltung ihrerseits darf die Meinung äußern, daß zwar der Aufenthalt des Gesuchstellers hierzulande, so weit es sich aus der vorliegenden Untersuchung ergibt, nicht wünschenswert ist, daß aber die Kreisverwaltung gleichwohl nichts dagegen einwenden will, daß das Ansuchen des Gesuchstellers bewilligt wird; dagegen sollte, wie die Polizeibehörde betont, Tucholsky keine Arbeitserlaubnis erhalten.« (Kurt-Tucholsky-Archiv, Marbach/N.)

223 Foto: Lotte Jacobi.

224 Henry Wickham Steed (1871–1956), Chefredakteur der ›Times‹, einer der besten Kenner Deutschlands, Gegner des Nationalsozialismus. Schrieb das Vorwort zu Berthold Jacobs Biographie ›Weltbürger Ossietzky – Ein Abriß seines Werkes‹, die 1937 erschien.

225 Hedwig Müller 1934 in einem Brief an Tucholsky: »... wir sind in einem Alter, wo schließlich ein paar nette Jahre schon allerlei sind. Eine Garantie für die Zukunft hat niemand, und aus Angst vor einer unangenehmen Entwicklung in der Zukunft etwas zu unterlassen, was einen freuen könnte, bringt einen um alles. Ich würde nichts sagen, wenn wir aktiv für oder gegen etwas wären. Aber schimpfen und nichts tun?« (Zitiert nach Kurt Tucholsky, Briefe aus dem Schweigen, Reinbek 1977, S.30)

228   Im Mai 1934 hielt sich Tucholsky auf dem Wege nach Challes-les-Eaux einige Tage in Paris auf. Walter Mehring schreibt: »Einmal, in meinem Pariser Exil, fand ich in meinem Hotel einen Zettel vor: ›Lieber W.M., heute früh stand ich eine Stunde vor Ihrem Hotel und bin nicht hineingegangen. Ich habe Sie nicht aufgesucht. Ein krankes Tier verkriecht sich auch.‹ Dies war die Schattenseite Tucholskys, der so vital, so unerschöpflich im Freundeskreis scherzte, so spontan und so hell lachte wie kaum ein anderer.« (Walter Mehring, Wir müssen weiter, Düsseldorf 1979, S. 21)

230   ›Joebbels‹, Theobald Tiger in der ›Weltbühne‹ vom 24. 2. 1931.
›Der Angriff‹ (1927–1945), Tageszeitung der NSDAP, Gründer und Herausgeber war Goebbels.

231   1934 fand in Moskau unter dem Präsidium von Maxim Gorki der Erste Unionskongreß der Sowjetschriftsteller statt, an dem als Gäste u. a. teilnahmen: Ernst Toller, Klaus Mann, Oskar Maria Graf, Martin Andersen-Nexö, Louis Aragon und André Malraux. Tucholsky lehnte die Einladung ab.

232   Knut Hamsun (1859–1952), Literaturnobelpreisträger von 1920, schloß sich im Herbst 1934 der nationalsozialistischen Partei Quislings an, richtete ein Jahr später scharfe Angriffe gegen den wehrlosen Carl von Ossietzky und kollaborierte nach der Besetzung Norwegens 1940 mit der deutschen Besatzungsmacht. 1945 wurde er unter Hausarrest gestellt und zu zwei Jahren Freiheitsentzug verurteilt. Hamsuns Zuwendung zu den Faschisten traf Tucholsky stark. 1930 hatte er geschrieben: »Das ist wirklich der Allergrößte. Wofern dies mit dem Respekt vereinbar ist, den ich für ihn hege – er ist der einzige Mensch, vor dem ich den Hut herunterrisse, wenn ich ihn je sähe…« (›Auf dem Nachttisch‹, Peter Panter in der ›Weltbühne‹ vom 22. 4. 1930)

233   1919 hatte Tucholsky geschrieben: »Es scheint aussichtslos. Wir kämpfen hier gegen das innerste Mark des Volkes, und das geht nicht. (…) Ich resigniere. Ich kämpfe weiter, aber ich resigniere. Wir stehen hier fast ganz allein in Deutschland – fast ganz allein. (…) Pathos tuts nicht und Spott nicht und Tadel nicht und sachliche Kritik nicht. Sie wollen nicht hören. Sie hangen mit ihrem ganzen Herzen an den ›Herren‹, an Menschen, die nicht einmal leidenschaftlichen Haß verdienen, sondern nur Verachtung.« (›Prozeß Marloh‹, Ignaz Wrobel in der ›Weltbühne‹ vom 18. 12. 1919)

234   Hedwig Müller an Tucholsky, 3. 10. 1934: »Du mußt Dein Buch schreiben, es wird sicher so, daß man sagt: so ist es.« Und etwas später: »Fritzchen, haben die Leute denn jeden Maßstab dafür verloren, was immer währt? Wenn ich das Gequassel lese und dann daran denke, was Du für gute und kluge Sachen sagst, bin ich oft wütend, daß Du nichts schreibst. Man möchte wieder einmal was Rechtes lesen.« (Zitiert nach Kurt Tucholsky, Die Q-Tagebücher, Reinbek 1978, S. 13 f.)

235   An Hedwig Müller: »Es geht hier ein bißchen durcheinander, und ich schreibe heute grau und morgen blau. Du mußt das nicht falsch verstehen, denn es ist ja nicht für den Druck. Ich möchte auch nicht, daß diese Blätter irgendjemand sieht – es ist alles so unkontrolliert, nur eben für Dich hingemalt (…)« (›Q-Tagebuch‹, 21. 9. 1934)

Hedwig Müller an Tucholsky, 13. 1. 1935: »Der Volksmund

hat hier die allgemeine erlösende Erklärung gefunden: Boches sind Boches, vor allem und immer Boches, sie bleiben es, gehören dahin, sie sollens ausfressen. Das wird stimmen und ist auch meine Meinung.« (Zitiert nach Kurt Tucholsky, Die Q-Tagebücher, S. 11 f.)
Im Juni 1934 wurde Ernst Röhm zusammen mit weiteren SA-Führern und politischen Gegenspielern Hitlers (Kahr, Schleicher, Strasser u. a.) ermordet.
Erich Mühsam wurde am 10. 7. 1934 im KZ Oranienburg ermordet.

237   ›Hasi als Mann‹ ist eine Anspielung auf den erst einige Monate alten Neffen Hedwig Müllers, Jean-Frédéric-Henri Dunant, auch Gögö genannt. Hedwig Müllers Schwester, Dr. jur. Gertrud Elisabeth Müller-Dunant, wurde Lieschen, ihr Mann, Robert Dunant, Roby genannt.

238   Berthold Jacob (1898–1944), eigentlich Berthold Salomon, war Herausgeber der pazifistischen Zeitschrift ›Zeit-Notizen‹ und Mitarbeiter an Hardens ›Zukunft‹, der ›Welt am Montag‹ und der ›Weltbühne‹, wo er mehrere Enthüllungen über die Schwarze Reichswehr veröffentlichte. Nach seiner Emigration 1933 wurde er von Naziagenten zunächst aus der Schweiz, dann aus Portugal entführt und in ein Konzentrationslager gebracht. Jacob, der mit Tucholsky auf der ersten Ausbürgerungsliste der Nazis gestanden hatte, starb an den Folgen der Haft.

242   Mia Leche-Löfgren hatte sich in einem Artikel unter dem Titel ›Vem får fredspriset?‹ (Wer bekommt den Friedenspreis?) für die Verleihung des Friedensnobelpreises an Carl von Ossietzky eingesetzt.
Arthur Henderson (1863–1935), englischer Außenminister 1929–1931 und Vorsitzender der Labour Party, erhielt 1934 den Friedensnobelpreis.

243   Sir Norman Angell (1874–1967), englischer Schriftsteller und Pazifist, erhielt den Friedensnobelpreis 1933. Angell an Tucholsky, 19. 6. 1935: »I have made two substantial subscriptions to funds raised for helping Ossietzky. Furthermore, we here in England arranged for an Englishman to see Hitler on Ossietzky's behalf.

I had already been committed before Ossietzky's case came up to the nomination of someone else for the next Nobel Prize, but we are doing our best here in England to co-operate with Continental groups acting on Ossietzky's behalf.« (Sammlung Kurt Tucholsky, Akademie der Künste, Berlin)

244   Gertrude Meyer (geb. 1898), genannt Fröken, verheiratete Prenzlau (vergleiche Bemerkung auf S. 278 und Tucholskys Testament vom 30. 11. 1935).

245   Gertrude Meyer auf dem Foto vierte von links.
Der Bericht Tucholskys über seinen Gesundheitszustand markiert einen Wendepunkt: Von diesem Zeitpunkt an gibt es keine Hinweise mehr, daß Tucholsky weiter an Beschwerden der Nase litt.

247   ›Esprit‹, 1932 gegründete Monatsschrift, vertrat einen avantgardistischen Linkskatholizismus, gilt als eine der engagiert fortschrittlichen Zeitschriften Frankreichs.

248   »Man muß den Menschen p o s i t i v kommen. Dazu muß man sie – trotz alledem – lieben. Wenn auch nicht den einzelnen Kulicke, so doch die Menschheit. Ich vermags nicht. Meine Abneigung gegen die Schinder ist viel größer als meine Liebe zu den Geschundenen – hier klafft eine Lücke.« (›Q-Tagebuch‹, 16.11.1935)

250   In der Nummer 553 hatte die Basler ›National-Zeitung‹ unter der Überschrift ›Knut Hamsun schmäht Ossietzky‹ die Angriffe Hamsuns in der norwegischen Presse kommentiert. Tucholsky hatte zuvor in einem auf den 14.12. datierten Brief bei der ›National-Zeitung‹ angefragt, ob er in dem Blatt Ossietzky gegen die Schmähungen verteidigen dürfe.

Am 13.11.1935 schreibt Arnold Zweig aus Palästina: »Ich hoffe, daß dieser Brief Sie erreicht. Ich habe mir große Mühe gegeben, Ihre Adresse zu erhalten. (…) Seit fast zwei Jahren sitze ich hier und desillusioniere mich, wenn ich so sagen darf. Ich stelle fest, das Volk eines Schriftstellers sind die anderen Schriftsteller. (…) Ich habe hier Nachbarn auf dem Carmel, die Sie nie gesehen haben. Sie waren schon mal vier Jahre in Palästina, dann wieder paar Jahre in Deutschland, jetzt wieder hier. Sie haben alle Ihre Bücher und lesen mir daraus vor (…) Wenn wir dann aber ein paar kurze oder längere Stücke von Ihnen vorgelesen haben und angehört, dann wissen wir und sagen es uns auch: Sie gehören zu den Kleinen Propheten, Tucholsky. Große Propheten, wie Marx oder Freud, beschäftigen sich nicht mit Abenteuern, wie sie uns beschieden wurden. Aber Sie dürfen sich sagen: Sie haben alles gesehen, alles gesagt, alles bekämpft. Soweit ein Schriftsteller mit sich zufrieden sein darf, dürfen Sie mit sich zufrieden sein.« (Sammlung Kurt Tucholsky, Akademie der Künste, Berlin)

Tucholskys letzter Brief an Arnold Zweig vom 15.12.1935 wird später in der ›Neuen Weltbühne‹ (Nr. 6/1936) – teilweise sinnentstellend gekürzt – abgedruckt. ›Das Schwarze Korps. Zeitung der Schutzstaffeln der NSDAP‹ veröffentlicht am 27.2.1936 Auszüge daraus unter der Überschrift ›Jüdische Schlußbilanz‹.

251   Am 16.1.1936 antwortet Arnold Zweig mit einem ausführlichen Brief, der – in der Nummer 6 der ›Neuen Weltbühne‹ veröffentlicht – ein Nachruf ist. Seines Tones und seiner Bedeutung wegen ist der Brief zum Schluß dieses Buches vollständig abgedruckt. Er steht stellvertretend für ein Nachwort, wie es Nachgeborene wohl kaum besser schreiben können.

252   Tucholsky erhält am 19.12.1935 vom Osloer ›Arbeiderbladet‹ eine Absage und wendet sich mit einem auf den 20.12.1935 datierten Brief an den norwegischen Studentenverband nach Oslo: »Ich weiß nicht, ob Ihr Verband eine Zeitschrift hat und ob ich darin als Mitarbeiter auftreten darf, oder ob Sie mir zu einer Zeitung oder Zeitschrift raten. Auf alle Fälle stehe ich gern zur Verfügung. Ein Honorar möchte ich nicht haben.« (Sammlung Kurt Tucholsky, Akademie der Künste, Berlin)

Auf Tucholskys Nachttisch sollen Goethes Werke gelegen haben und ein Zettel mit den Worten: »Laisse moi mourir en paix«.

253   »Abschrift des Obduktionsgutachtens:
Med. Klinik aufgen. 21.12.35 No. 549 24.Dez. 1935 Schriftsteller Kurt Tucholsky, 45 Jahre alt. Gestorben am 21.12.35 21.55 Uhr.
Klinische Diagnose: Intoxicatio? (Veronal?)
Anatomische Diagnose des Pat.: Idem + Sinusit. sphenoidal, et ethmoidal + perithyphlit. chron. adhaesiv.
Kräftig gebaut, fettleibig. An der Innenseite des linken Oberarms kleine Stichwunde. Pupillen klein, knapp die Hälfte der normalen Pupillengröße. Gehirn von normaler Größe und Form. Die weichen Häute über dem hinteren Teil der Stirnlappen deutlich verdickt, doch ohne augenfällige Atrophie der Hirnwindungen. Basale Gefäße dünnwandig. Gehirngewebe hyperämisch. Siebbeinzellen der linken Seite und die vorderen Zellen der rechten Seite zeigen dünne Schleimhaut ohne eitriges Infiltrat. Die hintere rechte Zelle zeigt etwas trüben Inhalt und verdickte, deutlich infiltrierte Schleimhaut. Die Siebbeinhöhle zeigt dünne, jedoch etwas gerötete Schleimhaut und leicht durch Eiter getrübten Inhalt. – – – Herz von normaler Größe mit glatten Klappen und festem Gewebe. Hauptschlagader etwas schmal, zeigt nirgends spezifische Veränderungen. – – – Beide Lungen zeigen Ödeme in den hinteren Teilen mit pneumonisierten Flecken von schwarzroter Farbe. – – – In der Bauchhöhle keine körperfremde Flüssigkeit. Magen und Dünndarm ohne deutliche Veränderungen. Beim Übergang zwischen coecum und colon ascendens ist die Dickdarmwand nach vorn rechts gebunden. Schleimhaut entsprechend dieser Adhärenz ohne deutliche Veränderungen. Appendix O. Etwas vergrößerte und etwas schmierige Milz. Leber, Gallenwege und Nieren O.«

Chronik

1890
Kurt Tucholsky wird am 9. Januar in Berlin-Moabit, Lübecker
Straße Nr. 13, geboren. Der Vater ist Kaufmann, später Direktor der einflußreichen Bank Berliner Handelsgesellschaft und
der Firma Lenz & Co. Die Mutter, eine geborene Tucholski,
stirbt 1943 in Theresienstadt.

1890–1893
Die Familie wechselt in Berlin mehrmals die Wohnung, sie
wohnt zeitweise am Holsteiner Ufer Nr. 46. Ende des Jahres
1893 zieht sie nach Stettin. Dort wird

1895
der Bruder Fritz geboren,

1896
Kurt Tucholsky eingeschult,

1897
die Schwester Ellen, genannt Hippel, geboren.

1899
kehrt die Familie nach Berlin zurück und wohnt in der Dorotheenstraße Nr. 11. Tucholsky wird in das renommierte Französische Gymnasium aufgenommen. Aus dieser Zeit sind seine
ersten Schreibversuche erhalten.

1903
Tucholsky wechselt als Obertertianer in das Königliche
Wilhelms-Gymnasium.

1905
Am 1. November stirbt der Vater. Die Mutter schickt Tucholsky
bald darauf in das Pensionat des Privatlehrers Dr. Willi Kraßmöller.

1907
Anfang des Jahres geht Tucholsky vom Gymnasium ab und
bereitet sich privat auf das Abitur vor. Am 22. November
erscheint im »Ulk«, der humoristischen Wochenbeilage des
»Berliner Tageblatts«, das »Märchen«, Tucholskys erste Veröffentlichung.

1909
Am 21. September macht Tucholsky als Externer am Königlichen Luisen-Gymnasium das Abitur und beginnt am 7. Oktober
an der Friedrich-Wilhelm-Universität in Berlin Jura zu studieren.

1910
Das Sommersemester verbringt Tucholsky in Genf und studiert
danach wieder in Berlin.

1911
Mit Erreichen der Volljährigkeit tritt Tucholsky aus der jüdischen Religionsgemeinschaft aus. Er beginnt, im sozialdemokratischen »Vorwärts« kulturkritische Beiträge zu publizieren. Ende
September besucht er mit seinem Freund Kurt Szafranski Franz
Kafka und Max Brod in Prag.

1912
Nach dem Sommersemester exmatrikuliert sich Tucholsky.
Die Erzählung »Rheinsberg. Ein Bilderbuch für Verliebte«
erscheint mit Illustrationen von Kurt Szafranski im Berliner
Axel Juncker Verlag. Tucholsky verlobt sich mit der Jugendfreundin Kitty Frankfurther. Erste Begegnung mit Siegfried
Jacobsohn. Ende des Jahres bezieht Tucholsky in der Nachodstraße Nr. 12 seine erste Wohnung. Mit Kurt Szafranski eröffnet er Ende Dezember auf dem Kurfürstendamm in Berlin
die »Bücherbar«.

1913
Am 9. Januar erscheint in der »Schaubühne« Tucholskys erster
Beitrag. Am 20. Februar unterschreibt er zum ersten Mal mit
Ignaz Wrobel, die Pseudonyme Peter Panter und Theobald
Tiger folgen bald darauf. Seit Sommer bereitet er mit Kurt Szafranski »Orion. Ein Jahrkreis in Briefen« vor, der bei Kurt
Wolff in Leipzig erscheinen soll. Das Projekt scheitert im Juni
1914. Im September erscheint das Groteskenbändchen »Der
Zeitsparer« von Ignaz Wrobel bei Reuss und Pollack in Berlin.
Tucholsky bittet um Befreiung vom Referendarexamen.

1914
Tucholskys Dissertation, eine Arbeit über Hypothekenrecht,
wird in einer überarbeiteten Fassung von der juristischen Fakultät der Universität Jena angenommen. Das mündliche Doktorexamen besteht Tucholsky am 19. November und wird

1915
am 12. Februar in Jena mit cum laude zum Dr. jur. promoviert.
Die Dissertationsschrift »Die Vormerkung aus § 1179 BGB und
ihre Wirkungen« erscheint bei Robert Noske in Berlin. Am
10. April wird Tucholsky als Schipper zu einem Armierungsbataillon der Njemen-Armee nach Rußland eingezogen.

1916
Im Oktober wird Tucholsky zum Stab der Artillerie-Fliegerschule nach Alt-Autz in Kurland versetzt. Er wird zum Unteroffizier befördert und leitet die Leihbibliothek der Fliegerschule. Es entstehen »verbürgerlichte Märchen«, die 1920 unter
dem Titel »Träumereien an preußischen Kaminen« erscheinen.

1917
Ab Jahresbeginn bis April 1918 redigiert Tucholsky die Soldatenzeitschrift »Der Flieger«. Mitte November lernt er in Alt-
Autz Mary Gerold kennen.

1918
Tucholsky wird am 12. April zum Vizefeldwebel befördert und
als Hilfsfeldpolizeikommissar nach Rumänien versetzt. Am
24. April verläßt er Kurland und fährt über Berlin nach Turn-
Severin in Rumänien. In Berlin tritt er in die Evangelisch-
Lutherische Kirche ein. Am 31. Oktober wird Tucholsky als
Feldpolizeikommissar im Offiziersrang Leiter der Politischen
Polizeistelle in Calafat. In der zweiten Novemberhälfte kehrt er
aus Rumänien nach Berlin zurück. Am 13. Dezember übernimmt Tucholsky die Chefredaktion des »Ulk«. Der Name
Kaspar Hauser entsteht, da das Pseudonym Theobald Tiger für
den »Ulk« reserviert ist.

1919

Am 9. Januar beginnt Tucholsky in der »Weltbühne« die »Militaria«-Artikel zu veröffentlichen. Ende Mai erscheint in der »Weltbühne« das Gedicht »Unser Militär!«, für die Reichswehr einer der vielen Anlässe, gegen Tucholsky Klage wegen Beleidigung zu erheben. Am 2. Oktober gründen Carl von Ossietzky, Georg Friedrich Nicolai, Emil Julius Gumbel, Berthold Jacob, Kurt Tucholsky und andere den »Friedensbund der Kriegsteilnehmer«, aus dem im folgenden Jahr der Aktionsausschuß »Nie-wieder-Krieg« hervorgeht. Im November erscheinen bei Felix Lehmann in Berlin »Fromme Gesänge«, ein Band mit Gedichten Theobald Tigers. Tucholsky arbeitet an Max Reinhardts Kabarett »Schall und Rauch« und an verschiedenen anderen Kabaretts und Revuen. Seine Arbeiten erscheinen im »Berliner Tageblatt«, in der »Berliner Volkszeitung« und in anderen Zeitungen und Zeitschriften. Die »Weltbühne« entwickelt sich unter seinem Einfluß zu der bedeutendsten und wirksamsten kulturpolitischen und radikaldemokratischen Zeitschrift der Weimarer Republik.

1920

Anfang Januar kommt Mary Gerold aus dem Baltikum nach Berlin. Tucholsky schreibt für die USPD-Blätter »Freiheit« und »Freie Welt«. Am 1. März wird er Mitglied der USPD. Am 1. April gibt er die Chefredaktion des »Ulk« ab. Tucholsky heiratet am 3. Mai die Ärztin Dr. Else Weil. Es erscheinen »Träumereien an preußischen Kaminen« bei Felix Lehmann. Tucholsky wird Anfang Juni zum Ersten Schriftführer des Schutzverbandes Deutscher Schriftsteller gewählt. Am 1. Juli gründen Ossietzky, Gumbel, Jacob, Tucholsky und andere den Aktionsausschuß »Nie-wieder-Krieg«. Unter diesem Motto kommt es in Deutschland am 1. August zu den ersten Massenkundgebungen, im Berliner Lustgarten spricht Tucholsky vor etwa 80000 Menschen.

1921

tritt Tucholsky häufig als Redner auf, er veranstaltet Lesungen und Vorträge.

1922

Am 30. Juli wird in Berlin die Kundgebung »Nie-wieder-Krieg« mit Tucholskys Gedicht »Drei Minuten Gehör!« eröffnet. Tucholsky hält auf der Veranstaltung, an der sich rund 100000 Menschen beteiligen, eine Ansprache. Nach dem Zusammenschluß der Rest-USPD mit der SPD im September wird Tucholsky Mitglied der SPD. »Die verkehrte Welt in Knüttelversen dargestellt« von Kaspar Hauser erscheint mit Illustrationen von Karl Holtz bei der Vereinigung Internationaler Verlags-Anstalten in Berlin.

1923

Tucholsky trennt sich zu Beginn des Jahres von seiner Frau. Am 1. März tritt er während der Inflation als Volontär in die Bank Bett, Simon & Co. ein, wo er Sekretär des Bankiers und früheren preußischen Finanzministers Hugo Simon wird. Die literarische Produktion geht zurück.

1924

Am 14. Februar wird die Ehe mit Dr. Else Tucholsky geschieden. Tucholsky wird am 24. März in Berlin in die Freimaurerloge »Zur Morgenröte« aufgenommen. Am 1. April gibt er die Stellung bei der Bank auf und geht als freier Schriftsteller und Korrespondent der »Weltbühne« und der »Vossischen Zeitung« nach Paris. Im Juli kommt er nach Berlin zur Zusammenstellung der ersten Nummer des »Uhu«, eines neuen illustrierten Magazins. In Berlin heiratet er am 30. August Mary Gerold und kehrt mit ihr nach Paris zurück. Oktober in der Provence.

1925

Im Juni bezieht Tucholsky ein Haus in Le Vésinet bei St. Germain in der Nähe von Paris. Er wird in Paris in den »Grand Orient de France« aufgenommen. Tucholsky schließt sich der »Gruppe 1925« an, einer Vereinigung linksbürgerlicher und kommunistischer Schriftsteller, der unter anderen Johannes R. Becher, Bert Brecht, Alfred Döblin, Egon Erwin Kisch, Walter Mehring und Ernst Toller angehören. September und Oktober Reise durch die Pyrenäen, es entsteht »Ein Pyrenäenbuch«.

1926

schließt sich Tucholsky der von Kurt Hiller gegründeten »Gruppe Revolutionärer Pazifisten« an. Tucholsky ist Mitglied der Deutschen Liga für Menschenrechte und der Deutschen Friedensgesellschaft. Ende Mai führt er in Wien Verhandlungen mit Max Reinhardt, für den Tucholsky und Alfred Polgar eine Revue schreiben sollen, die Reinhardt im Deutschen Theater plant. Im Juni in der Normandie umfangreiche Vorarbeiten zu dieser Revue. Im Juli schreiben Tucholsky und Polgar im Hause des Revuestars Fritzi Massary in Garmisch ihre Stücke zuende. Die Revue kommt schließlich nicht zustande. Im November zieht Tucholsky nach Fontainebleau um. Am 3. Dezember stirbt Siegfried Jacobsohn. Tucholsky kehrt nach Berlin zurück. Am 7. Dezember übernimmt er als Herausgeber die Leitung der »Weltbühne«.

1927

Ende Januar Bekanntschaft mit Lisa Matthias. Am 12. April erscheint in der »Weltbühne« der erste Teil der Artikelfolge »Deutsche Richter«. »Ein Pyrenäenbuch« von Peter Panter erscheint im Verlag Die Schmiede in Berlin, Tucholsky widmet es dem Andenken Siegfried Jacobsohns. Im Juni und Juli hält sich Tucholsky in Dänemark auf, in Mogenstrup-Kro per Lou, wo er den Sammelband »Mit 5 PS« zusammenstellt. Anschließend reist er nach Paris zurück. Im September unternimmt er mit seinen Freunden Dr. Erich Danehl und Hans Fritsch, genannt Karlchen und Jakopp, eine Wanderung durch den Spessart. Tucholsky gibt die Leitung der »Weltbühne« an Carl von Ossietzky weiter, ab 11. Oktober lautet das Impressum: »Unter Mitarbeit von Kurt Tucholsky, geleitet von Carl von Ossietzky«. Oktober in der Normandie.

1928

reist Tucholsky viel: Januar in Berlin, Februar in Cap Ferrat bei Nice, Mai in Tours, Ende Mai wieder in Berlin. Es beginnt die Mitarbeit an dem kommunistischen Massenblatt »Arbeiter-Illustrierte Zeitung«. Tucholsky nähert sich vorübergehend den Positionen der KPD. Im Juni und Juli hält er sich in einem Sanatorium in Dresden auf. »Mit 5 PS« erscheint wie auch die späteren Sammelbände bei Ernst Rowohlt in Berlin. Ende Juli reist Tucholsky erstmals nach Schweden. In Kivik in Südschweden stellt er den Sammelband »Das Lächeln der Mona Lisa« zusammen. Im September Verhandlungen in Berlin und Vorträge in Düsseldorf und Köln, danach Paris. Im November trennt sich Mary Tucholsky von Kurt Tucholsky, verläßt Paris und geht nach Berlin zurück. Zur Jahreswende in Lugano.

1929

Tucholsky gibt im März Paris als ständigen Wohnsitz auf. »Das Lächeln der Mona Lisa« erscheint. Im März hält Tucholsky Vorträge in Hamburg, Berlin, Mannheim, Köln und Frankfurt. In Köln liest er im Westdeutschen Rundfunk. Am 24. März findet in der Piscator-Bühne in Berlin eine Tucholsky-Matinee statt, an der Rudolf Nelson, Friedrich Hollaender, Henri Barbusse, Ernst Busch, Rosa Valetti, Paul Graetz und andere teilnehmen. Im April reist Tucholsky erneut nach Schweden. Er hält sich von Mai bis Oktober in Fjälltorp Läggesta am Mälarsee auf. Hier beendet er das Buch »Deutschland, Deutschland über alles« und beginnt mit den Vorarbeiten zu dem Roman »Schloß Gripsholm«. Im August mietet er die »Villa Nedsjölund« in Hindås bei Göteborg an. In Berlin erscheint am 6. August im Neuen Deutschen Verlag »Deutschland, Deutschland über alles. Ein Bilderbuch von Kurt Tucholsky und vielen Fotografen, montiert von John Heartfield«. Im November und Dezember unternimmt Tucholsky eine weitere ausgedehnte Vortragsreise durch Deutschland. Jahreswende wieder in Lugano.

1930

Anfang Februar bezieht Tucholsky das Haus »Nedsjölund« in Hindås, das er für einen dauernden Aufenthalt eingerichtet hatte. Im Juni reist er über Berlin in die Schweiz, wo er sich bei Luzern in einem Sanatorium aufhält. Rückkehr nach Hindås über Berlin im September. Im Oktober kommt Carl von Ossietzky zu Besuch. Ende Dezember schließt Tucholsky die Arbeit an »Schloß Gripsholm. Eine Sommergeschichte« ab.

1931

Der Roman erscheint im Mai bei Ernst Rowohlt in Berlin. Im Mai reist Tucholsky zu Emil Jannings nach Österreich, von dort über Paris nach England, wo er sich von Juni bis Oktober in Ashford, Kent, aufhält und an einem Drehbuch für Jannings arbeitet. In der »Weltbühne« erscheint am 4. August »Der bewachte Kriegsschauplatz«. Der Satz »Soldaten sind Mörder« wird zum Anlaß einer Beleidigungsklage gegen Tucholsky und Ossietzky genommen. Der Sammelband »Lerne lachen ohne zu weinen« erscheint. Tucholsky tritt im August aus dem Schutzverband Deutscher Schriftsteller aus. Die »Vossische Zeitung« kündigt zum 1. Oktober den Mitarbeitervertrag auf. Am 23. November wird Carl von Ossietzky im »Weltbühnen-Prozeß« vom Reichsgericht wegen »publizistischen Landsverrats« zu 18 Monaten Gefängnis verurteilt. Von November bis Januar des nächsten Jahres arbeitet Tucholsky in Hindås mit Walter Hasenclever an der Komödie »Christoph Kolumbus«.

1932

Tucholsky lehnt ab, zum Prozeß (»Soldaten sind Mörder«) nach Deutschland zu kommen. Von März bis Mai hält er sich in Le Lavendou in Südfrankreich bei Walter Hasenclever und Kurt Wolff auf. Am 17. Mai erscheint in der »Weltbühne« »Für Carl v. Ossietzky«, Tucholskys letzter großer politischer Artikel. Im Juni hört Tucholsky zu schreiben auf. Es beginnt sein längster Aufenthalt in der Schweiz. Im Tessin kommt er im Hause des Rechtsanwalts Rosenbaum mit vielen deutschen Emigranten zusammen (Toller, Weinert, Holitscher, Wittfogel). Bekanntschaft mit der Züricher Ärztin Dr. Hedwig Müller. Im

September und Oktober Sanatoriumsaufenthalt in Wien, dort Verhandlungen mit Willi Schlamm wegen einer weiteren Ausweichmöglichkeit für die »Weltbühne«. Am 24. September wird im Leipziger Schauspielhaus die Komödie »Christoph Kolumbus oder Die Entdeckung Amerikas« uraufgeführt. Ab Oktober wohnt Tucholsky in Zürich, Florhofgasse Nr. 1. Sein letzter Beitrag »Worauf man in Europa stolz ist« erscheint in der »Weltbühne« am 8. November. Tucholsky läßt kleinere operative Eingriffe am Siebbein und an der Keilbeinhöhle vornehmen.

1933

Am 4. März bezeichnet sich Tucholsky als »aufgehörten Dichter«. Am 10. Mai werden in Deutschland seine Bücher verbrannt. Die Ehe wird am 21. August geschieden. Tucholsky wird zwei Tage später aus Deutschland ausgebürgert, sein Vermögen wird beschlagnahmt, seine Verträge werden gelöst. Im September reist er von Zürich über Paris nach Hindås.

1934

Am 14. Januar wird Tucholskys deutscher Reisepaß ungültig, er gilt in Schweden als staatenlos. Am 22. Januar stellt Tucholsky einen Antrag auf Einbürgerung, der abgelehnt wird. Am 3. März erhält er einen mit Auflagen verbundenen schwedischen Fremdenpaß. Tucholsky beschäftigt sich mit Studien der französischen und schwedischen Sprache, mit Geschichte und Philosophie. Seine allgemeine Lage verschlechtert sich. Im Mai reist er über Paris in das Schwefelbad Challes-les-Eaux in der Haute-Savoie, von dort nach Zürich. Den Sommer verbringt er in Lysekil an der schwedischen Westküste. Eine Einladung zum I. Unionskongreß der Sowjetschriftsteller in Moskau lehnt er ab. Es folgt ab November eine Reihe langwieriger Nasenoperationen.

1935

Tucholsky setzt sich beim Schweizerischen Bundesrat für den entführten Berthold Jacob ein. Er verstärkt auch seine Bemühungen um die Freilassung Ossietzkys aus dem KZ und um dessen Nominierung für den Friedensnobelpreis. Von Juli bis September Aufenthalt in Visby auf Gotland. Im August fühlt sich Tucholsky vom Nasenleiden befreit. Er beginnt aus dem Schwedischen zu übersetzen. Am 30. November setzt er ein Testament auf. Nach jahrelangem Schweigen faßt Tucholsky am 14. Dezember den Entschluß, das selbstauferlegte Schweigegebot zu brechen und auf Angriffe Knut Hamsuns gegen Ossietzky zu antworten. Wohl am frühen Nachmittag des 19. Dezember nimmt er eine Überdosis Schlafmittel ein. Kurt Tucholsky stirbt am 21. Dezember kurz vor zehn Uhr abends im Sahlgrenschen Krankenhaus in Göteborg. Sein Leichnam wird am 27. Dezember in Göteborg eingeäschert. Die Urne wird am 31. Juli 1936 auf dem Friedhof Mariefred bei Schloß Gripsholm beigesetzt.

Namenregister

Zitatnachweis

Die Quellen der Texte:

GW = Kurt Tucholsky, Gesammelte Werke in 10 Bänden, Reinbek bei Hamburg 1975 (im folgenden nach Band und Seite angegeben)

AB = Kurt Tucholsky, Ausgewählte Briefe 1913–1935, Reinbek bei Hamburg 1962

MT = Kurt Tucholsky, Unser ungelebtes Leben, Briefe an Mary, Reinbek bei Hamburg 1982

BK = Kurt Tucholsky, Briefe an eine Katholikin 1929–1931, Reinbek bei Hamburg 1970

Br. Nuuna = Kurt Tucholsky, Briefe aus dem Schweigen 1932–1935, Briefe an Nuuna, Reinbek bei Hamburg 1977

Q = Kurt Tucholsky, Die Q-Tagebücher 1934–1935, Reinbek bei Hamburg 1978

Br. Ausw. = Kurt Tucholsky, Briefe, Auswahl 1913 bis 1935, Berlin 1983

SKT = Sammlung Kurt Tucholsky, Akademie der Künste, Berlin

Anger = Sigrid Anger, Heinrich Mann 1871–1950, Werk und Leben in Dokumenten und Bildern, Berlin/Weimar 1977

6 GW 7,226
12 GW 10,29
13 GW 4,453
15 MT 157; GW 1,215
17 GW 4,51
18 GW 4,51
19 GW 1,215
21 GW 4,51
27 GW 7,164
29 GW 3,307
30 AB 200; AB 13
31 AB 13f.; GW 3,96
32 GW 3,97; AB 15; GW 3,97
34 AB 18
35 AB 14; GW 1,92; AB 15f.; GW 5,258; AB 14; GW 1,105
36 AB 16; AB 24
37 AB 14; AB 15
38 GW 2,392
39 AB 18; MT 246
40 GW 9,118; GW 1,201
41 AB 69f.; GW 2,235; MT 85; GW 2,114
45 AB 26; AB 26; MT 247
47 AB 87; AB 32; AB 27; AB 86; AB 33
48 AB 36
50 AB 41
51 AB 47
53 AB 47; AB 49; AB 50; AB 49
54 MT 23
55 AB 57; MT 37
56 AB 55; AB 56
58 MT 53; MT 55; MT 54f.
59 AB 56; MT 57f.; MT 173
60 MT 57, 59
63 MT 62; MT 74f.; MT 89
64 MT 96
65 MT 112; MT 135; MT 152; MT 168f.; AB 61
66 MT 125; MT 137
67 MT 126; MT 138; MT 183f.
68 MT 186
69 MT 191; AB 63; MT 202
70 AB 63; MT 202f.; AB 64
71 MT 205; AB 64; AB 64; AB 69
72 AB 67
73 GW 2,41; AB 91
74 MT 245f.; AB 68; AB 70

77 MT 246; MT 256; MT 256; MT 256f.
78 AB 72; MT 266; GW 2,214
79 MT 262f.; MT 279; MT 280
81 MT 258; MT 275; AB 76
82 MT 293; MT 294; MT 295; MT 297
83 MT 322
84 GW 2,294
85 GW 2,382
86 MT 267; AB 76; MT 320
87 MT 266; AB 123
88 AB 93f.; MT 323, 325
89 MT 307
90 GW 3,56
91 MT 310
92 GW 3,239
93 AB 130; AB 127
95 AB 95f.; AB 153, 154
96 MT 331f.; MT 333
98 MT 348f.; MT 341; AB 145
99 AB 145; MT 337f.; MT 374f.; MT 343
100 MT 372; AB 135
101 MT 398; MT 402; AB 167
102 AB 169
103 AB 146
104 AB 146; AB 175
106 GW 3,127; GW 3,459; GW 5,293
107 MT 380; Anger 213f.; AB 173
109 AB 156
112 Anger 213
114 AB 159; AB 241
115 AB 177
116 AB 138
117 AB 110, 111
118 MT 421; MT 422; MT 430; AB 178
119 AB 138; AB 113
123 AB 142; MT 435, 436; MT 436f.
127 MT 464; MT 468; BK 76
128 MT 469f.; MT 473; MT 474
131 MT 478
136 AB 332
139 GW 6,63
140 AB 196; AB 197, 198
142 AB 162; AB 185
144 GW 6,16
145 MT 489, 490; MT 494
146 MT 498; GW 6,195
149 AB 200; MT 500; MT 501, 502; MT 502
150 MT 502
151 MT 505
153 AB 211; MT 515
155 MT 514
157 MT 517; GW 6,351
160 AB 190
162 GW 6,60; MT 506; GW 7,139; AB 186; GW 7,95
163 GW 8,327; GW 9,208; AB 218
164 BK 76
166 Ernst Busch, Hanns Eisler/Kurt Tucholsky, Fromme Gesänge, He! Republik, Aurora Schallplatte (Quellen und Hinweise); AB 194
167 MT 504
168 MT 522, 523
169 AB 164, 165
170 MT 526; AB 266
171 GW 7,192; GW 8,136
172 AB 132f.; AB 205
173 AB 132f.
174 BK 16; MT 526; MT 527
175 Br. Ausw. 232f.
178 BK 37; MT 530f.
180 BK 46
191 SKT; BK 51; BK 57
183 AB 310f.
184 AB 214; BK 74; BK 78
185 AB 213
186 BK 75f.; AB 215; Br. Ausw. 263

187 BK 80, 81; Br. Ausw. 264
190 Br. Ausw. 263
192 Br. Ausw. 268; MT 536; Br. Ausw. 269
195 Br. Ausw. 270; MT 537, 538; MT 539
196 MT 539
197 MT 540
198 AB 222; Br. Nuuna 40
199 MT 541; MT 542
200 AB 223; MT 541f.
202 Br. Nuuna 37; Br. Nuuna 41
203 AB 245
204 AB 246; AB 314
205 AB 248; AB 251; AB 247
206 AB 248; AB 261
207 AB 253, 254; AB 254, 255
208 AB 256
209 AB 258; AB 261; AB 230
211 AB 267; AB 270; AB 269; AB 269
212 AB 270; AB 315
214 AB 273
215 Br. Nuuna 51, 52
216 Br. Nuuna 59
217 Br. Nuuna 65; Br. Nuuna 66f.
219 AB 274
221 AB 316
222 AB 276
224 Br. Nuuna 88; Br. Nuuna 98; Br. Nuuna 102

227 Br. Nuuna 87; Br. Nuuna 102f.; Br. Nuuna 104
228 Br. Nuuna 129; Br. Nuuna 133
229 Br. Nuuna 147
230 GW 9,138; AB 254; Br. Nuuna 139
231 Br. Nuuna 148f.
232 Br. Nuuna 92; AB 287
233 AB 288; AB 288, 290
234 Br. Nuuna 157, 158
235 AB 293; AB 294; Br. Nuuna 162
236 Br. Nuuna 170; AB 298
237 Q 160f.
238 Br. Nuuna 173
241 AB 318f.; AB 319; Q 253; Br. Nuuna 178; AB 320; AB 320; AB 321
242 AB 238
244 AB 300
245 Br. Nuuna 200; Br. Nuuna 201
246 Br. Nuuna 205f.
247 Br. Nuuna 209f.; Br. Nuuna 218f.
248 Br. Nuuna 220f.; Br. Nuuna 245
250 AB 327; AB 336
251 AB 338
252 Q 350
253 MT 544f.
254 MT 546
258- SKT, zitiert nach Arnold Zweigs Abschrift für Gertrude Meyer
260 vom 11.3.1936

Abbildungsnachweis

Wenn es in dem Band Bereiche gibt, die mit Bildern nicht dokumentiert sind, so liegt das daran, daß dem Herausgeber solche Bilddokumente nicht zur Verfügung standen oder nicht überliefert sind. Der größte Teil der verwendeten Fotografien befindet sich in dem von Mary Gerold-Tucholsky in Rottach-Egern aufgebauten Kurt-Tucholsky-Archiv, das heute im Schiller-Nationalmuseum/Deutschen Literaturarchiv in Marbach/N. untergebracht ist. Sämtliche Fotografien, die nicht im einzelnen ausgewiesen sind, stammen von dort.

Außerdem stellten folgende Archive, Institutionen oder Privatpersonen Bildmaterial zur Verfügung:

Akademie der Künste, Berlin   102 unten, 106 mitte, 153 oben, 161, 162 unten, 185, 196 oben, 197 unten, 215, 219 unten, 224, 227, 231, 243, 244, 249, 253

Stefan Berkholz, Berlin   31 oben

Jean Henri Dunant, Basel   225, 248

Französisches Gymnasium, Berlin   17 oben

Fotoarchiv Gruner + Jahr, Hamburg   236

Landesarchiv, Berlin   189

Landesbildstelle, Berlin   70 unten, 162 oben, 163 oben, 209 oben, 211

Bildarchiv Preußischer Kulturbesitz, Berlin   30 unten, 33 oben, 34 rechts, 35 oben und mitte, 38, 40 mitte und unten, 41, 53 unten, 58 unten, 59, 63 unten, 66, 67 oben, 68, 72, 73, 74 oben, 80 unten, 82 unten, 85 unten, 87 rechts, 89 rechts, 92, 93, 95 oben, 106 unten, 107, 124 links oben, 135 rechst unten, 140 links, 141 rechts, 143, 144, 145 links, 150 oben, 151 links oben, 160 unten, 162 mitte, 163 mitte, 168, 172 rechts, 175, 178 unten, 179, 180 oben, 183 oben, 187 rechts, 192, 203 oben, 207 oben, 217, 219 oben, 239 unten, 241 unten, 251 unten

Roger-Violett, Paris   99 links

Schiller-Nationalmuseum/Deutsches Literaturarchiv, Marbach/N.   35 unten, 49 unten, 106 oben, 124 rechts oben und unten, 125, 136 unten rechts, 163 unten, 166 rechts oben, 208, 235 oben

Richard von Soldenhoff, Ascheberg   23 oben, 67 unten, 71 rechts, 77 unten, 85 oben, 86 unten, 100, 101 links, 123, 136 unten links, 170, 171, 173, 181 oben links, 186 unten, 188 oben, 193, 196 unten, 205 unten und links oben, 218, 220, 221, 222, 230, 233, 235 unten, 250 links

Staatsbibliothek, Berlin   140 rechts

Ullstein Bilderdienst, Berlin   30 oben, 32 rechts, 69 unten, 84 unten rechts, 153 unten, 166 unten rechts, 197 oben, 203 unten, 206, 223, 242, 246

Gerhard Zwerenz   245

Danksagung

Danken möchte ich für alle freundliche Unterstützung Stefan Berkholz,
Jean Henri Dunant, Gustav Huonker, Claudia und Christian Schaffer-
nicht, Christian Velder, Gerhard Zwerenz, vor allem aber Harro
Schweizer und Antje Bonitz. Besonderer Dank gebührt Mary Gerold-
Tucholsky, ohne deren Hilfe und Zuspruch dieser Band nicht denkbar
wäre.
Richard von Soldenhoff   Ascheberg, im September 1985